Die Tektonik der Hellenen

Für Ludwig Immanuel

Hartmut Mayer

Die Tektonik der Hellenen
Kontext und Wirkung
der Architekturtheorie
von Karl Bötticher

Edition Axel Menges

© 2004 Edition Axel Menges, Stuttgart/London
ISBN 3-930698-81-1
D 93

Alle Rechte vorbehalten, besonders die der Übersetzung in andere Sprachen.
All rights reserved, especially those of translation
into other languages.

Druck: Druckhaus Münster, Kornwestheim
Buchbindearbeiten: Buchwerk GmbH, Darmstadt

Gestaltung: Axel Menges

Inhalt

7 Vorwort
8 Einleitung
9 Ziele der vorliegenden Arbeit
11 Forschungen und Aufsätze zu Bötticher
12 Zur Person Bötticher

Werkimmanente Analyse

14 1. Grundgedanken von Bötticher *Tektonik der Hellenen*
15 1.1. Der Aufbau des Werks
16 1.2. Die Einheit von Kernform und Kunstform
17 1.3. Das Bauwerk als idealer Organismus
18 1.4. Die ethische Dimension der Kunstform
18 1.5. Der hellenische Tempel in seiner Raumlage für Zwecke des Kultes
19 2. Die Ausdifferenzierung der Kernform
19 2.1. Die Bedeutung des Baumaterials. Absolute, relative und rückwirkende Festigkeit. Eisen als das Baumaterial der Zukunft
20 2.2. Die Bedeutung des Deckentragwerks
20 2.3. Die Freilegung der Momente einer Konstruktion am Beispiel der Entwicklung der mittelalterlichen Architektur
22 3. Die Kunstform
23 3.1. Begriffserkenntnis und ideelle Natur der Analogie
24 3.2. Analogie als Mimesis der Natur und anderer Dinge
24 3.2.1. Analogien aus der Flora und Fauna
26 3.2.2. Analogien von Gebrauchsgegenständen aus der menschlichen Lebenswelt
27 3.2.3. Profane und hieratische Architektur – Analogien aus der Frühform des Kultes
29 3.3. Das System der Junkturen
30 3.4. These–Antithese–Synthese. Prinzipien der dorischen, ionischen und korinthischen Architektur
33 3.5. Tektonik der Geräte
33 3.6. »Kunstform« und Archäologie
34 3.7. Ornamentik als Kunstsprache
35 3.8. Die Entdeckung einer Ästhetik der Statik
38 Tafeln

Kontext und Wirkung

70 4. Architekturtheorie und Archäologie
70 4.1. Aloys Hirt und Karl Bötticher
72 4.2. J. H. Wolffs Beiträge zur Ästhetik der Baukunst
74 4.3. Der Diskurs über die Ursprünge des griechischen Tempels
77 4.4. Interpretatorische Ansätze zum Element der Triglyphe
78 5. Der philosophische Einfluss in Böttichers Ästhetik
79 5.1. Kants subjektiver Idealismus
80 5.2. Hegels dienende Funktion der Architektur
82 5.3. Schellings Organismusbegriff
83 5.4. Schopenhauer – Tektonik als Fluss der Kräfte
84 5.5. Karl Otfried Müller
84 5.6. Zusammenfassung
85 6. Schinkel, Stier und Semper
86 6.1. Der Einfluss Schinkels
89 6.2. Bötticher und Stier
92 6.3. Bötticher und Semper
98 7. Wirkungslinien
102 8. Ausblick

108 Anmerkungen
124 Literaturverzeichnis
127 Index

Vorwort

Am Anfang des Projektes stand die Frage nach der Verbindung idealistischer Theorien zur architektonischen Form.

Als ich mit meinen Vorstellungen auf Klaus Jan Philipp zuging, der zu dieser Zeit am Institut für Architekturgeschichte an der Universität Stuttgart arbeitete, fand ich einen immer inspirierten Begleiter meiner Untersuchungen. Dass aus den ersten, noch unkonturierten Überlegungen langsam ein Thema heranreifte und Gestalt annahm, verdanke ich den offenen und konstruktiven Gesprächen mit ihm. Mein Dank gilt deshalb zuerst Klaus Jan Philipp, daneben aber auch Boris Podrecca, der an der Arbeit ebenfalls mit großem Interesse Anteil nahm.

Dank gilt zudem all jenen, die mir bei der Vorbereitung und Fertigstellung der Arbeit geholfen haben, insbesondere den Mitarbeitern der Württembergischen Landesbibliothek in Stuttgart sowie Axel Menges, mit dessen Hilfe aus der Arbeit ein schönes Buch wurde.

Mein besonderer Dank gilt allerdings meiner Frau Gabriele Mayer-Haller, die mir mit ihrer Unterstützung den nötigen Beistand gab, das gesetzte Ziel zu erreichen.

Göppingen, im Oktober 2003
Hartmut Mayer

Einleitung

Das Kunstwerk ist der Gegenstand sub specie aeternitatis gesehen; und das gute Leben ist die Welt sub specie aeternitatis gesehen. Dies ist der Zusammenhang zwischen Kunst und Ethik.
Ludwig Wittgenstein, Tagebucheintrag, 7. 10. 1916.

Tektonik ist wieder ein Thema in der zeitgenössischen Architekturdiskussion. War mit dem Begriff der Tektonik vor allem eine klassizistische Architektursprache verbunden, welche sich durch den Sieg der Moderne scheinbar verflüchtigte, so ist mit dem Hinterfragen der Dogmen der Moderne auch das Interesse an einer Architektur wieder gestiegen, die tektonische Gestaltungsprinzipien benutzt.

Der Begriff der Tektonik lässt mehrere Interpretationen zu. Da ist zunächst der werkgerechte Umgang mit dem Material zu nennen, das Verbinden der Bauelemente. In der mittelalterlichen Terminologie als »artes mechanicae« bezeichnet, betraf dieser Bereich die handwerkliche Seite des Bauens, die rein technischen Aspekte der Baukunst.

Der zweite Begriff von Tektonik stellt die formal-künstlerische Aussage in den Vordergrund. Hierbei ist nicht die handwerkliche Fügung das Entscheidende, sondern die künstlerische Mitteilung des Werks. Auf die Baukunst bezogen, soll tektonisches Gestalten die im Kern eines Bauglieds wirkenden Kräfte zeigen. Tektonik kann so als gleichbedeutend mit der plastischen Darstellung des Begriffs der »Schwere« interpretiert werden. Die dorische Säule ist hierfür das beste Beispiel. An ihr drückt sich in der Schwellung des Säulenschafts und der straff gebauchten Echinuskrümmung des Kapitells anschaulich die Einwirkung der Last des Oberbaus aus. Die dorische Säule galt deshalb für viele Architekten seit der Wiederentdeckung der griechischen Architektur im 18. Jahrhundert als das Ideal der Architektur.

Mit Karl Bötticher (1806–1889), dem jüngeren Berliner Kollegen Karl Friedrich Schinkels, geriet der Begriff der Tektonik zum bestimmenden Gegenstand einer Architekturtheorie, die dem auseinander strebenden Stilwollen zur Jahrhundertmitte in einer gewaltigen Anstrengung ein geschlossenes architekturtheoretisches System entgegensetzte. Die dichotome Situation des Jahrhunderts, die in dem Bestreben ihren Ausdruck fand, einerseits die Architektur an den Fortschritt und die technische Entwicklung zu binden und andererseits dem Bedürfnis nach einer historisch legitimierten Form Rechnung zu tragen, findet sich als das zentrale Thema in Böttichers Architekturlehre wieder. *Die Tektonik der Hellenen*, Böttichers 1844–52 erschienenes Hauptwerk, bietet also nicht nur eine noch heute beachtenswerte Theorie der tektonischen Form, sondern ist gleichermaßen als eine Auseinandersetzung mit einem der Hauptprobleme des 19. Jahrhunderts von Interesse, der Übernahme von Stilformen vergangener Epochen.

Erste Vorabdrucke der *Tektonik* erschienen in der *Allgemeinen Bauzeitung* ab 1840. Die Grundgedanken zu einer »Philosophie der tektonischen Form« wurden aber bereits 1838 formuliert. Bötticher hatte sein Projekt Schinkel vorgestellt und dieser soll sich zu den Gedanken, wie sie im ersten Vorabdruck der *Tektonik der Hellenen* formuliert wurden, zustimmend geäußert haben.[2] Damit hatte Bötticher die zentrale Autorität Berlins in architektonischen Fragen für sein Werk einnehmen können.

Die *Tektonik der Hellenen* wurde dann mit ihrem Erscheinen von der Schinkelschule als das theoretische Werk betrachtet, das Schinkels Überlegungen zu einem architektonischen Lehrbuch, welches nie erschienen ist, dem Sinn nach ersetzen könnte. Böttichers *Tektonik* schien Schinkels Architekturvorstellungen in ein normatives System zu integrieren. Mit apodiktischem Sprachgestus und lehrbuchhaftem Tonfall traten Böttichers Thesen die Nachfolge Schinkels an. Die Suche nach einem zeitgemäßen Baustil hatte mit Böttichers *Tektonik* ein anderes Niveau erreicht. Der Stil als solcher wurde nicht formal, sondern von seinen statisch-strukturellen Eigenheiten her betrachtet. Einer formalen Synthese, wie sie Schinkel mit der Bauakademie erreichte, stellte Bötticher seine ganz aus der Mechanik des Bauwerks gewonnene tektonische Theorie bei. Das bei Schinkel immer vorhandene romantische Element fand in Böttichers rationalem Theorieentwurf keinen Platz mehr.

Cornelius Gurlitt stellte Bötticher in eine Reihe mit den französischen Architekturtheoretikern François Blondel und Marc-Antoine Laugier.[3] Beide Theoretiker waren schulbildend. Blondel gab mit seiner auf Vitruv basierenden Proportionslehre der französischen Architektur Ludwig des XIV. eine klare Ausrichtung wie später Laugier, der mit seinem Konzept der Urhütte der Architektur des Klassizismus den theoretischen Hintergrund lieferte.[4]

Böttichers *Tektonik* kann als Versuch gelesen werden, dem heraufziehenden Eklektizismus gegen Mitte des 19. Jahrhunderts eine stringente architektonische Formenlehre entgegenzustellen.

Zeitgenossen Böttichers wie Semper und Stier orientierten sich an der Renaissance. Stier verfolgte neben den rein historisierenden Stilrichtungen einen freien Eklektizismus mit individuell künstlerischen Motiven. Dagegen stand nach Auffassung der Tektoniker Schinkels Architektursprache, vor allem seine griechisch-hellenische Formen.

Die Darstellung der im Bauwerk wirkenden statischen Kräfte sollte mit Böttichers *Tektonik* eine Möglichkeit zu einer Logik der baulichen Formen eröffnen. Form war für ihn unmittelbar im Stoff begründet. Sein Ideal war damit an kein anthropomorphes Modell mehr gebunden und es ließ sich nicht psychologisch ableiten, sondern es sollte das Wesen der Baukunst von ihrer Struktur her erschließen. Tektonisches Denken war für ihn eine universelle Begründungsmöglichkeit architektonischer Formen. Der idealistische Gedanke einer Kongruenz von innerem Zweck und äußerer Form war für Bötticher eine conditio sine qua non. Eine Architektur, die dieses Prinzip negierte, verlieh Bötticher das Prädikat »nicht ethisch«. Wie die funktionale Frage in Verbindung mit der formalen, wie Stoff und Form stringent zusammengehen, darin ist sein bleibender Beitrag zur Architekturtheorie begründet und macht ihn, trotz oder wegen seiner Überzeugung von der zeitlosen Gültigkeit der griechischen Architektur, zu einem Vorläufer der Moderne.

Schinkels Funktion des obersten Baubeamten in Preußen konnte Böttichers *Tektonik* als Versuch einer theoretischen Fundierung preußischer Staatsarchitektur erscheinen lassen. Der freie künstlerische Formfindungsprozess wurde mit der *Tektonik* einer stark rationalisierten Systematik unterworfen. Ein Subjektivismus, wie ihn Wilhelm Stier an der Bauakademie vertrat, forderte Böttichers Kritik heraus. Nicht eine individualistische Architekturauffassung, sondern eine rationale Theorie sollte die Grundlage der preußischen Baukunst bilden.

Böttichers Theorie der tektonischen Form assimilierte den bautechnischen Fortschritt. In der von vielen Klassizisten und selbst von Schinkel noch als problematisch eingestuften Eisenarchitektur sah Bötticher eine Architektur der Zukunft. Die technisch-wissenschaftliche Durchdringung des Eisens beinhaltete für Bötticher die Chance zu ganz neuen Bauformen.

Ziele der vorliegenden Arbeit

Bötticher war sowohl Archäologe als auch Architekturtheoretiker. Seine archäologisch-spekulativen Erkenntnisse zur griechischen Architektur stützten seine Theorie der tektonischen Form. Eine Auseinandersetzung mit Bötticher muss deshalb die archäologischen Aspekte angemessen berücksichtigen, soll ein ganzheitliches Bild von seinem Denken gewonnen werden.

Zunächst wird die Theorie der tektonischen Form anhand des Textes dargestellt. Ein besonderes Gewicht wird dabei das Hauptwerk Böttichers, *Die Tektonik der Hellenen*, einnehmen. Böttichers Theorie der tektonischen Form wird sich als künstlerische Konzeption von Architektur mit ganzheitlichem Anspruch erweisen, in der jedes architektonische Detail begründet ist. Dies gilt sowohl für die Architektur der Vergangenheit, hier insbesondere für die griechische Antike, als auch für die architektonischen Konzepte der Schinkelschule. Termini Böttichers wie »Kernform« und »Kunstform« assoziieren die Trennung der statischen Struktur von ihrer künstlerischen Bekleidung. Obwohl seine Theorie einer Trennung des tragenden Kerns von seiner ornamentalen Hülle später eine Argumentationsgrundlage lieferte, sprach Bötticher immer von deren ursprünglicher Zusammengehörigkeit.

Die »Kernform« folgt für Bötticher anderen Gesetzmäßigkeiten als die »Kunstform«. Sie entstand in Wechselwirkung mit dem Material und der gewählten Konstruktion. Die Verwendung einer »Kunstform« erst bildete bei Bötticher die notwendige Voraussetzung, um Architektur entstehen zu lassen.

Es wird aufgezeigt, wie bei Bötticher der ganze architektonische Entwurfsprozess auf den Begriff Tektonik fokussierte. Sein Modell für das Erzeugen der architektonischen Form, seine Vorstellungen zu einer Organismustheorie und der ethische Anspruch, den er an die Architektur richtete, werden als einzelne Themenbereiche analysiert.

Eine idealistische Grundströmung findet sich in den Werken Schinkels und der Schinkelschule und war auch für Böttichers Werk Voraussetzung. In einem besonderen Abschnitt werden deshalb die dem Idealismus verpflichteten Ideen Böttichers untersucht. Welches Ideal hinter dem Idealismusbegriff im Bezug zur Architektur steckte und wie dieses Ideal in Böttichers Theorie formuliert wurde, wird im Vergleich mit der zeitgenössischen philosophischen Ästhetik dargestellt. Hier ist insbesondere eine Differenzierung der Ästhetik von Kant als rein formaler Ästhetik und der hegelschen Ästhetik aufzuzeigen. Schopenhauers und Schellings Ästhetik waren gleichfalls für Böttichers *Tektonik* von Bedeutung. Die eine führte zu einem radikalen Klassizismus, die andere entwickelte mit der Idee einer dem Organismus analogen, autonomen »Kunstform« die Konzeption einer Kunstsprache, die sich in Bötticher Idee zu einer architektonischen »Kunstform« wiederfinden läßt.

Böttichers ausdifferenzierte theoretische Systematik in Beziehung zu setzen mit der Architekturdiskussion seiner Generation sowie den Strömungen nachzugehen, die seine Theorie wesentlich beeinflussten, werden weitere Aspekte der Arbeit sein. Dabei werden klassizistische Theorien wie die von Aloys Hirt (1759–1837), an die Bötticher direkt anknüpfte und die von Johann Heinrich Wolff (1792–1869) eine wichtige Rolle spielen. Im Vergleich zu Hirt, der einer der maßgeblichen Theoretiker in Berlin in der ersten Jahrhunderthälfte des 19. Jahrhunderts war, wird das grundsätzlich Neue einer spekulativen idealistischen Architekturästhetik dargestellt, welche die Gestalt eines Gebäudes unmittelbar aus den konstruktiv-funktionalen Parametern ableitete.

Heinrich Hübsch hatte sich in seinen Traktaten zur Architektur zunächst mit Aloys Hirts Thesen einer aus dem Holzbau abgeleiteten Tempelarchitektur kritisch auseinander gesetzt. Die Diskussion zwischen Hirt und Hübsch diente Bötticher als notwendige Vorarbeit, Stilklassifikation und architektonische Form von der Konstruktion abzuleiten. Böttichers Idee einer vom Material und der Konstruktion bestimmten »Kernform« war damit Teil der in der ersten Hälfte des 19. Jahrhunderts entstandenen Strömung, Architektur rational aus konstruktiven Faktoren zu entwickeln. Die von Hübsch gestalterisch eingesetzte Konstruktion war für Bötticher jedoch nur ein »totes Material«, das, sollte eine künstlerische Aussage entstehen, eine erläuternde »Kunstform« benötigte.

Thesen zur Architektur des griechischen Tempels diente als Legitimationsmodell der jeweils eigenen Architekturtheorie. Archäologische Fehden über die Ursprünge des griechischen Tempels, ob dieser aus dem Holzbau entstanden sei und welche Bedeutung die einzelnen ornamentalen Glieder besitzen, können als Ausdruck der jeweiligen theoretischen Standpunkte gedeutet werden und sind damit für die Beurteilung von Böttichers *Tektonik* interessant.

In dem Kapitel über Schinkel, Stier und Semper werden drei für Bötticher maßgebliche Architekturauffassungen behandelt. Schinkels »Ideal der Zweckmäßigkeit« und Böttichers tektonische Form werden in Beziehung zueinander gesetzt. Bötticher kann zugleich als Vollender und Vereinfacher von Schinkels Gedanken zur Architektur betrachtet werden. Gegenüber Stiers malerisch-romantischem Eklektizismus bestand dagegen eine grundsätzliche, theoretisch fundierte Feindschaft. Die klassizistisch ausgerichtete Rationalität Böttichers und die romantisch-malerische Auffassung Stiers spalteten die Lehre an der Bauakademie in zwei Lager.

Der in der öffentlichen Diskussion wahrgenommene Gegenspieler Böttichers war jedoch Gottfried Semper (1803–1879). Bötticher stand für eine idealistische Architekturtheorie, Semper für eine materialistische Architekturauffassung. Die Arbeit wird aufzeigen, dass dieses pauschale Bild über die beiden Theoretiker falsch ist. Semper hatte vielmehr wesentliche Gedanken von Böttichers Theorie in sein Werk integriert. Unterschiede lagen weniger im Detail als im Grundsätzlichen. Semper vertrat ein genetisches Modell der Stilgeschichte, Bötticher dagegen die idealistische Vorstellung von der Zeitlosigkeit der griechischen Formen.

Die Wirkung Böttichers auf die Berliner Architektur basierte vor allem auf seiner Lehrtätigkeit an der Berliner Bauakademie (1839–76). Eine Breitenwirkung seiner Gedanken setzte aber erst ein, als durch seine Schüler die komplexe Theorie der *Tektonik* in einfacherer Form verbreitet wurde. Die *Tektonik* wurde von den Anhängern der Schinkelschule wie eine Offenbarung empfunden. Sie gab eine logisch-rationale Antwort auf ein spezifisches Problem des 19. Jahrhunderts. Die Gestalt eines Bauwerks konnte jenseits stilistischer Debatten für den, der Böttichers Theorie anwendete, sowohl konstruktiv als auch formal bestimmt werden. Anhand exemplarischer Projekte von Böttichers Schüler wird die konkrete Umsetzung der Theorie dargestellt. Da öffentliche Aufträge vor allem an die an der Berliner Bauakademie ausgebildeten Architekten gingen und den Tektonikern als Erben Schinkels eine entsprechende Bedeutung zukam, verband sich mit dieser Richtung die Kontinuität einer preußischen Staatsarchitektur.

Theoretische Modelle können auch abstrakt von ihrem zeitlichen Umfeld betrachtet werden. Am Schluss der Arbeit soll deshalb Böttichers *Tektonik* auf ihre allgemeingültige Anwendbarkeit geprüft werden. Die konstruktive Rationalität Böttichers wird sich als Vorgriff auf die Prinzipien der Moderne zeigen. Seine begriffliche Näherung an die architektonische Form, sein idealistischer Ansatz, kann im Ergebnis auch heute noch inspirierend wirken, wenn ein Gebäude nicht nur zweckrational entworfen werden soll, sondern die Forderung nach einer Architektur mit künstlerischem Anspruch Bestand hat.

Forschungen und Aufsätze zu Bötticher

Die Sekundärliteratur zu Bötticher ist, gemessen an seiner Bedeutung für die Berliner Architektur, von schmalem Umfang. Die letzte größere zusammenhängende Untersuchung zu Bötticher stammt aus dem Jahr 1896 von Richard Streiter.[5] Der Text von Streiter ist einseitig und wird Bötticher in vielen Bereichen nicht gerecht. Streiter stellt zwar die wesentlichen Grundzüge der Theorie Böttichers dar, bleibt aber in seiner Interpretation sehr der Ästhetik seiner Zeit verhaftet, die der strengen Systematik von Böttichers Denken wenig Sympathie entgegenbrachte.

In den Bauzeitschriften des 19. Jahrhunderts finden sich vereinzelt Artikel über Bötticher. Es sind entweder Rezensionen, die im Zusammenhang mit dem Erscheinen der *Tektonik* verfasst wurden oder als Nachrufe und an Gedenktagen zu Bötticher erschienen.[6]

Die neuere Forschung hat Böttichers Architekturtheorie keine umfassende Untersuchung mehr gewidmet. In den 90er Jahren taucht jedoch sein Name in Zusammenhang mit Arbeiten über das 19. Jahrhundert wieder auf.

Werner Oechslin reißt in seiner Untersuchung *Stilhülse und Kern*[7] die Kerngedanken Böttichers nur an. Die Begriffe »Kernform« und »Kunstform« werden bei Oechslin als wesentlich für die Entwicklung der Architektur des 19. Jahrhunderts hin zur modernen Architektur genannt. Oechslin verweist darauf, dass Böttichers anspruchsvolle Theorie unzuläßigerweise vereinfacht wurde.

Wolfgang Herrmann setzte sich in zwei Publikationen mit Bötticher auseinander. In dem Aufsatz »Semper und Bötticher«[8] wird von ihm der theoretische Einfluss von Bötticher auf Semper dargestellt. In seiner Studie »In what style schould we build?«[9] wird Böttichers Theorie im Zusammenhang seiner Untersuchung über die architekturtheoretischen Strömungen in der ersten Hälfte des 19. Jahrhunderts erwähnt.

Die umfangreichen Untersuchungen von Eva Börsch-Supan zur *Berliner Baukunst nach Schinkel 1840–1870*[10] stellen neben einer stark verkürzten Einführung in Böttichers Theorie vor allem seine Wirksamkeit an der Berliner Bauakademie dar. Böttichers Bedeutung als Bewahrer der eleganten klassizistischen Ornamentik der Schinkelschule wird betont. Die durch Bötticher entstandene tektonische Richtung an der Bauakademie wird hier durch konkrete Bauten seiner Schüler belegt. Der Anspruch auf Wissenschaftlichkeit und Idealität, welche von den Anhängern der tektonischen Richtung der Schinkelschule vertreten wurde und ihre Lehre zu einer festen Doktrin machte, wird von Eva Börsch-Supan in Beziehung zu den anderen Strömungen nach Schinkel gesetzt.[11]

Heinz Quitsch stellt in seinem Aufsatz »Tektonik und Bekleidungstheorie«[12] zwar die von Bötticher immer geforderte Einheit des statischen Kerns mit seiner dekorativen Hülle dar, macht ihn aber verantwortlich dafür, dass mit durch die Formulierung einer »Kernform« und einer »Kunstform« »die ästhetische Einheit des Tektonischen auseinandergerissen und damit die bisherige klassizistische Auffassung angetastet«[13] wurde. In seinem Aufsatz »Semper und Bötticher«[14] wird diese Trennung, welche eine normative griechische Formensprache einforderte und zugleich den technischen Fortschritt in der Materialwahl berücksichtigte, aufgezeigt und kritisch mit der Entwicklung des Historismus in Beziehung gesetzt.

Manfred Klinkott gibt in seinem Aufsatz »Die Tektonik der Hellenen als Sprachlehre und Fessel der klassizistischen Baukunst«[15] eine anhand von Beispielen lebendige Darstellung einzelner Thesen Böttichers. Er unterstreicht die Bedeutung der tektonischen Lehre, welche nach 1871 einem Stilchaos entgegenwirkte und den Einfluss von Böttichers Musterbücher, die in der Alltagsarchitektur dem nicht Geschulten eine Sicherheit im Entwerfen gaben.

Mitchell Schwarzer bezeichnet Böttichers Theorie als »tangible passions« in seinem grundlegenden Werk über Strömungen des 19. Jahrhunderts *German Architectural Theory and the Search for Modern Identity*[16]. Er beschreibt einen ontologischen Aspekt in Böttichers Theorie, der sich in der Wahl des Materials und der Struktur ausdrücke und einen darstellenden künstlerischen Aspekt, welcher mit dem Begriff der »Kunstform« verbunden sei. Dieser Korrespondenz einer versteckten strukturellen Essenz mit einer sichtbaren spirituellen Idee misst er großen Einfluss auf die Architekturtheorie der Gründerzeit bei.[17] Wie Eva Börsch-Supan bringt Schwarzer Bötticher mit einem strikten Klassizismus in Verbindung, welcher jedoch eine innere Dynamik durch Böttichers Theorie der »Kernform« erhalten habe.[18]

In seinem Aufsatz »Ontology and Representation in Karl Bötticher´s Theory of Tectonics«[19] werden von Schwarzer die literarischen und philosophischen Strömungen der ersten Hälfte des 19. Jahrhunderts kurz gestreift und mit Bötticher in Verbindung gebracht. Die Darstellung ist sehr breit angelegt und gibt eher eine Übersicht über geistesgeschichtliche Strömungen, als eine detaillierte Auseinandersetzung zu Bötticher.

Eine zusammenhängende analytische Auseinandersetzung zu Böttichers Gedanken wurde seit Streiters Untersuchung nicht mehr durchgeführt. Die oben genannten Abhandlungen nennen zwar wesentliche Grundgedanken und Probleme von Böttichers Theorie, können aber, bedingt durch ihren eng gesetzten Rahmen, nur umrisshaft einzelne Aspekte andeuten.

Eine architekturtheoretische Interpretation der *Tektonik* Böttichers anhand des Textes stellt deshalb ein Desiderat dar.

Zur Person Bötticher

Böttichers Biographie und seine Verflechtung mit dem Berliner Geistesleben wurden von Clarissa Lohde-Bötticher, seiner zweiten Frau, ausführlich beschrieben.[20] Sie schildert ihn als Person, der sich schnell für eine Sache begeistern und von wissenschaftlichen Problemen gefangen nehmen ließ.[21] In dem Maße wie sein Geist von etwas Besitz ergriff, konnte er sich in Ansichten versteifen.[22] So verteidigte Bötticher unbeirrt bis ins Alter seine Thesen zur Genese des griechischen Tempels, obwohl die archäologische Forschung diese längst widerlegt hatte.

Böttichers zeichnerisches Talent und künstlerische Begabung ist mehrfach überliefert.[23] In seinen Jugendjahren fühlte er sich stark zu den mittelalterlichen Bauten seiner Umgebung hingezogen. Auf seiner ersten Studienreise durch die Mark Brandenburg, das braunschweigische und hannoversche Land zeichnete Bötticher Ziegelbauten, die Holzbauarchitekturen des Mittelalters und textile Ornamente von Kirchengewändern. Bötticher legte seine Zeichnungen Schinkel und Beuth vor. Beuth nahm dann eine Anzahl von Zeichnungen gewebter Kirchengewänder in sein schon damals berühmtes Werk *Vorbilder für Fabrikanten und Handwerker*[24] auf.[25] Die beiden ersten Teile der *Vorbilder* sind durch Schinkel stilistisch geprägt; die dort abgebildeten antiken Bauten und Ornamente wurden aus archäologischen Stichwerken zusammenkompiliert.[26] Von Beuth wurde Bötticher dann 1832 auf eine Reise durch die Rheinlande, Westfalen und die Niederlande geschickt[27], um den dritten Teil der *Vorbilder* vorzubereiten, welcher der textilen Ornamentik gewidmet war und 1836 erschien. Eine intensive Beschäftigung mit textilen und graphischen Techniken, Bötticher lithographierte seine Zeichnungen selbst,[28] sowie sein Talent für Ornamentik standen am Anfang seiner künstlerischen Laufbahn. Wenn Bötticher später die Tempelarchitektur auf eine frühe Zeltarchitektur zurückführte und in der Wand- und Deckengestaltung gespannte Teppiche erkannte, so gingen sicher entscheidende Impulse von seinen Studien zur Textilkunst aus.

Von Bötticher wurden von 1834 bis 1858 mehrere Stichwerke zur Ornamentik herausgegeben.[29] Den Wandel zum strengen Klassizismus hat Bötticher mit seiner Ornamentschule[30] bereits 1838 vollzogen. Wie später seine *Tektonik* hatte er seine *Ornamentschule* Schinkel »in tiefster Verehrung« gewidmet.[31] Seine Wende, weg von mittelalterlichen und hin zu antiken Formen, lässt sich bei Bötticher genau datieren.[32] Mit der Eröffnung von Schinkels Museumsbau 1830 überwältigte ihn der Eindruck der antiken Bildwerke. Die Epiphanie antiker Schönheit ließ in ihm das Verlangen entstehen, das Prinzip ihrer Idealität zu entschlüsseln. Am Ende stand dann das komplexe Gedankengebäude seiner *Tektonik*.[33]

Mit der Herausgabe seiner Vorlagenbücher eröffneten sich für Bötticher Möglichkeiten, auch als Lehrer tätig zu werden. Nach seiner Reise im Sommer 1832 hielt er Privatunterricht für Architekten im Entwerfen städtischer Gebäude.[34] Von 1833 an war Bötticher Lehrer und Zeichner an der Königlichen Porzellan-Manufaktur und von 1834 an übernahm er die Leitung der neu begründeten Dessinateurschule des Gewerbeinstituts. Am Gewerbeinstitut war Bötticher für die künstlerische Ausbildung von Webern zuständig.

Wichtiger für Bötticher war seine Lehrtätigkeit im Ornamentzeichnen an der Kunstakademie ab 1838 und, auf Schinkels Vorschlag hin, an der Bauakademie ab 1839.[35] Bötticher unterrichtete in antiker Ornamentik, entwickelte eigene Ornamenterfindungen und ließ Pflanzen nach der Natur zeichnen.

Neben seiner Unterrichtstätigkeit entstanden die Kerngedanken zu seinem Hauptwerk, der *Tektonik der Hellenen*. Das 1844 erschienene Werk war schwer verständlich geschrieben und wurde in seinem wissenschaftlichen Anspruch nur von wenigen ganz verstanden. Wie erwartet, wurde es zunächst von den Architekten, die sich durch Böttichers normative Theorie gegängelt fühlten, kühl aufgenommen; mehr Zuspruch fand er bei den Archäologen und Philologen.[36]

Auf Empfehlung Beuths holte Bötticher im November 1844 seine Baumeisterprüfung nach und wurde am 29. Dezember desselben Jahres Professor an der Bauakademie. Mit dem Erfolg seiner *Tektonik* widmete sich Bötticher ganz seinen Lehrtätigkeiten und weiteren philologisch-archäologischen Untersuchungen.[37] Sein wichtigstes Werk neben der *Tektonik* ist *Der Baumkultus der Hellenen,*[38] eine umfangreiche mythologisch-philologischen Studie. In den Folgejahren veröffentliche Bötticher noch eine Reihe von Schriften, welche sich mit speziellen archäologischen Fragestellungen auseinandersetzten. Für seine Architekturtheorie haben diese Arbeiten jedoch keine Relevanz.

Als Privatdozent hielt Bötticher Vorlesungen zur Archäologie an der Berliner Universität von 1854 bis 1862, nachdem er sich 1854 habilitiert hatte. Für den Architekten Bötticher war dies eine außergewöhnliche Ehre, die auf die besondere Anerkennung seines Hauptwerks, der *Tektonik*, zurückzuführen ist.[39]

1868 wurde Bötticher Direktor der Skulpturenabteilung, welche in dem von Stüler entworfenen und 1852 fertiggestellten Neuen Museum untergebracht war. Unter seinem Vorgänger Gerhard war Bötticher als Assistent für den Ausbau der Gipsabgußsammlung zuständig. Da wenig Geld für Neuerwerbungen zur Verfügung stand, konzentrierte sich Bötticher noch entschiedener als sein Vorgänger Gerhard auf den Erwerb von Gipsabgüssen. Berlin verfügte über eine reiche Sammlung von Abgüssen und Gerhards hatte sie nach Epochen geordnet vor Wandbildern präsentiert, die den jeweiligen kulturellen und architektonischen Hintergrund illustrierten. Bötticher veranlasste eine Neuaufstellung nach Übernahme des Direktorats. Er plazierte die Bildwerke und Abgüsse nach Themen, geordnet nach den Idealen der Gottheiten und Helden. Damit war es nicht mehr möglich, einen unmittelbaren Zusammenhang der Abgüsse mit den Wandbildern herzustellen. Als Katastrophe sollte sich jedoch seine Behandlung der Gipsabgüsse erweisen. Aus Konservierungsgründen ließ Bötticher die verschmutzten Abgüsse mit einer Tünche einstreichen, was, wegen des Verlustes an Feinheiten und des allmählichen Abblätterns der Tünche, zu einer erheblichen Beeinträchtigung derselben führte. Daraufhin wurde die Kritik an Bötticher immer lauter, so dass dieser 1875 sein Abschiedsgesuch sowohl für das Direktorat als auch für seine Lehrämter einreichte.[40]

Bötticher betrieb seine Reflexionen über die Antike, ohne je ein antikes Bauwerk im Original gesehen zu haben. Erst im Jahr 1862, mit 56 Jahren, wurde Bötticher auf Anweisung des Unterrichtsministeriums nach Griechenland geschickt, um die Denkmäler der Akropolis zu untersuchen. Begleitet wurde Bötticher von dem Philologen Ernst Curtius und dem Architekten Heinrich Strack.[41] Obwohl für die Exkursion nur die Zeit von Anfang März bis Ende Mai zur Verfügung stand, konnte Bötticher eine Reihe von Bauaufnahmen durchführen.[42] Eine zweite, längere Reise über Italien nach Griechenland unternahm Bötticher im Herbst 1877. In Venedig begegnete er zum ersten Mal Gottfried Semper. Die anfangs feindliche Stimmung, Bötticher polemisierte gegen Semper in seinen Vorlesungen, wich und es schien, als ob ihre Prinzipen zur Architektur doch nicht so weit auseinanderliegen würden.[43] Im Frühjahr 1878 traf Bötticher in Griechenland ein. Dort nahm er seine abgebrochenen Studien auf der Akropolis bis Juni wieder auf.[44]

Durch seine Bauaufnahmen fühlte sich Bötticher in seiner Theorie zur tektonischen Form bestätigt.

1. Grundgedanken von Böttichers *Tektonik der Hellenen*

§1
Unter Tektonik begreifen wir im engeren Sinne: die baulichen und Geräthbildende Werktätigkeit, sobald dieselbe ihre aus Bedürfnissen des geistigen oder physischen Lebens hervorgegangenen Aufgaben ethisch zu durchdringen vermag, und sonach nicht allein dem bloßen Bedürfnisse durch eine materiell nothwendige Körperbildung zu entsprechen, sondern die Letztere auch noch zur Kunstform zu erheben vermag.

§2
1. Die hellenische Architektonik erbildet die totale Form eines Bauwerkes der Natur des betreffenden Materiales entsprechend, aus einzelnen für sich bestehenden, zur Existenz und zum Zweckgebrauche der ganzen Baulichkeit nothwendigen, und dem entsprechend in der Räumlichkeit angeordneten und vertheilten Körpern.
2. Jedem dieser Körper ist bei der Konception des Ganzen von vorn herein eine gewisse struktive Funktion – bauliche Dienstverrichtung – zugetheilt, die er in einem ihr entsprechenden technisch nothwendigen Schema von seiner örtlichen Lage oder Stellung aus beginnt, nach einer bestimmten Richtung hinwärts entwickelt, und in den vorgezeichneten Raumgrenzen beendet. Ein solcher Körper ist mithin ein Strukturtheil oder ein Strukturglied des ganzen Baues.

Bötticher unternahm mit seiner *Tektonik* den Versuch, Archäologie, Wissenschaft der Statik und eine Kunstlehre in ein System zu integrieren. Die ornamentale »Kunstform« sollte diese unterschiedlichen Bereiche mit Hilfe analoger Formen katalysieren.

Seine *Tektonik* gehört zu den großen Systementwürfen des 19. Jahrhunderts. Obwohl das theoretische Gebäude Böttichers umfangreich und weitverzweigt ist, fokussiert es auf die Begriffe »Kernform« und »Kunstform«. Seine Methode, Ideen anhand eines Begriffspaares zu thematisieren, erinnert an den Dualismus eines anderen großen Systematikers des 19. Jahrhunderts, an den Arthur Schopenhauers.

Bötticher entwickelte ein architekturtheoretisches Modell mit der »Kernform« als abstraktem und materiell-strukturellem Schema der Konstruktion und der »Kunstform« als erläuternder, dazugehörender Hülle. Mit der »Kunstform« wird den architektonischen Formen eine Symbolik verliehen; sie macht Architektur zum künstlerischen Ereignis, ebenso wie der »Wille« von Schopenhauer alles Sein differenziert und zur Erscheinung bringt.

Das Faszinierende an Böttichers architekturtheoretischem System ist sein ganzheitlicher Anspruch. Die Komplexität der Entscheidungsfindung beim Entwerfen von Bauwerken, die wechselseitigen Abhängigkeiten von Gestalt und Konstruktion, werden bei Bötticher bis ins kleinste bauliche Glied hinein reflektiert. Die *Tektonik* stellt ein absolut kohärentes System dar, das Architektur als »struktive Vereinigung zu einer totalen Form«[45] begreift, mit dem Anspruch, jedes konstruktive und gestalterische Detail vom gesamten System her zu bestimmen.

Der Titel seines Hauptwerks, *Die Tektonik der Hellenen*, gibt vor, nur die spezifisch hellenische Tektonik zu untersuchen. Die gewählte Begrifflichkeit und die logische Struktur des Systems lassen sich jedoch auf jede Architektur anwenden. Die Darstellung der hellenischen Tektonik war somit für Bötticher ein Paradigma , »tektonische Begriffe mit materiell Nothwendigem zu verknüpfen und analog in der Kunstform der Gebilde auszusprechen.«[46] »Kernform« und »Kunstform« waren für ihn in der hellenischen Architektur zu einem Gesamtkunstwerk verschmolzen. Die Schönheit der hellenischen Formen entschlüsselte sich durch den Nachvollzug ihrer materiellen und strukturellen Faktoren, der »Kernform«, und deren Überhöhung durch analoge Sinnbilder, der »Kunstform«.

Architektur wird mit Böttichers Begriff der »Kernform« von den essentiellen Faktoren konstruktiver Systeme her bestimmt. Materialqualitäten sind für ihn von grundlegender Bedeutung für die Struktur von Bauwerken. Seine Auffassung vom griechischen Tempel kommt dabei der Idee des modernen Skelettbaus sehr nahe. Die strenge Trennung in ein das Material minimierendes Tragwerk und der Raumhülle, als deckende und umschließende, raumbildende, leichte Bauteile, antizipierte die »Haut- und Kochenarchitektur« der Moderne.[47] Die Suche nach der Zweckmäßigkeit und konsequenten Form von Konstruktionen barg für Bötticher zudem die Möglichkeit architektonischer Innovationen.

Das System der *Tektonik* begann sich aus einem kleinen Anstoß heraus zu entwickeln.[48] Die Entdeckung des Begriffs der »Kymation« war dabei nach Lohde die Initialzündung für Böttichers Theorie. Lohde schrieb: »Als unser Autor vor 30 Jahren die Frage aufwarf: »Was ist der Eierstab?« erregte schon diese Frage allein Aufsehen.«[49] Bötticher versah diese Schmuckform der Griechen mit einer tektonischen Bedeutung. Das Kyma wurde von ihm als dekoratives Zierglied interpretiert, dessen Ursprung im Dunkeln lag. Mit der überraschenden Deutung, in dem Kyma eine Reihe gleichartiger, vorne übergeneigter Blätter zu sehen, die etwas mit den inneren Kräften und Strukturen des Bauwerks zu tun haben, hatte Bötticher einen neuen archäologischen Ansatz gefunden, der ihn im Ergebnis zur Theorie des tektonischen Ornaments führte.

Der aus der Antike übernommene Begriff Tektonik tauchte im 19. Jahrhundert zuerst bei Karl Otfried Müller wieder auf, welcher ihn schon als eine Verbindung von Zweckhaftem und künstlerischer Idee definierte.[50] Auch bei Bötticher bedeutete tektonisches Denken nicht nur die Gesetze des Materials zu kennen, sondern zudem eine entsprechende »Kunstform« zu entwickeln. Ohne die Interpretation der Kunst war für Bötticher Bauen keine Tektonik, sondern nur die Erfüllung eines »rohen Bedürfnisses«.[51]

1.1. Der Aufbau des Werks

Das älteste Stück der Tektonik ist die Einleitung.[52] In der Einleitung sind im Wesentlichen die Kerngedanken des Buches enthalten, wie sie bereits in der Artikelserie in der *Allgemeinen Bauzeitung* 1840 publiziert wurden. Der erste Teil von *Die Tektonik der Hellenen*, die »Einleitung und Dorika«, erschien mit dem Beginn des Jahres 1844. Er enthielt das Vorwort, die Einleitung und die Beschreibung der dorischen Architektur. Im Anhang befanden sich bereits die 6 Exkurse und 21 Kupfertafeln.[53] Im Jahr 1849 erschien das spätere vierte Buch der *Tektonik*, »Der hellenische Tempel in seiner Raumlage für Zwecke des Kultus«. Das zweite und dritte Buch der *Tektonik* mit den Titeln »Jonika« und »Korinthika« erschienen im Jahr 1852.

Mit der Ausgabe von 1852 bei Ferdinand Riegel, Potsdam, wurden die vier Bücher in zwei Bände aufgeteilt, von denen der erste das erste Buch und der zweite die drei folgenden Bücher enthielt. In einem separaten Band waren die 21 erläuternden Kupfertafeln enthalten.

Eine weitere Auflage der vier Bücher der *Tektonik* erschien ohne Abänderung im Jahr 1862 im Verlag Ernst & Korn, Berlin.

Als zweite, neu bearbeitete Auflage erschienen die ersten Druckbögen von *Die Tektonik der Hellenen* wiederum im Verlag Ernst & Korn 1869. Im Jahr 1874 wurde dann der erste Band in abgeänderter Fassung vorgelegt.[54] Obwohl Teile von Bötticher umgeschrieben wurden, um die Gedanken des Buches allgemeinverständlicher darzustellen, sind die leitenden Gedanken dieselben geblieben. Auch eine Reise nach Griechenland, die Bötticher im Jahr 1862 unternahm, bestätigte seine in der Erstausgabe der *Tektonik* formulierten Gedanken. Die vorliegende Untersuchung legt den Text der ersten Ausgabe zugrunde, da dieser eine größere Breitenwirkung hatte und zeitlich an die Nachschinkelzeit anknüpfte.

In der sogenannten Weihe, die dem Werk vorangestellt ist, widmet er seine *Tektonik* Karl Friedrich Schinkel, nicht ohne den Hinweis, dass die vorgebrachten Gedanken sich in unmittelbarem Bezug zu Schinkel als seinem »Vorbildner« verstehen.[55] Bezeichnend ist, dass Bötticher seine *Tektonik* auch dem kurz vor Erscheinen des Buches verstorbenen Altertumsforscher Karl Otfried Müller widmete. Müller glänzte zu seiner Zeit mit seinem *Handbuch der Archäologie der Kunst*[56]. Die Begriffe »Tektonik« und »Kunstform« wurden von Müller geprägt und später von Bötticher übernommen.[57] Bötticher ließ sich aber nicht nur von Müller inspirieren, er wollte durch die Widmung auch seinen archäologischen Anspruch dokumentieren.

Im Vorwort der *Tektonik* betont Bötticher, dass mit seinem Werk zum ersten Mal der Versuch einer Theorie der hellenischen Tektonik unternommen wurde.[58] Gleichzeitig wird von ihm die Methodik seiner Forschung erläutert. Nicht durch vergleichende Analyse antiker Bauten, wie sie zuvor Hirt durchführte und mit den Proportionslehren von Vitruv in Einklang zu bringen versuchte, sollen die tektonischen Formen der griechischen Bauten erkannt werden, sondern durch das Aufzeigen allgemeiner ideeller Prinzipien. Diese Prinzipien glaubte Bötticher aus der antiken Literatur und aus den allgemeinen Gesetzen der Baustatik ableiten zu können. Bötticher sah in den Philologen eine der Hauptadressaten seiner Untersuchungen; die Vorarbeiten der Philologen Böckh und Müller werden deshalb als grundlegende Forschungen zu seiner *Tektonik* genannt.[59]

Die Einleitung untergliedert sich in zwei Unterabschnitte. Im ersten Abschnitt mit dem Titel »Allgemeines über das Prinzip der Hellenischen Tektonik: den Begriff jedes tektonischen Körpers in der Form auszusprechen« werden die Prinzipien der Tektonik, strukturiert in Paragraphen mit Unterziffern, dargestellt. Anhand einer abstrakten Terminologie, welche an philosophische Texte erinnert, stellt Bötticher sein geistiges Grundgerüst vor, das jedoch wegen seiner komprimierten Form die nachfolgenden Kapitel als Erläuterung erforderlich macht.

Der zweite Unterabschnitt trägt den Titel »Allgemeine Darstellung der tektonischen Symbole je nach ihrem inneren Begriffe«. Aufgeschlüsselt in fünf Untertitel entwickelt Bötticher, wie sich seine Philosophie der Tektonik auf die Kunstformen der griechischen Antike anwenden lässt. Unter »1. Symbolik des Tragens und Stützens im Konflikte«[60] wird das Symbol des Kymas behandelt. Es folgen die Untertitel »2. Symbolik freistehender stamm- und stängelartiger Stützen, so wie des sich Erhebenden, Absenkenden und frei Endenden«[61], »3. Heftbänder«[62], »4. Symbole der Verknüpfung ganzer Strukturtheile, Junkturen«[63], »5. Symbolik des über dem Raume Schwebenden und Freischwebenden.«[64] Mit diesen Titeln sind alle Kunstformen Böttichers benannt.

Das erste Buch der *Tektonik* trägt den Titel »Dorika«. Unter dem Titel »Allgemeines« erläutert Bötticher Herkunft und Unterschiede des dorischen, ionischen und korinthischen Stiles. Dorische und ionische Architektur werden prinzipiell antithetisch gegenübergestellt und durch die unterschiedliche Wesensart des dorischen und ionischen Stamms begründet.[65] Als ausgereifte Systeme waren sie für ihn eng mit den kulturellen Leistungen des jeweiligen Stamms verbunden.

Unter dem Titel »Organisation und Gliederung des Baues«[66] betrachtet Bötticher die einzelnen Bauelemente des dorischen Tempels. Die Untersuchung hält dabei eine strikte Gliederung ein. Nachdem das zu untersuchende Bauglied in seiner konstruktiven und ästhetischen Funktion kurz erläutert wurde, entwickelt Bötticher zunächst ausführlich unter dem Titel »Mechanisches« die jeweiligen bautechnischen und statischen Aspekte. Unter »Dekoratives« wird dann die Interpretation der »Kunstform« vorgenommen. Bötticher versucht hier im Detail seine Theorie des tektonischen Ornaments zu belegen.

Dem ersten Band sind 6 Exkurse beigefügt. Er äußert sich über diese folgendermaßen: »Zu den Exkursen die mit dem Werke gehen habe ich mich durch die Nothwendigkeit bestimmt gesehen, erstlich, alle einzelnen selbst die kleinsten Dinge als aus dem großen Ganzen hervorgehend zu erklären, für ein Einzelnes in einem Baustyle oft alle Analoga und Gegensätze in dem andern Style daneben stellen zu müssen, um die Veranschaulichung und die Beweiskraft für dasselbe zu gewinnen.«[67]

Die Exkurse sind als abgeschlossene Untersuchungen zu verstehen, die jeweils ein Thema von Böttichers Kunsttheorie detailliert aufbereiten und zugleich über die Beschränkung auf die hellenischen Formen hinausweisen.

Im 2. Band wurden später die drei restlichen Bücher zusammengefasst. Das zweite Buch über die »Jonika mit Einschluss der Attisch-Jonischen Weise« und das Dritte, »Korinthiaka«, enthalten Böttichers Theorie zur »Kunstform« des jeweiligen Stils. Die strenge Gliederung der »Dorika« hat Bötticher nicht weitergeführt. Die Erläuterung der baukonstruktiven Aspekte entfällt größtenteils, da diese in allen drei Stilen nach Bötticher prinzipiell die gleichen sind.

Im vierten Buch mit dem Titel »Der Hellenische Tempel in seiner Raumlage für Zwecke des Kultus« sind Aufsätze über die Raumformen des Tempels, deren Ausstattung und Nutzung versammelt. Obwohl das vierte Buch mit 412 Seiten das Umfangreichste ist, ist es mehr von archäologischem Interesse getragen und enthält wenig Neues zu Böttichers Theorie der tektonischen Form.

1.2. Die Einheit von Kernform und Kunstform

Was ist nun unter »Kernform« und »Kunstform« zu verstehen? Ist die »Kernform« ausreichend damit beschrieben, wenn man sie als das statisch notwendige Material bezeichnet, um ein Bauwerk zu realisieren? Der »Körperkern« oder die »Kernform« erledigt in ihrer »Nacktheit schon die tektonische Funktion vollkommen«,[68] schreibt Bötticher in der Einleitung seiner *Tektonik*. Die »Kernform« leistet das materiell Notwendige eines Bauwerks. Für Bötticher war die »Kernform« das statisch-strukturelle »Moment« von Architektur, das sich in Wechselwirkung mit den unterschiedlichen Funktionsanforderungen an ein Gebäude herauskristallisiert.[69]

Architektur zu realisieren, bedeutete für Bötticher einen Optimierungsprozess durchzuspielen mit den Faktoren Raumidee, Baumaterial und dem statisch-konstruktiven Gefüge. Durch diesen abstrakten wissenschaftlichen Ansatz war Böttichers Theorie offen für innovative Ansätze. So war Bötticher von den noch nicht ausgeschöpften Qualitäten des Materials Eisen überzeugt und erhoffte sich durch diese eine Erneuerung der Architektur.

Wie aber stellt sich die »Kernform« formal dar? Ist die Ausformulierung des statischen Systems schon hinreichend um Architektur zu erzeugen? Für Bötticher war die reine Konstruktion nicht fähig, die statischen Prinzipien darzustellen. Gleichzeitig mit der Konzeption der »Kernform« entsteht nach Bötticher eine formale Idee, wie sich die statischen Prinzipien nach außen in einer

»Kunstform« darstellen. Die »Kunstform« ist nicht nur reines Dekor, sondern wird auf diese Weise zur Mitteilung, zum Träger von Bedeutungsinhalten.

»Die Verwirklichung des Begriffes jedes Gliedes kann man betrachten als durch zwei Elemente geschehen: durch die Kernform, und durch die Kunstform. Die Kernform jedes Gliedes ist das mechanisch nothwendige, das statisch fungirende Schema; die Kunstform dagegen nur die Funktion erklärende Charakteristik.«[70]

Die Visualisierung der »Kernform«, das Zeigen ihrer statischen Prinzipien, vollzieht sich von innen nach außen. In der »Kunstform« erst offenbaren sich die Kräfte des statischen Systems. Naturformen oder andere bildhafte Symbole der hellenischen Ornamentik wurden bei Bötticher zur »erklärenden Charakteristik« der »Kernform« und bilden das abstrakte statische Prinzip eines Baugliedes als übertragene analoge Form »von Objekten der organischen Außenwelt«[71] ab.

»Kernform« und »Kunstform« entstehen nicht nacheinander, sondern gleichzeitig. Das Entwickeln der Konstruktion und die Idee, wie deren Kräfte sich formal ausprägen, gehören unmittelbar zusammen.[72]

Die »Kernform« erfüllt zwar schon alle notwendigen Bedingungen einer Konstruktion, da sie aber für sich genommen bei Bötticher stumm bliebe, bedarf sie einer formalen Sprache, der »Kunstform«, um ihre inneren Prinzipien, ihr Wesen, zur Anschauung zu bringen.[73]

1.3. Das Bauwerk als idealer Organismus

Architektur bildet bei Bötticher einen analogen Organismus, in dem jeder Teil seine Funktion in Abhängigkeit vom Ganzen erfüllt. Dieses Prinzip verbindet für ihn die Architektur mit natürlichen Organismen. Im Unterschied zur Architektur wachsen natürliche Organismen jedoch aus einem embryonalen Kern, der die ganze Struktur und das gesamte Erscheinungsbild des ausgewachsenen Organismus bereits enthält.[74] Die aus Baumaterialien mit unterschiedlichen Eigenschaften hergestellte Architektur besitzt nicht diese Durchgängigkeit. Sie folgt einer konstruktiven Struktur und weist nach Bötticher kein Vorbild in der Natur auf.[75] Der architektonische Organismus ist in keiner Weise mimetisch, sondern entspricht der Logik des Geistes,[76] welcher ihn nach seinen Prinzipien entwickelt hat.[77]

»Der Begriff des Bauwerkes, das Schema seiner organischen Gliederung und Junktur ist rein ideeller Natur und wird durch die Erfindungskraft der menschlichen Seele gebildet, ohne irgend ein analoges Vorbild in der Natur zu besitzen.«[78] Die »Kernform« als ein solcher Organismus gedacht, stellt ein in sich stimmiges strukturelles Ganzes dar. »Dieser raumbildende Organismus, vom Ganzen bis auf das kleinste seiner Glieder – membra – ist ein Gedachtes, [...]. Jedes einzelne seiner Glieder geht aus dem Ganzen hervor, ist deshalb ein unerlässlich nothwendiger Theil, ein integrirendes Element desselben, welchem aus dem Ganzen je seine besondere Funktion und Oertlichkeit übertragen und angewiesen wird.«[79]

Stärker kann die wechselseitige Abhängigkeit innerhalb einer Struktur nicht formuliert werden. Der Begriff des Ideals dieser Struktur zielt wiederum auf den Sinn des Ganzen. Der »ideale Organismus« der »Kernform« ist das optimierte, statisch-strukturelle System der Konstruktion. Ist die konstruktive Idee erkannt, so ordnen sich die Glieder der Konstruktion entsprechend ihrer statisch-strukturellen Aufgabe. Es gilt das Gesetz von Teil und Ganzem wie bei allen Organismen. Jedem Glied eines natürlichen Organismus kommt eine Funktion in Abhängigkeit vom Ganzen zu. Der Zweck des Ganzen bestimmt die Funktion der Teile.

Bötticher beschrieb hier einen hohen Grad der Verflechtung und Abstimmung der statisch wirksamen Glieder, die, soll der Organismus optimiert werden, keinen Raum für überflüssige Bauglieder läßt. Diese würden einem baulichen Organismus als applizierte Glieder anhängen und seine Funktion einschränken oder verdecken.

Im Vorabdruck der *Tektonik* zeigt er die formale Verwandtschaft von Architektur- und Pflanzenformen.[80] In einer Fußnote findet sich dort eine inverse Vorwegnahme von Sullivans »form follows function«. Antike Tektonik war Bötticher der »Ausdruck von Funktion durch Form«.[81]

Der Begriff »idealer Organismus« lässt zwangsläufig an Konstruktionen denken, bei denen natürliche Organismen als strukturelles Vorbild gewählt wurden. Konstruktion als Mimesis einer pflanzlichen (z. B. die Baumstütze) oder einer tierischen Struktur (z. B. des Skelettes) bildet heute eine Möglichkeit der architektonischen Formfindung. Bei Bötticher wäre ein solcher Ansatz eine interpretatorische Weiterführung des Begriffs »Kernform«. Eine, den statischen Prinzipien folgende, organisch geformte »Kernform« würde diese als Naturform und dadurch jede weitere formale Applikation überflüssig erscheinen lassen.

Die »Kernform« war für Bötticher ein aus einfachen geometrischen Körpern zusammengesetztes, auf das jeweilige Baumaterial abgestimmtes, räumliches Gebilde. Um diesen »idealen Organismus« zum Sprechen zu bringen, war für Bötticher die analoge Sprache der »Kunstform« notwendig. Hier zeigt sich die für ihn unüberbrückbare Differenz eines natürlichen gegenüber einem architektonischen Organismus. Das architektonische Konstruktionsgerüst benötigt zum Sprechen die Krücke einer analogen bildhaften Sprache. Diese bildhaften Elemente, die »Kunstformen«, welchen die »Kernform« als Bildträger dient, sind dieser wie eine Hülle angefügt. »Wenn an jedem Körper in der organischen Natur durch eine wirkliche Lebensthätigkeit – wirkliches Fungiren – die im Keime oder innersten Kerne angelegte Form nach und nach zu den erforderlichen Proportionen entwickelt, die kleinste Extremitäten des weichen bildsamen Stoffes nach und nach in Vollendung entfaltet werden [...] durch die Form wieder Funktion, innere Wesenheit, kurz der Begriff dargestellt wird: so kann die Tektonik [...] bei dem todten anorganischen Materiale woraus sie diese Körper bildet, nicht anders als scheinbar und gleichsam als von außen angebildet oder angelegt erzeugen.«[82]

Der Kern benötigte bei Bötticher die »Kunstform« als »Ornamenthülle« oder »dekorative Karakteristik«, um seinen »inneren Begriff«, die mechanischen Funktionen darzustellen.[83]

Bei einem »idealen Organismus« ist das äußere Ornament deckungsgleich mit den unsichtbar wirkenden statischen Kräften, d. h. Teil und Ganzes, Statik und künstlerischer Ausdruck sind vollkommen integrierte Bestandteile.[84]

Da das Baumaterial in seiner tektonischen Fügung die tektonischen Funktionen nicht darstellen kann, leitet sich daraus zwangsläufig Böttichers Forderung nach charakterisierenden »Kunstformen« ab. Da jedes Bauteil einer differenzierten Skelettarchitektur eine tektonische Information besitzt, ergibt sich als notwendige Folge, dass die »Kunstformen« konsequent über das gesamte strukturelle Gerüst sich verteilen. Bötticher sprach damit eine Maximalforderung nach ornamentaler Gestaltung aus.

1.4. Die ethische Dimension der Kunstform

Die »Kunstform« verweist auf ein in ihr enthaltenes ethisches Prinzip. Wie aber kann ein ethisches Prinzip sich im materiellen Gewand der Architektur ausdrücken?

Die materiellen Eigenschaften des Kerns, die statische Struktur, spielen bei der Materialwahl der »Kunstform«, der äußeren sichtbaren Hülle, eine untergeordnete Funktion. Materialgerechtigkeit als Prinzip gilt für das Erzeugen der »Kernform«. Hier ist das Material entsprechend seiner Möglichkeiten in eine bauliche Struktur zu integrieren. Nach außen sichtbar hat dieses Material nicht zwangsläufig zu sein.

Das Zeigen des Materials in seiner konstruktiven Funktion und seiner Oberflächenqualität gilt heute als »ehrliches Konstruieren«. Hülle und Kern sind damit eins geworden. Ein ethisches Prinzip würde ein heutiger Architekt nur darin erkennen, das Baumaterial entsprechend seiner statischen Funktion und seiner materialtechnischen Eigenschaften erkennbar einzusetzen.

Bötticher dachte in dieser Beziehung völlig anders. Die Konstruktion stellte für ihn zwar einen Organismus dar und dieser war für ihn umso idealer, je vollkommener er die Eigenschaften des Baumaterials einsetzte. Das Wesen eines Strukturteils, bzw. eines konstruktiven Gefüges ist aber nicht dadurch für den Betrachter erlebbar dargestellt, indem das Material unverhüllt seine technische Funktion darstellt.[85] Eine rein technomorphe Architektursprache war für Bötticher ein »todter Mechanismus«.[86] Erst das Überformen der technischen Form mit analogen, symbolisch-organischen Formen verleiht der Architektur ihre moralische Dimension. »Durch beides, struktive Organisation und deren Kunstform, wird das Bauwerk zum Zeugen von der Potenz des Volksstammes, in wie weit er fähig gewesen ist geistige Anschauungen im Bauwerk plastisch zu verkörpern und dem todten Mechanismus desselben den Stempel geistigen Lebens aufzuprägen.«[87]

Ethisch wird die »Kunstform« durch das Einlösen eines Wahrheitsanspruchs. Dieser war für Bötticher dann verwirklicht, wenn die statische Struktur und die Ornamentik völlig übereinstimmen und damit die Qualität eines idealen architektonischen Organismus erreichen.

1.5. Der hellenische Tempel in seiner Raumlage für Zwecke des Kultes

Im Vierten Buch seiner *Tektonik*, erschienen 1849, stellt Bötticher Sinn und Funktion des griechischen Tempels dar. Bötticher stellt sich die Frage, »was denn eigentlich ein Tempel und warum überhaupt ein solcher sei«.[88] Die Antwort kann nach Bötticher nur dann gegeben werden, wenn die kultischen Aspekte und einzelnen Raumteile ganz geklärt sind.[89] Bötticher führte zu diesem Zweck eine detaillierte Einzelanalyse durch, die, überhäuft mit antiken Quellentexten, in ihrer Breite der einzelnen Beschreibungen vor allem Archäologen und Philologen angesprochen hatte. Für die Architekturtheorie Böttichers brachte dieses Buch nichts Neues. Das vierte Buch der *Tektonik* bleibt deshalb in dieser Analyse außer Betracht.

2. Die Ausdifferenzierung der Kernform

2.1. Die Bedeutung des Baumaterials. Absolute, relative und rückwirkende Festigkeit. Eisen als das Baumaterial der Zukunft

Bötticher führte das, was er unter »Kernform« verstand, auf die Prinzipien der Statik zurück. Von entscheidender Bedeutung für die Realisierung eines Bauwerks war daher die Wahl des Baumaterials, denn dieses gibt durch die Materialeigenschaften strukturelle Entscheidungen vor.

»Drei statische Kräfte sind es nur, welche baulich genutzt werden können und, wie es die technische Sprache bezeichnet, als absolute, relative und rückwirkende Festigkeit oder als Resistenz gegen Zerreißen, Zerbrechen und Zerdrücken in der Materie eingeschlossen liegen. Dieses Geheimnis der statischen Dynamis in der Materie aber hat seinen Grund in der Textur derselben, in dem Gesetze ihrer atomischen Fügung; auf dieser beruht der Grad ihrer Kohärenz der sie zu einer baulichen Verwendung fähig macht.«[90] Das Baumaterial wird hier von Bötticher ganz abstrakt nach seinen statischen Eigenschaften beurteilt. Moderne Termini der Statik wie Zug-, Biege- und Druckspannung heißen bei Bötticher »absolute, relative und rückwirkende Festigkeit«. »Zum materiellen Principe dieser Kunst« der Architektur dringt der Architekt nach Bötticher, welcher die inneren Spannungszustände des Materials unter Belastung kennt und konstruktiv entsprechend einzusetzen weiß.[91]

Bötticher war überzeugt, dass die innovativen Kräfte der Stilbildung sich vor allem mit einer besseren Kenntnis von Materialeigenschaften entwickeln.[92] Der in der 1. Hälfte des 19. Jahrhunderts einsetzende Gebrauch des Eisens im Bauwesen wurde von ihm deshalb als das Potential eines neuen Stils gewertet. Die statische Leistungsfähigkeit des Eisens, so Bötticher, könnte die Kunst der Antike und des Mittelalters überflügeln, wenn diese besonderen statischen Fähigkeiten konsequent in eine Architekturform umgesetzt würden. Die Schlüsselfunktion in der Verwendung des Eisens lag für Bötticher in der Möglichkeit ein völlig neues Deckensystem zu schaffen.[93]

Wegen seiner präzisen Darstellung der Formfindung aus den statischen Prinzipien und der besonderen Rolle, die dem Eisen von Bötticher zugesprochen wurde, gilt Bötticher als einer der Vordenker moderner Architektur. Es darf allerdings nicht vergessen werden, dass Bötticher das tragende Material sich nicht »nackt« vorstellte, sondern immer die »Kunstform« mitdachte.

»Alles die Mechanik Angehende wird gemessen: nach dem Grade der Potenz mit welcher ein Geschlecht jedes bauliche Material werkthätig durchdrungen, sich von den Zufälligkeiten desselben unabhängig gemacht und so dasselbe für architektonische Zwecke bezwungen hat.«[94] Materialkenntnis verbunden mit einer effizienten, konstruktiven Verwendung gab nach Bötticher den Grad der Entwicklung eines architektonischen Stils an.[95] Den künstlerischen Wert von Architektur unmittelbar mit der angewandten wissenschaftlichen Kenntnis zu verbinden, wird sicher als Methode zur Interpretation vergangener Architektur dieser nur teilweise gerecht. Der aufklärerische Gehalt dieses Böttichersatzes verweist vielmehr auf zeitlose Prinzipien von Architektur.

Die Bauglieder werden, je nach ihrer statischen Leistungsfähigkeit, an dem für sie optimalen Ort verwendet werden. Im Zusammenhang bilden die Bauglieder die eng verwobene Syntax des Bauwerks.[96]

Vor einer allzu ausdifferenzierten Gliederstruktur warnte dagegen Heinrich Hübsch. Technische und formale Differenzierung führten nach Hübsch zu einem Verlust an Einfachheit und Unmittelbarkeit.[97] Die Forderung Böttichers nach Materialkenntnis und dem Einsatz des Materials nach dessen statischem Nutzen bewirken dagegen in letzter Konsequenz Materialvielfalt und differenzierte Systeme. Im Vergleich zu Hübschs Auffassung, die noch den Geist der Klassik Winckelmanns atmet, wirkt Böttichers Haltung antiklassisch.

2.2. Die Bedeutung des Deckentragwerks

Die Wahl der Konstruktion des Deckentragwerks war für Bötticher von grundsätzlicher Bedeutung. Die Struktur der Decke wirkt stilprägend und bestimmt die Gestalt der anderen architektonischen Elemente. Für ihn begann die Interpretation der Struktur des griechischen Tempels am Deckentragwerk.[98] Gleich mit zwei Exkursen versuchte er die besondere Charakteristik der Tempeldecke aufzuzeigen.

Die strukturelle Idee des griechischen Tempels leitet sich bei Bötticher von einer temporären Architektur ab. Holzpfosten und Holzbalken, verspannt mit horizontalen Bändern, welche mit Sonnentücher belegt sind, stellen eine Art Urmodell dar.[99] Das Zelt, das er in der Tempelarchitektur erkannte, war für ihn der Prototyp einer Skelettarchitektur. Für Bötticher verkörperte es »das reinste Sein für den Begriff eines freien Gliederbaues«.[100]

Die griechische Tempeldecke ruhte für Bötticher ideell ausschließlich auf Säulen. Sie war ihm die Umsetzung der Idee des »Schwebenden«.[101] Alle Decken die auf Säulen ruhen und damit schwebend sind, bezeichnete er als Pteroma.[102] Mit dem Pteron waren alle Punkte der Lastverteilung des baulichen Systems gegeben. Der statisch-strukturelle Ansatz der Interpretation des griechischen Tempels führte in letzter Konsequenz zu einem Urmodell der Skelettarchitektur und ließ Prinzipien sichtbar werden, die erst mit der Architektur der Moderne ihre klare Ausprägung erfuhren. Ein Passus im 4. Exkurs wirkt wie eine Vorwegnahme von Mies van der Rohes Decke der Nationalgalerie: »Entfernt man endlich das feste Auflager der Decke auf der Wand gänzlich und stellt einzig und allein Säulen zur Stützung derselben auf, so wird sie eine völlig nur schwebende sein; ihr Auflager ist, mechanisch gefasst, auf ein Minimum des Festen reducirt. Dies ist die höchste Stufe dieses Begriffes des Schwebenden welche für eine Raumdecke tektonisch real erreicht werden kann.«[103]

Die Geometrie des Grundrisses abzustimmen auf das konstruktive System der Überdeckung unter Einsatz des geeigneten Baumaterials, ergab für Bötticher die Grundstruktur eines Bauwerks. Die Konstruktion der Überdeckung ist dabei von entscheidender Bedeutung für die Ausbildung der Wände. Die Wand kann »raumöffnend« oder »raumverschließend« gedacht werden, ihren spezifischen Ausdruck erhält sie durch das gewählte Tragwerk der Überdeckung.[104]

Bötticher unterschied grundsätzlich zwei verschiedene Möglichkeiten einen Raum zu überdecken: Die Balkendecke und die Deckung durch Wölbtechnik.[105] Er verglich die monolithische Balkendecke mit dem monolithischen Bogenbau und stellte fest, dass »der Bogenbau den Balkenbau unglaublich überflügelt habe«.[106] Der Grund für die Leistungsfähigkeit des Bogenbaus liegt in der Art und Weise des Materialeinsatzes. Das Material Stein kann vor allem hohe Druckspannungen aufnehmen und eignet sich nicht für die Aufnahme von Zugspannungen. Die hellenische Antike verwendete beim Tempelbau Monolithe um eine Balkendecke zu realisieren. Der Stein wurde hier »auf das statische Moment der Cohärenz«[107] beansprucht und erlaubte deshalb nur bescheidene Spannweiten. Sollen größere Spannweiten erzeugt werden, so ist eine enge Abstimmung der gewählten Konstruktion auf das statische Verhalten des verwendeten Materials notwendig. Da bei Gewölbekonstruktionen aus Stein vor allem Druckkräfte im Material entstehen und Stein diese Spannungen sehr gut aufnimmt, ist diese Technik der monolithischen Balkendecke überlegen.

Die spätmittelalterliche Architektur war für Bötticher ein Höhepunkt in der Entwicklung der Gewölbetechnik. Das statische System und das Baumaterial sind hier vollkommen aufeinander abgestimmt. Die »Kernform«, »die Mechanik der Gliederung« oder »die materiell statische, die struktive Organisation« ist vollkommen optimiert, die inneren Kräfte des Baumaterials werden effizient ausgeschöpft.

Stilistische Unterschiede wurden von Bötticher als Ergebnis unterschiedlicher Deckensysteme gewertet, welche wiederum auf eine entsprechende Materialkenntnis zurückzuführen sind.[108] Er sprach von den »einzelnen Kraftmomenten«[109] und der »statischen Dynamis in der Materie«,[110] deren Offenlegung sich im Deckensystem zeigt. Diese Kraftmomente in eine bildhafte Sprache zu übersetzen ist die Aufgabe der »Kunstform«.

2.3. Die Freilegung der Momente einer Konstruktion am Beispiel der Entwicklung der mittelalterlichen Architektur

Die Architekturtheorie in der ersten Hälfte des 19. Jahrhunderts ging, wie vorne beschrieben, von zwei prinzipiell unterschiedlichen Möglichkeiten Räume zu decken aus: Die Deckung mit Hilfe der

Wölbtechnik und die gerade Deckung durch stabförmige Balkenelemente. Bötticher konnte hier mit seiner Theorie an eine bereits intensiv geführte Diskussion anknüpfen.[111] Legt man für die Betrachtung stilistischer Entwicklungen die Statik zugrunde, so wird vor allem die mittelalterliche Architektur interessant. Stilistische Änderungen lassen sich hier mit einer Differenzierung der statischen Glieder in Verbindung bringen.

Im 1. Exkurs, dem 1. Band der *Tektonik der Hellenen* angegliedert, entwickelte Bötticher eine Genese der mittelalterlichen Architektur. Diese ist insofern interessant, als vor allem deren Entwicklung exemplarisch für das Herausschälen der »Kernform« nach statischen Prinzipien gelten kann. Zur Technik der Überwölbung eines Raumes finden sich technische Zeichnungen von Schinkel aus den Jahren 1823 bis 1827 (siehe Abb. 1, 2).[112] Bötticher hat diese möglicherweise gekannt; sein Beitrag bestand in einer verbalisierten Genealogie der verschiedenen Konstruktionsweisen.[113]

Die Urform einer Überwölbung ist nach Bötticher der aus einem Monolithen durch Aushöhlung, »Excavation«,[114] entstehende Raum. Diese Konstruktion ist noch ganz mit dem Ort verwachsen. Die erste Grundform einer Wölbkonstruktion war für Bötticher der Rundbau, entstanden aus »versetzter lothrechter Fügung«[115] von Bruchsteinen, beginnend an der Bauwerkssohle. Die versetzt angeordneten Steine bilden einen »in sich gespannten Ring, alle Schichten in ihrer Gesammtheit [...] einen völlig in sich gespannten Kegelmantel«.[116] »Die Begriffe von Wand und Decke« sind noch nicht geschieden, sie sind noch nicht »als ein Glied von besonderer Wesenheit frei geworden.«[117] Differenzierung der Elemente hieß bei Bötticher »Freiwerden« im Sinne von Zeigen der Baustatik.

Kommt das Element Wand zum Element Decke hinzu und wird der kreisrunde Grundriss beibehalten, so entstehen Überdeckungen mit dem »Schema des Mantels einer Halbkugel«.[118] Als Beispiel wurde von ihm das Pantheon gewählt. Hier wird das »keilförmige Steingefüge« mit einem durch »Mörtelguß erbildetes Monolithon« ersetzt.[119] Diese Deckung ist »eine innig zusammengewachsene Masse, ein einziges Glied«, bei dem »sich noch nicht die tragende von der getragenen, bloß deckenden Wesenheit geschieden hat«.[120] Die Mauern sind entsprechend dick um die Schubkräfte aufnehmen zu können. Die Stufenabsätze der Kuppel, die Verbreiterung der Kuppelschale zum Mauerkämpfer, dienen als »Widerlager erzeugende Belastung«.[121]

Handelt es sich um einen rechteckigen Raum, den es in Stein zu überdecken gilt, so geschieht dies analog in Form eines »Halbringes«, indem »jeder der hängenden Keilsteine durch die eigene natürliche Schwere, herabwärts drängend, sich gegen den anderen spannt« und so zwischen den Wänden ein »schwebendes in sich gespanntes Kontinuum«[122] entsteht. Der Erhalt der Konstruktion ist »auf die Kraft der Spannung kleiner einzelner Steine gegründet [...],die nur durch entsprechende Form zur Ausübung eines solchen statischen Lebens gebracht sind«. Die Deckung ist »ein einziges einem halben Zylindermantel gleiches Kontinuum, ein Gewölbe«,[123] das Tonnengewölbe. Werden die Steine untereinander mit Mörtel verbunden, so entsteht »ein künstliches Monolithon«.[124] Auch bei dieser Konstruktion gilt, wie bei der Kuppel, dass die Schubkräfte aus dem Gewölbe durch eine Verstärkung der tragenden Wände und durch eine Hintermauerung des Gewölbes aufgenommen werden müssen.

Diese halbkreisförmige Überwölbung eines Raumes, nach Bötticher in der römischen Antike entwickelt, bildet die technische Grundlage der mittelalterlichen Architektur.

Halbkreisförmige Gewölbe bewirken Schubkräfte am Wandauflager der Seitenwände. An den Stirnseiten entstehen keine Lasten aus der Deckung auf die Wand. Werden nun bogenförmige Durchgänge an den Seitenwänden benötigt, so analysiert Bötticher, »wird dies einen ungleichen Schub ergeben, die Scheitel der Bogengurte können nicht so widerstehen wie letztere und werden herausweichen müssen, wenn sie nicht in so unverhältnißmäßiger Breite angelegt sind, dass außer der zum Tragen nothwendigen, auch noch die zur Widerstrebung erforderliche Masse hinzugefügt ist. Sie sind nur in dem Falle gesichert, wo sich zwei solcher Gewölbe auf ihnen gegen einander spannen, ihren gemeinschaftlichen Schub gegenseitig paralysiren und nur ihre lothrechte Lastung übrig lassen«.[125] Eine Antwort auf dieses Problem stellt das Kreuzgratgewölbe oder Kreuzbogengewölbe dar. Hier wird die ganze Last in die jeweiligen Eckstützen abgeleitet.[126]

Bötticher sprach davon, die »Momente« einer Konstruktion freizulegen. Nicht die homogene Masse eines Gewölbes stellte für ihn das optimierte Gewölbe dar, sondern das Gewölbe, das sich ausdifferenziert in Druckbögen und ausfüllende dazwischenliegende Kappen. Die Gurte des Gewölbes wirken wie ein Tragskelett, zwischen das die Überwölbung möglichst dünn und leicht als Deckung gespannt ist.[127] Um gleiche Lastfälle an den Stützen zu erhalten »wird ein so zu überdeckender Raum sich im Plane nur auf einem Netze von Quadraten für die Deckenprojektion organisieren«.¹²⁸ An der Stütze, an der »vier Seitengurte und eine entsprechende Anzahl – wenigstens vier – Kreuzgurte«¹²⁹ zusammentreffen, bleibt nur noch die senkrechte Last abzuführen.

An den äußeren Wänden ist jedoch ein Widerlager für die Schubkräfte aus dem Gewölbe erforderlich. Dies kann durch eine entsprechend massive Wand oder durch Strebestützen erreicht werden.¹³⁰ Die Strebestütze ist wie die Gurte des Gewölbes eine Differenzierung des Elementes Wand, resultierend aus den Druck- und Schubkräften des Gewölbes. Die Strebestütze als Widerlager der Gewölbegurte wird in ihrer Lage und Dimension bis ins Detail durch die wirkenden Kräfte bestimmt. Die massive Wand ist zum tragenden Skelett geworden. Der Raumabschluss kann jetzt dünn und membranartig werden, da er keine Last aus dem Gewölbe mehr zu übernehmen hat. Gewölbe und Wand sind ein Skelett aus den Kraftlinien der Druckkräfte und deren Materialisation in Stein geworden.

»Es wird aber möglich sich selbst von dieser Gebundenheit [gemeint ist das Quadratnetz des Grundrisses] zu befreien und dabei ein leichteres Gewölbe, ein geringeres Widerlager, eine völlige Reduktion aller Deckenwirkung nur auf die Stützen zu gewinnen, wenn man sämtliche Gurte nach dem Bogenschema verzeichnet welches, indem es weniger Spannung in sich hat, auch weniger Spannung und Schub auf die Strebestütze ausübt als es der Halbkreisbogen ergibt. Ein solches Schema wird der aus den zwei unteren Theilen eines Halbkreises gezeichnete Spitzbogen sein.«¹³¹ Je steiler der Spitzbogen umso weniger Schubkräfte entstehen an den Stützen und Strebepfeilern. Dies erlaubt größere Spannweiten, mit dem Nachteil allerdings, dass das Gewölbe entsprechend hoch wird.

Der Höhepunkt der Gewölbetechnik ist das Korbgewölbe. Hier ist die »Größe und Lastung der Kappen auf ein Minimum reducirt«.¹³² Das Baumaterial ist optimal auf das konstruktive System abgestimmt. »Jetzt ist die Deckung aus lauter einzelnen, freien, für sich selbstständigen Gliedern erbildet; es ist keine irgend bauliche Spannweite unmöglich, sobald nur die Höhe unbeschränkt gelassen wird und für entsprechendes Widerlager gesorgt ist; es ist jedes Planschema möglich zu überdecken, die Natur des Steines ist völlig besiegt, das Material zum Spiel geworden.«¹³³

Bötichers progressive Haltung bestand mit darin, zu erkennen, dass das Material einen starken Einfluss auf die stilistische Ausbildung von Bauten nimmt. So wie der Stein seine Vollendung in der mittelalterlichen Architektur erlebte, so erhoffte sich Bötticher eine neue Architektur aus dem noch am Anfang stehenden technischen Umgang mit dem Material Eisen. Im Eisen lag für ihn das Potential einer neuen Architektursprache, die durch die Thematisierung der »absolute Festigkeit« das Potential zu einem völlig neuen Deckensystem in sich barg.¹³⁴

3. Die Kunstform

§ 2
3. Nach ihrer struktiven Vereinigung zu einer totalen Form, erscheinen alle diese Strukturtheile in einem Ausdrukke welcher sowohl den innern Begriff, die Wesenheit oder die mechanische Funktion eines jeden für sich, als auch die wechselseitige Begriffsverbindung – Junktur – aller im Ganzen, auf das anschaulichste und prägnanteste darstellt. Dies ist das Dekorative oder die Kunstform jedes Theiles

Das, was Bötticher als Tektonik der Hellenen bezeichnete, sollte die Architektur des griechischen Tempels von seinem Wesen her erschließen. Die formale Präzision und plastische Durchbildung, die den Betrachter eines griechischen Tempels fasziniert, war bei ihm das Ergebnis formaler Gesetzmäßigkeiten. Tektonik im Sinne Bötichers ist ein rationales System.

Die »Kunstform« entfaltet sich prinzipiell in zwei ihrer Grundintention nach unterschiedlich ausgerichtete Ideen.

Zum einen hängt die »Kunstform« unmittelbar mit den strukturellen Figuren der »Kernform« und der in ihr wirkenden Kräfte zusammen. Die »Kunstform« zeichnet gleichsam die statischen Kräfte nach. Ihre Aufgabe ist es, ein Abbild des Kräfteflusses zu sein.¹³⁵

Zum anderen ist die »Kunstform« Träger einer Bauwerkssymbolik. Bötichers zentrale Idee war es, die Gliederung des griechischen Tempels von frühen Zeltkonstruktionen abzuleiten. Die einzelnen baulichen Elemente wie Dach, Decke, Säule und Wand waren nach ihm in ihrer formalen Ausprägung unmittelbar von der ursprünglichen sakralen Zeltarchitektur, einer »Skene [...] von höchster Idealität«,¹³⁶ inspiriert.

1, 2. Karl Friedrich Schinkel, Raumkonstruktion mit Bedeckung im Halbkreisbogen. (Aus: Goerd Peschken, *Karl Friedrich Schinkel. Das Architektonische Lehrbuch*, München und Berlin 1979.)

Die Konstruktion an sich, die materielle Grundlage eines Gebäudes, besitzt nach Bötticher nicht die Fähigkeit architektonische Ideen auszudrücken. Die konstruktive Struktur bedarf immer der symbolisch-ornamentalen Umhüllung, um Architektur zur Kunst zu erheben. Konstruktive Eigenschaften und die Prinzipien materieller Fügungen gehörten für ihn immer nur zum Bereich der Mechanik. Architektur war für Bötticher nicht »kalte Konstruktion«, sondern sie sollte mit einer symbolischen Bildsprache zur Baukunst werden.

Durch die ornamentale Überformung können Ideen wie »Freischwebend«, »Stützfähigkeit«, »statische Konflikte« sowie die Verknüpfung von Baugliedern sichtbar gemacht werden. Die »Kunstformen« vermögen zu differenzieren, sie stellen Verbindungen her und bringen die Verhältnisse zur Anschauung. Die rohe Konstruktion dagegen war für Bötticher ein stummes, mechanisches Gebilde; sie war defizitär, da sie für ihn nicht fähig war, tektonische Ideen auszudrücken. Das Material der Konstruktion gleicht einem Bildträger , ohne dass das Bild vom Bildgrund so losgelöst wäre, wie es bei der Malerei in Bezug zur Leinwand der Fall ist. In Böttichers Theorie enthält der Bildträger bereits das Bild.

Böttichers Ästhetisierung einer ornamentalen Überformung konnte sich auf die archäologische Forschung berufen. Mit der Erkenntnis der ursprünglichen Polychromie der griechischen Tempel änderten sich zwangsläufig die Vorstellungen über die griechische Klassik. Wenn der Stein mit Stuck und Farbe überzogen war und die Ornamente als Bemalung angebracht wurden, dann konnte es nicht Absicht der Griechen sein, das Baumaterial zu ästhetisieren. Die Farbe verdeckt das Material, sie wirkt entmaterialisierend. Bötticher knüpfte hier mit seiner *Tektonik* an eine bereits abgeschlossene Diskussion an.[137] Die Polychromie der griechischen Tempel stützt dabei seinen idealistischen Ansatz von der Notwendigkeit der erläuternden »Kunstform«. »Nicht kann es [...] Absicht sein den Stein als todten Stein zu chrakterisieren, sondern umgekehrt den Anschein der nichtsagenden Materie, die todte Wesenheit des Steines zu verlöschen, und an deren Statt die eines dynamisch fungirenden Objektes zu setzen.«[138]

3.1. Begriffserkenntnis und ideelle Natur der Analogie

Der Name eines Architekturgliedes enthält nach Bötticher seinen Begriff. Wer den Begriff eines Elementes erfasst, erkennt dessen Wesen. Wie sprachliche Laute Begriffe mitteilen, so können formale Elemente bei Bötticher Begriffe der Architektur abbilden.[139]

Der Entwerfende hat sich also zuerst Klarheit über die begriffliche Bestimmung eines Bauelements zu verschaffen. Die begriffliche Interpretation eines Baugliedes hat bei ihm sowohl einen statisch-funktionalen als auch einen symbolisch-ethischen Aspekt. Im Idealfall spielen beide Aspekte zusammen und steigern sich gegenseitig.[140]

Die »Kernform« als Bildträger der »Kunstform« folgt einem Optimierungsprozess, dem Zusammenhang von Bauaufgabe und Materialverwendung. Mit der »Kunstform« ist eine ganz andere Intention verbunden. Die »Kunstform« soll durch die Wahl von Analogien die Architektur zum Sprechen bringen. Da diese Analogien symbolisch verwendet werden, kommt dem Material, in dem sie formuliert werden, eine untergeordnete Bedeutung zu.

Der Begriff eines Baugliedes zeigt sich also durch die gewählten Analogien. »Sobald das Steinglied durch eine seinem Begriffe analoge Charakteristik bedeckt ist, ist der Begriff des Gesteins verschwunden, und es tritt an seine Stelle nur das Wesen des Analogon.«[141] Es wäre unsinnig, die bei einem Kyma verwendete pflanzliche Symbolik eines vornübergeneigten Blattkranzes als ein in Stein gehauenes, tragendes Bauteil zu interpretieren. Vielmehr ist die weiche Form des Kyma bei Bötticher eine Analogie zu unter Last sich biegenden Blättern, welche, je nach Belastung, sich mehr oder weniger nach unten krümmen.[142]

Bötticher betont ausdrücklich, dass es ihm nicht um eine naturalistische Nachahmung von Dingen oder Vegetabilien geht. Das Analogon ist ausschließlich als Mittel zu sehen, tektonische Ideen darzustellen. Die gewählten Analogien sind gleich einer Sprache, in der sich das Wesen eines Bauteils zeigen soll. Wenn die »Kunstform vollkommen analog dem tektonischen Begriffe des Strukturtheiles ist«,[143] wurde ihr Begriff visualisiert. »Indem aber die Kunst jedes Glied in dieser seiner statischen Lebensthätigkeit zu einem idealen erheben will, so liegt darin die Folge, dass sie sich alsdann auch hierfür eine dem analoge Ausdrucksweise, eine ideale Formensprache erschaffe.« Die ursprüngliche Realität des Analogons wird durch die Übertragung in die Architektur so weit idealisiert, »dass nur sein begrifflich wahres, allgemein gültiges Wesen übrig bleibt«. Bei einem auf Zug beanspruchten Element symbolisiert z. B. ein Band das Ideal der Kohärenz, die Stütze dagegen muss durch die gewählte Analogie ihre Stützfähigkeit augenscheinlich machen.

In der Verwendung der Analogien lag bei Bötticher der Kunstanspruch von Architektur begründet. »Die bildende Kunst kann überhaupt nur durch Analogien reden, sobald sie nicht ein Wahrgenommenes oder einen Vorgang des realen Lebens strikte, bloß seiner selbst willen nachahmen und wiedergeben, sondern dasselbe nur als Mittel, als Analogon benutzen will, um allgemein große Begriffe auszudrücken und zu erklären.«[144] »Die Weise durch allgemein wahre Analogien, durch prägnante Vergleichsbilder zu sprechen, welche dabei zugleich die höchste Stufe der Ethik erreichen, ist die eigentliche Poesie in der Formensprache der Hellenischen Tektonik.«[145]

Der Stoff, in dem sich die Analogie realisiert, tritt vollkommen zurück gegenüber der Darstellung des idealen Inhalts. Auf diese Weise wird die Baukunst wie die Dichtung zum Träger ideeller Inhalte.[146] Um deren Darstellung muss es nach Bötticher dem Entwerfenden in erster Linie zu tun sein.

3.2. Analogie als Mimesis der Natur und anderer Dinge

Die »Kunstform« ist nachahmend, indem sie sich über Analogien darstellt. Dies unterscheidet sie grundsätzlich von der »Kernform«. Die »Kernform« ist ein abstraktes Gebilde, entwickelt nach konstruktiven und funktionalen Gesichtspunkten. Die »Kunstform« benötigt dagegen immer ein Vorbild aus der Natur oder aus dem Gegenstandsbereich des Menschen, welches durch analoge Übertragung auf die Architektur zum Symbol wird.

»Kunstform« kann potentiell jede Form der organischen Natur oder eine Form der vom Menschen erzeugten Objekte sein. Die verwendeten Symbole sind keine freien Erfindungen, sondern sind immer nachahmend.[147] Voraussetzung dafür, ob ein Symbol als Analogie in der Architektur verwendbar ist, ist seine allgemeine Verständlichkeit. Eine Analogie, welche sich dem unmittelbaren Begreifen verschließt, ist als Symbol architektonischer Formen ungeeignet.

Bötticher grenzte seine »Kunstform« gegenüber künstlerischen Ideen ab, die auf freien Erfindungen oder durch freie Kombinationen von Formen entstanden sind. Solche Formen wären subjektiv und deshalb in ihrer tektonischen Aussage nicht allgemeinverständlich, da ihnen nach Bötticher ihre »Volkstümlichkeit«[148] fehle.

Die reine Baukonstruktion verfügt über keine Symbolik, die ein Bauwerk zum Sprechen bringen könnte. »Aus dem Begriffe des baulichen Gliedes kann einzig und allein nur das mechanische Kernschema entspringen, nicht aber kann aus demselben ein ihn versinnlichendes Symbolon, in seinem Eidos, seinem Schema herauskonstruiert werden.«[149]

Nicht immer gibt eine Analogie das ganze Eidos eines Baugliedes wieder. Um den Begriff des Architekturelementes zu visualisieren sind so viel Analogien anzubringen, wie Ideen in ihm enthalten sind.[150]

Analogien entnimmt die griechische Architektur nach Bötticher folgenden Bereichen:
Analogien aus der Flora und Fauna,
Analogien von Gebrauchsgegenständen aus der menschlichen Lebenswelt,
Analogien aus der Frühform des Kultes.

3.2.1. Analogien aus der Flora und Fauna

Analogien aus der Fauna werden vor allem bei den Geräten verwendet (Möbel, Gefäße usw.). In der Architektur spielen sie eine untergeordnete Rolle. Hier sind vor allem florale Analogien anzutreffen. Als eines der wichtigsten tektonischen Analogien verwendete Bötticher das Kyma. Das Kyma war, wie zuvor bereits angedeutet, die Inspirationsquelle aus der sich Böttichers Theorie der »Kunstform« ableitete.

Nach Bötticher wird ein Kymasymbol dann verwendet, wenn ein Konflikt zwischen zwei Architekturgliedern ausgedrückt werden soll. Der klassische Konflikt ist der von Stütze und Last. Um diesen Konflikt zur Anschauung zu bringen, ist nach Bötticher ein Analogon notwendig, das den Kräftefluss und das Wirken der Lasten nachzuzeichnen vermag.[151]

»Eines der häufigsten und bedeutendsten tektonischen Symbole ist das Kyma, κῦμα, κυμάτιον, cymatium, weil es den Begriff des Endenden und zugleich Lastung-aufnehmend, mithin des Konfliktes zwischen Existenz gebenden und Existenz gewinnenden Theilen darstellt, und wegen der Organisation des Baues aus so vielen einzelnen mit einander in Konflikt gerathenden Strukturtheilen natürlich auch am häufigsten verwandt erscheint. Wir sehen es durchgängig als Konfliktsymbol.«[152]

Kymatien sind in ihrer formalen Ausprägung einem elastischen Material vergleichbar. Durch ein Heftband, eine Rundschnur oder eine Riemfessel sind einzelne Blätter wie Akanthus oder Palmette aufgereiht und zu einer Blattkrone oder einem Blattkranz verknüpft.

Bötticher erkannte in den drei Kymaformen, der dorischen, ionischen und lesbischen Kyma, immer das gleiche wirkende Prinzip. Das dorische Kyma ist in seiner Form am abstraktesten, es weist auf keine bestimmte Pflanzenform hin. Auf Tafel 1 werden unterschiedlich belastete dorische Kymatien von Bötticher aufgezeigt. Je nach Belastung der Blattspitzen neigen sie sich mehr oder weniger nach vorne über. Auf diese Weise lässt sich nach Bötticher der Grad der Belastung visualisieren. Die dorischen Kymatien bestehen aus relativ kräftigen und abstrakt gezeichneten Blättern. Durch ihre klare geometrische Form vermitteln sie den »Eindrukk einer strengen Haltung und ernsten Würde.«[153]

Das ionische Kyma, gängig als Eierstab bezeichnet, gesäumt von einem Astragal, neigt seine Blätter zur Hälfte vorne über, so dass die Rückseite der Blätter zur Ansicht werden. Im Unterschied zum dorischen Kyma hat das ionische einen alternierenden Rhythmus von spitzen und breiten Blättern. Das ionische Kyma drückt eine geringere Widerstandsfähigkeit gegen Lasteinwirkung aus. Das aufgesetzte Architekturelement wirkt deshalb leichter. Tafel 2, Ziffer 7, zeigt ein belastetes ionisches Kyma, bei dem unterhalb der breiten Blätter die überlappenden spitzen Blätter eingestrichelt sind.

Ein dem ionischen Kyma formal verwandtes, jedoch mit bewegterer Blattkontur gezeichnetes Kyma, das lesbische Kyma, drückt am meisten die Idee der Leichtigkeit aus und wird deshalb nur in der ionischen und korinthischen Architektur verwendet. Beim lesbischen Kyma, als dem naturalistischsten, erfolgt durch die Belastung, dass die Blattspitzen sich ganz nach unten biegen und die Rückseiten der Blätter sichtbar werden. Auf Tafel 2 sind beim ionischen Kyma unter Ziffer 6, beim lesbischen Kyma unter Ziffer 8 der aufgerichtete Zustand des Blätterkranzes, unter Ziffer 7 und Ziffer 9 der jeweilige niedergebeugte Zustand dargestellt. Das Schema des Kymas erlaubt nach Bötticher also vielfältige Kombinationsmöglichkeiten und Varianten, je nachdem welcher Inhalt durch das Analogon ausgedrückt werden soll.

Auch etymologisch deutet Bötticher das Wort Kyma als »wogenförmig oder wellenartig überfallenden Bewegung des Blattes«.[154]

Wie oben dargestellt, darf eine tektonische Analogie nicht naturalistisch gedeutet werden. Die Analogie soll nur das Wirken der Kräfte mitteilen. Über das tragende Element des »Polsters« teilt das Kyma nichts mit.

»Wenn man die Formen der Tafel 1 betrachtet, so muß man sagen, dass das Schema sowohl des Blattes in seiner Profilbewegung – Kyma – das allgemein wahrste ist was man sich nur denken kann […].«[155] Der Begriff der Wahrheit schließt den Schein aus. In der griechischen Architektur zeigt das Kyma die Wirksamkeit der Kräfte, den Konflikt zwischen lastgebenden und lastaufnehmenden Bauteilen.

Als Konfliktsymbol ist das Kyma mehr bei der ionischen Architektur anzutreffen, in der »jedes Strukturmoment als selbstständig für sich bestehend, mithin jedem folgenden kollidirend, darzustellen«[156] ist. In der dorischen Architektur erscheint das Kyma beim Echinus der Säule, beim Übergang des Geison zur Sima sowie im Deckenbereich. Für Bötticher ist der gewaltige Echinus der dorischen Säule ein Kyma,[157] welches die Lasteinleitung des Epistyls und des Daches in die Stütze erlebbar werden lässt.

Schwere oder leichte Last wird also das Kyma unterschiedlich verformen. Die Schwere des dorischen Epistyls und die starke Plastizität des dorischen Echinus fordern deshalb den Ausdruck stark belasteter Kymatien, ganz im Gegensatz zum korinthischen Kapitell.

Das »Echinuskyma« des dorischen Tempels drückte für Bötticher das Urthema der Architektur von Stütze und Last aus. Der Echinus der dorischen Säule hatte deshalb eine Bemalung mit Blattornamentik, bei der die Blattspitzen sich bis zu den Blattwurzeln niederbeugen. Auf Tafel 4, Ziffer 1 und 3, wurde von Bötticher das »Echinuskyma« mit den stark belasteten Blättern dargestellt. Archäologische Befunde darüber lagen Bötticher jedoch zu der Zeit nicht vor, als die *Tektonik* verfasst wurde.

Das, was die gängige Terminologie als Karnies oder als Echinus bezeichnet, waren für Bötticher Kymatien. Diese Kymatien, als Konfliktsymbole gedacht, befinden sich für ihn jeweils am Ende eines Bauteils. »Wir sehen es daher durchgängig als Konfliktsymbol, als Endigung oder als Saum des Säulenstammes, Epistyls, Balken, Diazoma […].«[158]

Die ursprüngliche Farbigkeit der griechischen Tempel war zu Böttichers Zeit bereits bekannt. J.I. Hittorfs archäologische Untersuchungen 1830[159] an den Tempeln von Selinunt zeigen eine polychrome Architektur.[160] Eine starke Farbigkeit der griechischen Tempel wurde auch von Gottfried

Semper und Franz Christian Grau auf ihrer Expedition 1830/32 nachgewiesen.[161] Bötticher subtiler Umgang mit dem Element Farbe ist überliefert, wobei er in der Farbwahl nicht immer auf archäologisch gesicherte Daten zurückgriff, sondern eigene Farberfindungen einfließen ließ.[162] Die *Tektonik* gibt ein Beispiel von Bötticher Vorstellung farbiger Kymatien. Die vordere Seite eines Kymatienblattes hatte für ihn eine andere Farbigkeit als die hintere: »Ein Mal ist die vordere Seite des Blattes Blau, die innere oder der Überfall sodann Roth. Die Einfassung der vorderen Seite hat dann einen rothen Rand und blaue Rippe mit rotem Rande; der Überfall ist roth mit blauem Rande und rother Rippe mit blauem Rande [...]. Die Zwischenräume der Schemata sind Grün, alle Farbflächen durch weiße Kanten getrennt.«[163]

Fehlte an einem griechischen Bauglied die tektonische Aussage, wie beim »Echinuskyma«, so begründete es Bötticher mit dem Verlöschen der Farbe. Für ihn bestand kein wesentlicher Unterschied darin, ob das tektonische Symbol in Form eines Reliefs oder durch Bemalung ausgeführt wurde.

Ein Kyma besonderer Art ist die Lysis. Das Blattornament erscheint hier völlig frei und unbelastet. Eine Lysis soll deshalb an allen »freien Endigungen«, wie zum Beispiel bei einer Sima, aber auch über Tür- und Fensteröffnungen, angewandt werden.[164]

Mit den Elementen Kyma und Lysis gelang es Bötticher, bis in feinste Nuancen die Verhältnisse der griechischen Architektur zu beschreiben. Das Kyma zeigt die Größe der aufliegenden Last und damit die Mächtigkeit des lastenden Baugliedes. Proportionen von Bauteilen sind deshalb nicht aus Zahlenreihen oder Verhältniszahlen, wie sie noch Aloys Hirt in seiner *Baukunst nach den Grundsätzen der Alten* vorführt, abgeleitet, sondern sind das Ergebnis der aus den statischen Kräften gewonnenen »Kunstformen«; die deutlichste »Kunstform« stellt in dieser Hinsicht das Kyma dar.[165]

In der Säule drückt sich die Idee der »Stützenfähigkeit« oder »rückwirkenden Festigkeit« aus. Bötticher entdeckte eine dem dorischen Schaft in der Oberflächenstruktur der Kanneluren vergleichbare Pflanze, die Dolde oder Heracleum. Eine Zeichnung nach der Natur der Pflanze gibt Bötticher auf Tafel 14, Ziffer 11. »Nun ist aber wohl zu bemerken, dass neben der Verjüngung grade erst die Kannelürenstreifen dem Säulenschafte den Ausdruck des nach dem Gebälk aufstrebenden verleihen und ihm die Analogie eines in die Höhe sprießenden Doldenstängels aufdrücken.«[166] Ein Doldenstängel ist innen hohl und besitzt daher gegenüber einem vollen Zylinder, legt man den gleichen Flächeninhalt zu Grunde, eine bessere Festigkeit gegen Ausknicken. Das Ideal der Unbiegbarkeit und Steifigkeit erkannte Bötticher in der Säule, die durch ihre Rhabdosis, in Analogie zu einem Doldenstengels, als unbiegbarer Zylinder oder Röhre erscheint.[167]

Bötticher hat seine Schüler im Unterricht Pflanzen nach der Natur zeichnen lassen und so ist zu vermuten, dass seine Analogie, die Dolde als Vorbild des Säulenstamms zu sehen, intuitiv entstanden ist.

3.2.2. Analogien von Gebrauchsgegenständen aus der menschlichen Lebenswelt

Zu den von den Gebrauchsgegenständen abgeleiteten Analogien gehören die Heftbänder und Riemenschnüre. Bötticher klassifiziert diese ornamentale Symbolik als etwas den Kopula in der Sprache Vergleichbares. Heftbänder haben die Aufgabe ein nachfolgendes Architekturglied anzuknüpfen. Ihre Größe und Gestaltung wird sich also vor allem durch die Mächtigkeit des anzuknüpfenden Elementes bestimmen.[168] Nach Bötticher kann über die Größe des Heftbandes die verloren gegangene Größe des Folgegliedes archäologisch rekonstruiert werden. Ein naturalistisches Beispiel findet sich auf Tafel 7, Ziffer 1. Hier ist das »Anknüpfen« des Säulenstamms an einen Plinthus tektonisch dargestellt.

Toren und Schnüre sind als Ornamente in den unterschiedlichsten Formen anzutreffen. Es gibt sie als geflochtenen Torus, als Torus in Verbindung mit Rundschnüren, als netzähnlich geflochtenen und verknoteten Torus usw. Nach Bötticher finden sich Analogien von »Toren [...] zum Kuppelbande rund wie eine geflochtene Rundschnur, wie ein Peitschenriem oder flach wie auf ein Band gelegt verflochten, woraus das Torengeflecht, das geflochtene Band, die Band-Tänia entsteht, welche oft mit Perlenschnüren und dergleichen gesäumt ist«.[169]

Auf Tafel 5 sind mit den Ziffern 21, 22, 25, 26 und auf Tafel 10, Ziffer 3, Element e, unterschiedliche Formen dieser anknüpfenden Flechtbänder abgebildet. Eine Fessel mit eingeflochtenen Blättern als Malerei zeigt Tafel 5, Ziffer 19, in plastischer Ausführung Ziffer 20. Die eingeflochtenen Blätter besitzen nach Bötticher Symbolgehalt. Weitere, nur gemalte Flechtbänder, finden sich auf derselben Tafel unter den Zeichnungen mit den Ziffern 18, 21 und 23. Die Abbildungen mit den

Ziffern 7–11 sind Beispiele für Astragale. Bötticher interpretierte den Astragal als dünne gedrehte Schnur, die mit Perlen und Glasscheibchen verziert waren.

Die Spira der ionischen Säulenbasis ist nach ihm ein Torus zu einem Wulste gewickelt (siehe Tafel 7, Ziffer 4); aber auch die Anuli der dorischen Säule sind für ihn Toren.[170]

Seile und Schnüre als Verbindungsmittel in der Architektur sind bei temporären Skelettbauten aus Holz oder Bambus bei archaischen Kulturen und bei Nomadenvölker anzutreffen. Sinn des Analogons ist für Bötticher jedoch auch hier, nur die Idee der Verknüpfung von zwei Baugliedern in symbolischer Form und keine tatsächliche Verknüpfung darzustellen.

Als Ausdruck der inneren Zugkräfte erscheint der Torus vor allem bei horizontalen Balken. Der Architrav des Epistylions erhält, so Bötticher, als Dekor das Symbol eines derben, breit geflochtenen Gurtbandes an seiner Unterseite angefügt. Der Torus soll hier ein Zugband symbolisieren, dessen tektonische Aufgabe darin besteht, das Analogon einer starken Kohärenz abzubilden und den Balken als schwebend gespanntes Band erscheinen zu lassen.[171] Das Analogon prägt dem Balken »die Wesenheit des sich Freitragenden, schwebend über den Raum Gespannten in der lebendigsten Weise« auf.[172] Solche geflochtenen Toren, Bötticher nennt sie auch Fascien, sind eines der wichtigsten Ausdrucksmittel tektonischen Gestaltens. Ihre Textur galt Bötticher als Symbol der »Unzerreißbarkeit«.

Der Faszienarchitrav auf Tafel 15, Ziffer 10, hat an seiner Unterseite (Ziffer 9) eine Torenfaszie. Auf derselben Tafel zeigt Bötticher die Differenzierung der Deckenglieder anhand seiner tektonischen Symbolik. Die Zeichnung mit der Nummer 1 stellt eine Deckenuntersicht, das mit b bezeichnete Element den Balken dar. Der dazugehörende Schnitt mit der Nummer 2 ist darüberliegend. Die Balken haben Torenfaszien und sind durch ein Kyma von den Deckenfeldern gesondert. Die kleinen kassettenartigen Balken, Bötticher nennt sie Strotern, erhalten, da sie weniger belastet sind, ein Mäanderband als Analogon. Ein ionisches Kyma sondert die Dachöffnung, Opaion, von den Strotern. Dasselbe Thema ist auf Tafel 19, Ziffer 2, dargestellt. Die einwirkende Last ist bei den einzelnen Gliedern von unterschiedlicher Stärke und erfordert deshalb nach Bötticher eine differenzierte tektonische Ornamentik für ihre Darstellung.

Ein weiteres Analogon aus der menschlichen Lebenswelt ist die Tänie. »Die Tänie – taenia, ταίνια – ist bei den Hellenen ein dünnes gewebtes Band, Gurt, Binde oder Heftband.« Die Tänie wurde »als Band beim Schmucke der Frauen das Haar um Kopf und Scheitel zu ordnen und festzuhalten, als Gurt – ζώνη – des Gewandes,[173]« oder »als Stirnband bei Männern […] mit der Absicht […] die Symbole aufzunehmen welche Bezug auf persönliche Bedeutung im ethischen Sinne hatten, wie bei Herrschern, Athleten, Priestern, und es spricht sich in dem Begriffe der Symbole welche sich als Schemata auf der Tänia aufgereiht befinden, z. B. Wein, Lorbeer, Efeu, Myrthe, Oelblatt, Mäander, Meereswoge, Palmette, Lotos usw., der besondere Charakter der Person aus.«[174] Tänien verweisen durch die Wahl ihrer Ornamentik auf den Charakter und die gesellschaftliche Stellung des Trägers. Die analoge Übertragung der Tänie als Symbol auf die Architektur verleiht dem Gebäude eine entsprechende Bedeutung.

3.2.3. Profane und hieratische Architektur – Analogien aus der Frühform des Kultes

Bötticher differenzierte zwischen sakraler und profaner Baukunst. »So weihte der Dorier eine herrliche Skene dem Gotte, sich selbst aber fügte er schmucklos die Wohnung.« »Nur mit der Säge die Thüre, mit dem Beile die Balken zu arbeiten befiehlt eines alten Gesetzes Rhetra.«[175] Für Bötticher ist Wohnbau Architektur ohne Ornamentik. Als Mittelpunkt des Wohnhauses ist der Herd anzunehmen. »[…] wenn das Hieron ein weiter Schauraum, eine glänzende Skene war, so ist das bewohnte Haus schlicht, von engen Räumen, nur eine Feuerstelle, vor allem aufnehmend in Mitten den Nabel des Hauses, den Heerd, den heiligen Altar der Hestia.«[176]

Der Sakralbau leitet sich vom Kultbild ab. Es ist »gleichsam nur als ein Gemach, ein Thalamos dem Götterbilde«[177] entworfen worden.

Wenn das Tempelbauwerk selbst und nicht nur das in ihm enthaltene Kultbild sakralen Charakter besitzt, so folgerte Bötticher, sind auch die verwendeten architektonischen Elemente, aus denen das Bauwerk sich zusammensetzt, dem Sakralbau vorbehalten. In seiner Gedächtnisschrift zur Geburtstagsfeier Schinkels, *Andeutungen über das Heilige und Profane in der Baukunst der Hellenen*, beschreibt Bötticher das ursprüngliche Verbot der »Kunstformen« beim Profanbau.[178] Nur durch dieses Verbot ließ sich die herausgehobene Würde des Sakralbaus erhalten. Die Sakralarchitektur stand dennoch in einer Beziehung zum Profanbau. Der Feuerstelle oder dem Herd, um das sich das Wohnhaus organisiert, entspricht in der Sakralarchitektur das Kultbild.[179] Der Herd, verkörpert in der Hestia, ist zunächst der Herd des Hauses, zugleich aber auch Sinnbild des Staates und des ganzen Kosmos.[180]

Wie das Kultbild selbst ist der Tempel durch seinen Unterbau, der Krepis, über das Niveau der Umgebung erhoben. Der ganze Tempel ist ein Hieron, ein »Anathema, ein zur Ehre und Verherrlichung der Gottheit aufgestelltes Weihegeschenk«.[181]

Für Bötticher enthielt die Tempelarchitektur Frühformen des Kultes. »Es weist sich nicht nur aus den Analogien und Namen aller Glieder und Symbole, es weist sich aus der ganzen Organisation der mechanischen Gliederung ganz schlagend nach, dass im Hieron der Begriff eines hieratischen Zeltes (σκήνωμα), eines Olympischen Hauses verwirklicht wurde; eines Zeltes im Begriffe höchster Idealität.«[182] Das Tempelbauwerk war für Bötticher die symbolische Form des heiligen Zeltes, das, als Schutz vor Sonne und Regen, um das Kultbild errichtet wurde. Die aus dieser Analogie übertragene »Kunstform« ist Teil des Sinngehaltes des Bauwerks.

Die Umhüllung des Kultbildes geschah durch ein System aus Pfosten mit aufliegenden Stangen und Zugbändern. Die Pfosten wurden ins Erdreich geschlagen (die dorische Säule wächst auch ganz unmittelbar aus dem Stylobat) und dann mit Zugbändern verspannt (Architrav und Balkendecke), so dass eine Art Netzstruktur entstand. Über diese einfache Skelettarchitektur wurden Sonnensegel gelegt und als vertikale Abschirmung Teppiche verspannt. Bötticher bezeichnet den Zeltbau als ein Bauwerk, das »in seinen Elementen das reinste Sein für den Begriff eines freien Gliederbaues in sich trägt«.[183]

Die Säulen des Tempels waren für Bötticher analog der Pfosten (»ἄτλαντες«) der Zeltarchitektur. Die Kapitelle wurden anthropomorph als Häupter, »κεφαλὴ«, interpretiert, welche umwunden waren mit heiligen Binden (»ἐπίκρανου«). Die von Bötticher vermutete Mäandertänia am dorischen Abakus galt ihm als Symbol der heiligen Binde.

Der Architrav oder das Epistylion sowie die Balkengurte, statisch auf Zugkraft beansprucht, werden in der *Tektonik* in der Untersicht als Flechtbänder, als geweihte Bänder, »ταινίαι, fasciae« dargestellt.

Die über den Balken des Umgangs liegende Kassettenstruktur ist analog zu kreuzweisen gespannten Zugbändern, den »Stroteren«. »[...] so sieht man dass στρωτὴρ ganz gleich ἵμας und mit fascia; denn beide [...] werden zu gleichem Dienste gebraucht, als tragend schwebend ausgespannte Bänder wie Stroter.«[184]

Auf dem Stroterngeflecht liegt das horizontal gespannte Segel.[185] Bötticher benutzte für diese Segel oder Teppiche den Terminus Petasmata. »Das im ethischen Sinne gewiß herrlichste Analogon aber, welches der ganzen Deckung des Raumes zu Grunde liegt [...] ist: ein über den Raum gespanntes mit Sternen besätes Petasma.«[186] Für Bötticher waren die gespannten Segel als Abbild des Himmelszeltes übersät mit Sternen. Dem Kultbild kam es nach ihm zu unter freiem Himmel, dem Uraniskos, aufgestellt zu werden, da nur hier und in keinem engen Haus eine würdige Wohnstätte für einen Gott sich befindet.[187]

Bei der Tempelarchitektur nennt er die Deckung der Kassetten Kalymmata (καλυμμάτια). Die Kalymmata sind die bauliche Umsetzung des analogen Bildes vom gespannten Segel auf dem Stroterengeflecht. »Diese als gespannte Untergurte symbolisirten Theile beziehen sich nun [...] auf die Karakteristik der auf ihnen ruhenden Kalymmen und Kalymmatien [...] Der baulich mechanisch struktive Begriff der Kalymma ist: [...] den Raum der durch die Balken gebildeten rechteckigen Oeffnungen oder Felder dekkend zu schließen und auszufüllen.«[188]

Diese Deckung durch Sonnensegel kragte am Rand frei aus. Die Hängeplatten unterhalb des Geisons, die Mutuli, Bötticher nennt sie Viä, sind analog dem Saum der Teppiche. Wie bei einem Teppich hängen am Rand Bommeln oder Glöckchen, die Guttae. Das Geison erfüllt, so Bötticher, durch seine Auskragung unter tektonischen Gesichtspunkten am meisten den Aspekt des »Freischwebenden«.[189]

»Epistylion, Balken, Geison und Kalymmata bilden zusammen das Pteron.«[190]

Auf dem Pteron (πτερόν) befindet sich das Satteldach oder Aethosdach, wie es Bötticher nennt. Die Verwendung des Satteldaches war nach Bötticher ursprünglich nur dem Sakralbau vorbehalten.

 «Bedenkt man überhaupt, dass die Decke des Pteron, der Uraniskos, nach dem Analogon eines gestirnten Teppichs, dass ferner das Geison dieses Teppichs als tragend-hervorspringender Saum charakterisiert ist, so kann diese Decke kein anderes Analogon für die Dachflächen folgen als das einer äußersten über dasselbe ausgespannte Regendecke [φάρσος], wie sie beim Baue von Zelten angewandt ist und hier oft aus Fellen und Häuten besteht.«[191]

Wenn die Decke, die das Kultbild vor der Witterung schützt, als Teppich (Petasma) oder Sonnensegel gedacht wurde und die Konstruktion ein Skelettbau sein soll, bestehend aus Pfosten,

Hölzern und Gurtbändern, so werden die Cellawände von Bötticher konsequent analog einer Zeltwand als gespannte Teppiche, Parapetasmata charakterisiert.[192]

Im Keim enthielt Böttichers hieratisches Zelt bereits den modernen Skelettbau. »Skin and Skeleton« heißen bei Bötticher Parapetasmata, Pteron und Atlanten. Die Zeltanalogie impliziert die Trennung in ein Tragwerk und deckende Elemente sowie nichttragende, raumbildende »curtain walls.«

Den 5. Exkurs seiner *Tektonik* widmete Bötticher der Charakteristik des Daches. Er nennt es Aetoma und Pteryx. Ἀετός ist der Adler und die πτέρυγες sind seine Flügel. Mit der »Analogie des heiligen Aetos des Zeus der mit ausgespannten, nur vom Naß der Wolken benetzten Flügeln aus dem Aether herab schwebt«[193] erschloss sich für Bötticher die Form des Daches. Die beiden Dachhälften sind ihm die breiten Flügel eines schwebenden Vogels über der Kalymmatiendecke. Damit kommt den Dachflügeln noch mehr als der auf Säulen getragenen Decke die Idee des »Freischwebenden« zu.[194] Schon der Firstziegel »ist in zwei Flügel gebrochen wie ein Sattel oder wie ein schwebender Vogel«[195] und ähnlich dem Gefieder des Adlers sind die Deckziegel übereinandergeschoben.[196]

3.3. Das System der Junkturen

Bötticher hatte mit der *Tektonik* eine Art architektonischer Grammatik entwickelt. Wie die Grammatik der Sprachwissenschaft sprachliche Strukturen definiert, ging es Bötticher um ein System der Architektur, welches die Abhängigkeit der architektonischen Glieder voneinander aufzeigen konnte. Ein wichtiger Teil seines Systems sind die Junkturen. Mit ihnen entstand ein Netzwerk von Beziehungen, sowohl der einzelnen Bauglieder zueinander als auch zu ganzen Bauteilen.

Junkturen stellen Verweisungszusammenhänge her. Das Thema des folgenden Baugliedes ist am Ende seines Vorgängers vorwegnehmend und einleitend schon vorhanden. Im Unterschied zu den Kopula und Konfliktsymbolen, welche vom folgenden Bauglied direkt bestimmt werden, sind die Junkturen abstrakte Symbole, mit denen die Idee oder das Wesen eines Baugliedes antizipiert wird.

Ist »[...] der Begriff und die Wesenheit eines Strukturtheiles in seiner für sich gültigen Form abgeschlossen und beendet, [...] und man will ihn nun als das, wofür er weiterhin geschaffen erscheint, karakterisieren, so muß [...] ehe der anschließende Strukturtheil beginnt, ein Symbol angefügt werden welches den Begriff des folgenden Theiles ganz prägnant indicirt oder welches aus dem Begriffe des folgenden hervorgeht, auf die Wesenheit desselben anspielt, mithin umgekehrt eine Reminiscenz desselben enthalten muß«.[197] »Werden demnach alle einzelnen in der mechanischen Wesenheit noch so heterogenen Strukturtheile in gleicher Weise einander jungiert, so wird ein vollkommen organisches Ganze mit denselben erzeugt.«[198]

Die »Kunstform« verbindet durch die Verwendung von Junkturen unterschiedliche Architekturelemente zu einem organischen Ganzen. Die statischen Funktionen der einzelnen Elemente, welche darzustellen eine Aufgabe der »Kunstform« ist, werden durch die Junkturen, trotz ihrer Heterogenität, in eine Beziehung zueinander gesetzt:

»[...] denn wenn man ein Mehrfaches, noch vielerlei und verschiedenartige Strukturtheile in sich Fassendes, einem Theile jungieren will, so wird sich eine allgemeine, für das Ganze gemeinsam gültige Junktur erzeugen müssen, [...] wenn man aber nur einen einzigen unmittelbar angeschlossenen Strukturtheil jungiren will, so folgt auch natürlich, dass die Junktur nur die Wesenheit dieses Theiles indiciren, nur eine Reminiscenz von ihm enthalten müsse.«[199] Junkturen können sich also sowohl auf das unmittelbar nachfolgende Bauglied beziehen als auch mit der gesamten nachfolgenden Baustruktur in Wechselwirkung stehen. Ähnlich einem musikalischem Thema kehren sie bei den einzelnen architektonischen Gliedern wieder und verbinden dadurch die architektonischen Elemente.

Das Bauglied des Abakus oder Plinthus, als Junktur gelesen, war für Bötticher ein sicheres Zeichen, dass ein Element abgeschlossen ist. Der Abakus präformiert ein neues Bauglied und beendet das alte, indem er sich zwischen beide schiebt.[200]

Die dorische Architektur besitzt im Unterschied zur ionischen eine zwingende Kohärenz und formale Geschlossenheit. Der dorische Tempel ist deshalb für Bötticher die Architektur, an der sich seine Theorie der Junkturen am deutlichsten erkennen lässt.

Die Tafeln 17 bis 20 geben die von Bötticher entwickelte Ornamentik des dorischen Tempels im Zusammenhang wieder. Der Unterbau des Tempels, das Stereobat oder die Krepis, macht ihn nach Bötticher zu einem Anathema, einem feierlich Aufgestellten. Die oberste Stufe, das Stylobat, ist »aus einzelnen Tafeln sorgfältig zu einem einzigen Abakus gefügt«.[201] Abakus nennt Bötticher jedes kubische, plattenartige Bauelement.[202] Das Stylobat, der oberste Abakus, ist wie »eine große Bildtafel, [...] auf welcher der Grundriß der Räumlichkeit aufgezeichnet und jedem der Glieder Ort und Planschema angedeutet ist«.[203] Das Stylobat jungiert »alle beginnenden Theile des Baues sowohl unter sich zu einem gemeinsamen Ganzen als auch mit dem gewachsenen Boden [...].«[204]

»Wo ein Abakus erscheint, wird stets die Anfügung eines neuen Gliedes vorbereitet, präformiert. Daher erscheint der Abakus nie als frei endendes, krönendes, sondern stets als fügendes, jungierendes Symbol.«[205]

Das Architekturglied Säule besitzt einen Abakus, sowohl als Symbol der Endigung der Säule als auch als Junktur mit dem Epistyl und dem Hyperoon. Die an der Stirnseite des Abakus verwendete Ornamentik, die Tänia, spielt auf die Wesenheit der nachfolgenden Elemente an. Bötticher erklärte den Architrav und die Balken des Peristyls mit der Analogie gespannter Gurtbänder. Als Junktur und damit als Anspielung auf ihre Wesenheit erhält der Abakus der Säule an der Stirnseite das Symbol eines Bandes, die Tänia, angefügt.[206]

Das Epistyl findet seinen Abschluss durch einen Abakus, der Tänia. Dieser Abakus ist an der Stirnseite mit einem Tänienornament, z. B. dem Mäander, ausgestattet und hat an der Unterseite, im Rhythmus des Metopen- und Triglyphenfrieses, die Tropfenregula angeheftet.[207]

Die Tänia mit Regula und Guttae wurde von Bötticher als Symbol der Endigung des Epistyls und zugleich als Symbol der Junktur mit den Triglyphen und dem Geison gedacht. Die Guttae der Regula verweisen auf die Guttae der Mutuli des Geison. Sie sind eine Anspielung auf die freie Auskragung des Geison. Bei der Tänia mit Regula und Guttae sind demnach mehrere Symbole notwendig, um die Wesenheit der Folgeglieder vorzubereiten.

Die Viä (Mutuli) des Geison sind als Abaken eine »Junktur mit den Momenten des Daches insgesamt.«[208]

An der Innenseite ist die Tänie, als Abakus interpretiert, sowohl Abschluss des Epistyls als auch Junktur mit den Balken der Decke, welche auf gleicher Höhe an die Triglyphen anschließen.

»Der Abakus auf dem Kyma der Balken, als Junktur der Kalymmen«[209] ist ein Verweis auf die Tafeln der Deckung der Kassetten des Umgangs. Bötticher charakterisiert diese Junktur folgerichtig als einen alternierenden Rhythmus mit einer Mäander- und Sternsymbolik.

Das Idealmodell des ursprünglichen griechischen Tempel, wie ihn sich Bötticher vorstellte, findet sich auf den Tafeln 17 bis 20. Von besonderer Bedeutung war hier seine Erfindung des Junktursymbols, seine Entdeckung von Plinthen, die ein Bauteil beenden und den Grund für ein neues legen. Er intellektualisierte damit ein dekoratives Element und entwickelte Sinnzusammenhänge, die die dorische Architektur zu einem einzigen untrennbaren Organismus zusammenbinden sollten.

3.4. These – Antithese – Synthese. Prinzipien der dorischen, ionischen und korinthischen Architektur

Dorische und ionische Architekturen waren für Bötticher Ausdruck der unterschiedlichen Mentalität des jeweiligen Stammes. Das ganzheitliche Verständnis der kulturellen Produkte und der politischen Organisation eines Stammes bildete für Bötticher eine Grundvoraussetzung der Interpretation ihrer künstlerischen Werke. Auf eine ähnliche Weise äußerte sich K. O. Müller in seinem *Handbuch der Archäologie der Kunst.*[210] Über die Kenntnis eines kulturellen Sektors lässt sich für ihn ein anderer bestimmen, von dem weniger überliefert ist.[211] Mit der Kenntnis der grundsätzlichen Prinzipien erschloß sich für ihn bei abgeschlossenen homogenen Kulturen die Form untergegangener Kunst. Bötticher formulierte diese idealistische Überzeugung in erweiteter Weise in der Terminologie Hegels, als »Möglichkeit aus der Antithesis und Synthesis die Thesis zu ergänzen«.[212] Er legitimierte damit seine Restitution eines archäologisch nicht mehr beweisbaren altdorischen Stils.[213]

Dorische und ionische Architektur stehen sich nach Bötticher antithetisch gegenüber. Die dorische Architektur ist die ältere, als deren Gegenthese sich die ionische herausgebildet hat.[214] Bötticher übernahm die Charakterisierung der beiden hellenischen Stile von Vitruv, welcher das männliche Prinzip in der dorischen, das weibliche in der ionischen Architektur verkörpert sah.[215]

Der dorische Mensch ist nach Bötticher konservativ, schließt sich fremden Einflüssen gegenüber ab und vollendete seine Kunst früh. Das früh Vollendete ging zu Lasten der Entwicklungsfähigkeit des Stils.[216] Abbild des dorischen Charakters war für Bötticher die dorische Architektur. Sie spiegelt den hierarschischen Organismus des dorischen Staatswesens und des dorischen Denkens wider. Jedes Glied des dorischen Baues ist eng verwoben mit den anderen Gliedern des Bauwerks. Es ist nicht nur der Takt des Metopen- und Triglyphenfrieses, der auf die Säulen abgestimmt sein muss, sondern auch das Wurzeln des basislosen Säulenfusses im gemeinsamen Abakus, dem Stylobat, die bildhaften Verweise des Systems der Junkturen, welche die Säulen, den Oberbau und die Decke zu einem einzigen Organismus zusammenbinden.

Die strenge Eingebundenheit der tektonischen Glieder ist Abbild der dorischen Gesellschaft. In seinen Formen ist damit der dorische Tempel bei Bötticher das Produkt seiner Zeit, einer einmaligen Epoche, die sich nicht wiederholen lässt. Die Formen der dorischen Architektur sind, wie oben beschrieben, für Bötticher aus der Zeltanalogie und der Logik des Steinbaus ableitbar. Die »Kunstformen« der einzelnen Glieder und des ganzen Tempels waren für ihn originär griechisch. Der dorische Tempel erscheint als »vollendeter Anfang«, als ein Kunstwerk, das als Ausdruck originären Denkens den Geist der Dorier abbildete. Wären Formen anderer Kulturen eingeflossen, so wäre der dorische Tempel ein eklektisches Werk.[217] So bestritt Bötticher einen formalen Einfluss der ägyptischen Architektur. Die These von der Ableitung der dorischen Säule von der »protodorische Säule« der Ägypter würde die Dorier zu »geistvollen Eklektizisten« machen, denen es an eigener Schöpferkraft mangelte.[218]

Antithetisch zur dorischen Architektur hat sich nach Bötticher die ionische Architektur entwickelt. Die dorischen »Kunstformen« sind nach ihm stark miteinander verflochten, in der ionischen Kunst dagegen isolieren sich die einzelnen Glieder zu selbstständigen Einheiten. Sie sind wie die dorischen »Kunstformen« ein Spiegelbild des ionischen Geistes und der ionischen Kultur. Der Ionier siedelte nicht binnenländisch, sondern an der Küste. Seine Kunst glich einem offenen Prozess, sie erlaubte »eine fortwährende Veränderung und Weiterführung«.[219] Die architektonischen »Kunstformen« unterlagen jedoch denselben statischen Gesetzen,[220] so dass die einzelnen Glieder auch gleiche Analogien aufweisen.

Das System der Junkturen, das bei Bötticher für das Verständnis der dorischen Architektur so wichtig ist, besitzt für die Erklärung der ionischen Architektur eine untergeordnete Bedeutung.[221] Nicht die enge Vernetzung ist nach ihm das leitende Thema der ionischen Architektur, sondern ihr Atomisieren in einzelne Bauglieder. Krepidoma, Säule, Epistyl sowie der Dachaufbau werden als in sich abgeschlossene Elemente begriffen. In der ionischen Architektur findet sich deshalb häufig die Verwendung des Kymas. Dieses thematisiert den Konflikt zwischen Bauteilen und macht sie zu selbstständigen Wesenheiten. Das Junktursymbol, das die Bauteile aufeinander verweist, ist dagegen bei der ionischen Architektur seltener anzutreffen.

Jede ionische Säule erhält durch die Plinthe ihr eigenes Stylobat. Sie ist damit nicht wie die dorische Säule in einem gemeinsamen Stylobat verwurzelt, sondern besitzt ein selbstständiges Sein. Als Zwischenglied zwischen Säulenschaft und Plinthe hat der Trochilus[222] mit seiner Ausladung als Trochilus inferior die Funktion des Ablaufs zur Plinthe hin oder, als Trochilus superior, die des Anlaufs zum Säulenschaft. Für Bötticher war der Trochilus ein »zur Karikatur kontrahiertes Schema des Säulenstammes«.[223] Formal betrachtet hat der Trochilus einen breit auslaufenden Ablauf, vergleichbar der Basis der Säule, eine Einschnürung, welche dem Säulenschaft entspricht und einen Anlauf, der analog dem Säulenkapitell ausgebildet ist. Ein Beispiel gibt Tafel 7, Ziffer 16.

Den Abschluss der Säulenbasis und zugleich Verknüpfung mit dem Säulenstamm bildet ein Torus.[224] Bötticher dachte sich die einzelnen »Kunstformen« der Basis einzig dafür geschaffen, eine ideelle Aussage zu treffen, ohne statische Funktionen zu übernehmen. Die Analogien trennen und verbinden, sie stellen den Kräftefluss dar, die Stabilität verbessern sie nicht.[225]

Der Säulenstamm besitzt wie bei der dorischen Säule mit der »Kunstform« der Rhabdosis, der Kanneluren, ein Sinnbild seiner »Undurchbiegbarkeit«[226] und »rückwirkenden Festigkeit«.[227] Als Zeichen des bis ins einzelne dekorative Glied hinein atomisierten Charakters der ionischen Architektur sind die Kanneluren oben und unten beendet und stoßen nicht wie bei der dorischen Architektur an das Folgeglied.[228]

Das ionische Kapitell wurde von Bötticher mit allen Kunstgriffen seiner Theorie der tektonischen Form interpretiert. Die ionische Volute wird als Junkturform des folgenden Epistyls gedeutet. Sie soll auf den ionischen Faszienarchitrav verweisen, indem sie parallel zu diesem, als ein jeweils am Ende volutenförmig eingewickeltes Band, auf die »relative Festigkeit« des Architraves anspielt. Im Gegensatz zur dorischen Architektur, in der das Mäanderband des Abakus den gesamten Überbau thematisiert, weist die Volute der ionischen Säule nur auf das folgende Epistyl hin.[229] Über der Volute befindet sich ein niederer Abakus, der als Kyma behandelt ist und damit »den unten begonnenen Charakter der Selbständigkeit und Unabhängigkeit dieses Gliedes [der Säule] von der gesammten Decke«[230] ausdrückt (siehe hierzu Tafel 28, Ziffern 1–4).

Noch bevor Böttichers »Jonika« im Jahr 1852 erschien, wurde von Ernst Guhl die Forschung zum ionischen Kapitell in seinem Aufsatz aus dem Jahr 1845 zusammengefasst und um eine weitere Interpretation ergänzt.[231] Guhl entwickelte sein ionisches Kapitell auf der Grundlage von Böttichers Ideen. Im Unterschied zu Bötticher sah er im Ionischen jedoch nicht das antithetische Moment zum Dorischen, sondern einen genetischen Fortschritt der dorischen Form.[232] Die ästhetische Idee, die »Darstellung statischer Ideen durch die Massen«, ist nach Guhl im ionischen Kapitell zur »möglichsten Vollendung« gebracht.[233] Die Volute war für Guhl ein weiterentwickelter dorischer Abakus. Er spricht vom »Volutenabakus«, der »seine Neutralität aufgegeben und selbst mit in das lebendige Zusammenwirken der Theile eingetreten«[234] ist. Die starre Form des dorischen Abakus wurde für Guhl in der ionischen Volute zur »lebendigen und gleichsam elastisch bewegten Form«.[235] Guhl argumentierte hier tektonisch[236] im Sinne Böttichers. Dass Bötticher dann eine andere Deutung entwickelte und die Voluten als eingewickelte Faszien des Architravs annahm, sie zur Junktur der Säule mit dem Architrav erklärte, macht im Vergleich Böttichers komplexe formale Grammatik deutlich. Mit dem System der Junkturen, der ideellen Verweise der Ornamentik, entzieht er die Volute der unmittelbaren ästhetischen Erfahrung. Sie ist nicht Ausdruck der wirkenden Kräfte, sondern ein gedanklicher Verweis auf die Wesenheit des Folgegliedes.

Böttichers »Jonika« entwickelt die unterschiedlichen Formen der ionischen Säule als tektonische Morphologie. Die semantischen Grundelemente waren in ihren Aussagen bereits in der »Dorika« formuliert worden. Architekturformen werden bei Bötticher ausschließlich von ihrer tektonischen Analogie her verstanden, allerdings mit der Gefahr, dass den Schmuckformen ein autonomes gedankliches Konstrukt übergestülpt wird.[237] Positiv gedeutet, wird mit Böttichers Ansatz das Ornament in ein System integriert.

Die Freiheit der ionischen Ordnung lag für Bötticher in der Atomisierung der Bauglieder. Der Oberbau zeichnete sich für ihn zudem durch eine freiere Gliederfolge aus. Der Thrinkos oder Zophorus, dem in der dorischen Architektur der Metopen- und Triglyphenfries entspricht, hat die Funktion das Geison zu tragen und die innere Raumdecke zu verschließen. Er kann aber in der ionischen Architektur auch völlig entfallen.[238] In der Gestaltung ist sein Höhenmaß unabhängig von der Struktur der Decke, vom Geison und der Stellung der Säulen.[239]

Die Darstellung unterschiedlicher Biegespannungen erlaubt die ionische Ordnung, indem die Anzahl der Faszien des Architravs variiert wird. Das Epistylion, welches mit seiner äußeren Hälfte das Geison mit Thrinkos trägt und mit der inneren Hälfte die Raumdecke, ist zweigeteilt, verknüpft durch einen Astragal, und erhält, je nach Traglast, außen oder innen eine größere Zahl von Faszien. Die Faszien sind untereinander durch kleine Kymata getrennt und dadurch als aufeinander lastend symbolisiert.[240]

Galt die dorische und ionische Architektur Bötticher als antithetische Ausprägung der hellenischen Baukunst, so entwickelte sich die korinthische und attisch-ionische Baukunst eklektisch aus dem entwickelten Formenrepertoire dieser Stile.

Die attisch-ionische Architektur enthielt für Bötticher dorische Momente. Das Fehlen des Plinthus an der Basis der attisch-ionischen Säule ließ alle Säulen das Stylobat, gleich wie bei der dorischen Architektur, als Plinthus besitzen. Die Verbundenheit der attisch-ionischen Basis mit dem gemeinsamen Stylobat unterstreicht eine Torenspira, welche Säule und Stylobat symbolisch verknüpft.[241]

Das attisch-ionische Kapitell besaß für Bötticher wie die Basis der Säule das »dem Dorischen hingewandte Streben.«[242] Die tektonische Form eines geflochtenen Torus unterhalb der mächtigeren attisch-ionischen Volute war für Bötticher ein Zeichen, dass ein Bezug zu den tektonischen Gliedern der ganzen Decke hergestellt werden soll (siehe hierzu Tafel 40, Ziffer 1–4). Ähnlich dem Mäanderband an der dorischen Säule nimmt damit das Kapitell der attisch-ionischen Säule die statische Struktur der Decke vorweg.[243]

An der Basis der attisch-ionischen Säule war der Torus ein Symbol der Verknüpfung mit dem Stylobat, am Kapitell ein Verweis auf die statischen Eigenschaften des Pteron. Böttichers tektonische Formensprache verändert also ihre semantische Aussage in Abhängigkeit vom Ort ihrer Verwendung.

Mit der korinthischen Architektur war für Bötticher die antike Baukunst bereits in ihrer Nachblüte.[244] Ihr Realismus in der Darstellung des Natürlichen deutete er als Zeichen eines nicht mehr präsenten Verständnisses des tektonischen Vokabulars.[245] Die korinthische Architektur war aus diesem Nichtverständnis der tektonischen Analogien heraus eine eklektische Vermischung einander diametraler entgegengesetzter formaler Sprachen.[246] So erlaubt die korinthische Ordnung alternativ einen dorischen Metopen und Triglyphenfries oder einen ionischen Thrinkos oder Zophorus. Wenn alle tektonischen Gedanken bereits mit der dorischen und der ionischen sowie der attisch ionischen Ordnung formuliert waren, so lag das Neue des korinthischen Stils in seinem Naturalismus und freien Eklektizismus.

Dem korinthischen Kapitell gab Bötticher, formal betrachtet, eine dorische Abstammung.[247] Dorischen Einfluss verrät die Richtungslosigkeit der Korbform des Kapitells und der allgemeine Bezug zur Decke.[248] Die korbähnliche, mit Akanthosblättern belegte Kapitellform (Kalathos) besitzt eine ähnliche Aufgabe wie das abstrakt gezeichnete dorische Echinuskyma. Sie drückt den Konflikt zwischen Stütze und Last aus. Der geringe Überfall der Akanthosblätter des korinthischen Kalathos ist »Ausdruck der höchsten Leichtigkeit«[249] der aufliegenden Last (ein Beispiel geben die Tafeln 44 und 45).

3.5. Tektonik der Geräte

Böttichers tektonische Untersuchungen galten nicht nur der Architektur. Das tektonische Prinzip konnte als Interpretationsmodell in gleicher Weise auf die Geräte, die Möbel, Lampen, Gefäße und andere Gebrauchsgegenstände angewendet werden.[250] Wie jeder durchgängige Stil forderte auch die tektonische Richtung eine ganzheitliche Betrachtungsweise der Dinge.

Grundsätzlich finden sich bei den Geräten dieselben Analogien wie in der Architektur. Da die Geräte nicht ortsfest sind, besitzen sie weitere analoge Elemente. Eine Tiertatze als Fuß eines Gegenstandes zum Beispiel war für Bötticher ein Zeichen von dessen Mobilität.[251].

Die Tafeln 8–12 und 14 im Tafelteil geben Beispiele von Böttichers tektonischem Ornament im Bereich der Geräte wieder. War ein Ding zum Gebrauch bestimmt, so erhielt es seine formale Prägung zunächst mit seiner zukünftigen praktischen Richtigkeit. So wie die »Kernform« der Architektur sich aus ihren materiellen Faktoren ableiten ließ und zugleich in ihrer Abstraktheit eine Erfindung des Geistes war, so definierte sich für Bötticher das Gerät zunächst durch seine funktionale Form. Diese Form erhielt wie die »Kernform« der Architektur eine den jeweiligen Geräteteil charakterisierende Analogie. Erst mit dieser Symbolisierung wurde für Bötticher ein Gegenstand zum künstlerisch gestalteten Werk.

3.6. »Kunstform« und Archäologie

Die Antike galt Bötticher als Zeuge und Autorität für die Richtigkeit der Lehre von den tektonischen Formen. Das Studium von Stichwerken[252] und eine weitgefächerte Lektüre antiker Autoren bilden das Fundament der *Tektonik*. Den theoretischen Auseinandersetzungen standen Böttichers Ornamentstudien nach der Natur zur Seite. Als Lehrer für Ornamentik an der Bauakademie besaß Bötticher ein hervorragendes zeichnerisches Talent. Zudem eröffneten ihm seine Pflanzenstudien ein tieferes Verständnis ornamentaler Formen. Dass er dabei verwandte Formen in der griechischen Architektur intuitiv wiedererkannte, war eine fast notwendige Folge.

Bötticher Lehrtätigkeit verlangte die ständige Reflexion formaler Entscheidungen. Die Grundgedanken zu einer Theorie des tektonischen Ornaments werden sich deshalb im Dialog von Naturstudium, Lehrtätigkeit und vergleichender Analyse herausgebildet haben. Zur Bildung einer Kunsttheorie ist gegen dieses Verfahren nichts einzuwenden. Als Methodik der Archäologie fehlte Bötticher jedoch das konkrete Objekt, an dem sich seine Theorie durch vergleichende Analyse hätte verifizieren lassen können. Dennoch wurde beim Erscheinen der *Tektonik* das Werk vor allem von Seiten der Archäologen begrüßt. Es war die von Bötticher wieder eingeführte antike Terminologie und Kunstlehre, gestützt auf ein intensives Quellenstudium, das der Archäologie neue Impulse gab.

Eine der wichtigsten Ideen Böttichers zur tektonischen Form war die Interpretation des Kymas. Das Konfliktsymbol war nach seiner Ansicht ursprünglich auch auf dem dorischen Echinus als Bemalung vorhanden.[253] Dies hat sich archäologisch nicht bestätigen lassen.[254] Auch die Deutung Böttichers, im Kyma eine belastete, vornübergeneigte Pflanzenreihe zu sehen, wurde von verschiedenen Seiten widersprochen.[255] Das dorische und lesbische Kyma wird jedoch auch heute noch als Blattwelle gedeutet.[256] Als reine Schmuckleiste hat die Pflanzenornamentik des Kymas in der archäologischen Auslegung die für Bötticher so wichtige tektonische Funktion verloren.[257]

Auch der Begriff der Junktur, der in Böttichers Kunsttheorie eine zentrale Rolle spielt, war archäologisch nicht haltbar. Eine aufgemalte Tänia auf dem dorischen Abakus, welche nach Bötticher eine Verbindung des gesamten Oberbaus mit der Säule herstellen sollte, wurde durch kein

Objekt bestätigt.[258] Die Archäologie hat den hinweisenden und vorwegnehmenden Charakter der statischen Eigenschaften der Folgeglieder, wie er sich nach Bötticher in der Tänia darstellt, nicht belegen können. Vielmehr wird es sich bei der Tänia um ein reines Schmuckelement gehandelt haben.[259]

Der Begriff des »Volutenabakus«, den Bötticher zur Charakterisierung des ionischen Kapitells einführte, entsprach ganz der Systematik der *Tektonik* als spekulativem Entwurf. Da der Abakus der ionischen Säule, der sich über der Volute befindet, von Bötticher als Kyma interpretiert wurde, übernahm die Volute seine Rolle und wurde zum »Volutenabakus«. Mit diesem Terminus verdeutlichte Bötticher die jungierende Funktion der Volute, indem sie als eingerollte Faszie auf die Wesenheit des ihr folgenden Epistyls anspielte. An der Archäologie als Wissenschaft ging diese Interpretation vorbei.[260]

Böttichers Intention, die antike Architektur in eine Theorie zu zwängen, welche jedes Glied bis ins kleinste Element als tektonisches Ornament vorherbestimmen sollte, konnte der archäologischen Forschung nicht standhalten. Dies spricht gegen die *Tektonik* als wissenschaftlichem Werk. Zum Thema, ob die *Tektonik*, nachdem sie durch archäologische Entdeckungen widerlegt worden war, für die Archäologen keine Bedeutung mehr besitzen konnte, gibt es eine interessante Bemerkung von Adolf Göller: »Wenn Bötticher mit der einen Behauptung von der freien Erfindung nicht Recht hat, so ist das noch kein Grund, seine ganze Lehre zu verwerfen. Die Griechen können ja ganz wohl fremde Formen aufgenommen und das Prinzip jener Symbolisierung bei deren Verwerthung hinzugegeben haben. Bei der Entstehung der Völkersprachen saßen auch keine Gelehrten zusammen, um zu überlegen, wie es mit dem Perfektum oder dem Dativ der Hauptwörter gehalten werden sollte, und doch weisen die Sprachformen ein einheitliches Gepräge auf, wie es der nachdenkende Verstand Einzelner unmöglich so grossartig und folgerichtig hätte erfinden können.«[261] Auch Bötticher musste der spekulative Charakter seiner Theorie klar gewesen sein, hat er doch im angegliederten Tafelband Stiche, welche nach Originalen gefertigt wurden, verändert und eigene, aus seiner Theorie entwickelte griechische Tempel abbilden lassen.

3.7. Ornamentik als Kunstsprache

Böttichers Begriffspaar »Kernform« und »Kunstform« trennt die Architektur in zwei Bereiche auf, den materiellen oder stofflichen, den, der sich in der Konstruktion ausdrückt und den symbolischen, der mit einer völlig eigenen Formensprache, welche nichts mehr mit der Formensprache des Materials zu tun hat, den Kunstanspruch von Architektur einlösen soll. Diese Dichotomie des Bauens ist für Heinz Quitsch[262] mit eine Ursache für den Historismus und Eklektizismus des 19. Jahrhunderts. Die Trennung, die sich in dem Begriffspaar »Kunstform« und »Kernform« ausdrückte, konnte für den, der die *Tektonik* Böttichers nur oberflächig gelesen hatte, als Begründung einer von der Konstruktion abgelösten Fassadenarchitektur dienen.

Der Ornamentbegriff wird von Bötticher synonym mit dem Begriff »dekoratives Symbol« gebraucht. Er bezeichnet damit all das, was keine notwendige konstruktive Aufgabe an einem baulichen Glied erfüllt. So ist für Bötticher die Entasis der Säule in gleicher Weise Ornament wie der Metopen- und Triglyphenfries; Ornamentik ist bei Bötticher eine symbolische Sprache, die durch die Verwendung »idealer Analogien« als »erfindende Kunst«[263] mit der Bildhauerei vergleichbar ist. Das heutige Verständnis des Ornamentbegriffs beinhaltet eine reine Oberflächengestaltung. Ein Säulenkapitell oder eine Skulptur an einem Bauwerk als Ornament zu verstehen, wirkt heute fremd. Mit dem Begriff Dekoration lässt sich dagegen auch heute noch ein plastisches Gebilde verbinden.

Ornare übersetzte Bötticher »mit allem Nöthigen ausrüsten, mit den erforderlichen Eigenschaften versehen« und decorare »mit angemessener Würde begaben«.[264] Wichtig war für Bötticher, dass das Ornament »den Gedanken einer bloß willkührlichen Verzierung und prunkenden Schmückung ausschließt«.[265] Das Ornament bleibt damit immer den Gesetzen der Tektonik unterworfen. Es ist die erklärende Charakteristik der baulich zu einem untrennbaren Organismus verbundenen Glieder, »gleichsam nur eine Hülle des Gliedes eine symbolische Attribution desselben – decoratio, κόσμος«.[266] Bötticher grenzte damit sein Ornamentverständnis auch gegenüber dem vom 16. bis ins 18. Jahrhundert gebräuchlichen Begriff »Verzierung« ab.[267]

Mit dem Begriff »Verzierung« war Bauschmuck im allgemeinen gemeint. Als »die Hauptzierden der Baukunst«[268] beinhalteten sie das künstlerische Programm und die ganze Symbolik, die mit der Verwendung der Säulenordnungen seit Vitruv verbunden war. Die Ikonographie der einzelnen Genera erlaubte durch eine gezielte Verwendung der einzelnen Glieder eine Charakterisierung der

Gebäude.²⁶⁹ Die Säulenordnungen waren die Sprache der Architektur und es gab festgefügte Regeln über deren Verwendung.

Die Zweigeteiltheit in die Konstruktion eines Gebäudes und in eine vorgeblendete architektonische Schale war jedoch kein spezifisches Phänomen des 19. Jahrhunderts. Renaissancearchitekturen wie der Palazzo Rucellai (1455 begonnen) von Alberti in Florenz oder der Palazzo Thiene (1556–58) in Vicenza von Palladio besitzen eine Fassadenarchitektur, die mit der Konstruktion des Gebäudes fast nichts zu tun hat. Die Fassade hat bei beiden Häusern eine völlig andere Gesetzmäßigkeit als die Nutzung oder die Konstruktion, die sich hinter ihnen verbirgt. An der Fassade scheinen Stoff und Form, Konstruktion und formal symbolischer Inhalt nicht voneinander abhängig. Rudolf Wittkower hat die verschiedenen Proportionssysteme aufgezeigt, welche die Fassade eines Renaissancegebäudes formal bestimmen.²⁷⁰ Die Proportionen der Fassade und somit auch ihrer vorgeblendeten architektonischen Glieder waren Teil einer komplizierten Zahlensymbolik. Die pythagoreische Zahlentafel und die auf ihrer Grundlage entwickelte Musiktheorie ergab Maßverhältnisse, welche die Glieder der Fassade in ein harmonisches System einbinden sollten. Eine Verbindung zur mechanischen Seite des Bauens aufzuzeigen, ist bei den Schaufassaden der Renaissance kein Thema. Dies war ein Hauptgrund für Bötticher und die Schinkelschule, die Renaissancearchitektur eher negativ zu beurteilen.²⁷¹

Bei Alberti findet sich eine Stelle, in der er auf die Bedeutung konstruktiver Richtigkeit aufmerksam macht: »Denn nackt soll man ein Bauwerk zu Ende führen, bevor man es bekleidet.«²⁷² Im Kontext ist bei Alberti von Bekleidung durch Malerei und Bildwerken die Rede. Allein die Tatsache, dass Architektur eine Bekleidung benötigt, um Schönheit zu erreichen, offenbart ihre Differenz zur Wahrheit. Etwas das nur in einer Umhüllung schön ist, besitzt einen defizitären Status.²⁷³

Der tiefere Grund für eine von der Konstruktion unabhängige Theoretisierung des Gebäudes liegt jedoch in der im Mittelalter vorgenommen Teilung der Künste in »artes mechanicae« und »artes liberales«.²⁷⁴ Im Mittelalter wurde die Baukunst noch den »artes mechanicae« zugeordnet.²⁷⁵ Seit der Renaissance zählte die Baukunst zu den »artes liberales«, was sie aus ihrer empirischen handwerklichen Beschränkung befreite.²⁷⁶ Als freie Kunst konnte die Baukunst als »Wissenschaft« Theorien entwickeln. Grundlage der Wissenschaftlichkeit war die Beziehung zur Mathematik. Durch die Musiktheorie konnten mathematische Proportionen auf ein Gebäude übertragen und dadurch die architektonische Form philosophisch und kosmologisch verankert werden. Die Trennung in einen künstlerischen Aspekt der Architektur, dessen Formfindung auf Proportionstheorien beruhte, und der handwerklichen Seite des Bauens, die sich auf empirisches Wissen gründete, teilte die Architektur in zwei Wissensbereiche. Diese Zweigeteiltheit blieb über die Jahrhunderte erhalten, auch wenn sich die Inhalte verschoben. Im 18. Jahrhundert spricht man nicht mehr von den »artes liberales« sondern von den »schönen Künsten«.

Mit Winckelmann wurde der Darstellung der tatsächlichen Konstruktion eine größere Bedeutung beigemessen. Winckelmanns Traktat erschien 1762 unter dem Titel *Anmerkungen über die Baukunst der Alten*.²⁷⁷ Winkelmanns Schrift zur Architektur ist kein streng gehaltener Traktat, sondern eher eine Sammlung seiner Gedanken zur Baukunst. Das Buch ist unterteilt in zwei Kapitel, »Von dem Wesentlichen der Baukunst« und »Von der Zierlichkeit der Baukunst«.²⁷⁸ Für Winckelmann war an den ältesten antiken Gebäuden Dekor selten angebracht. Dekor ist zwar wichtig, denn »ein Gebäude ohne Zierde ist wie die Gesundheit in Dürftigkeit«,²⁷⁹ aber ein zuviel an Dekor ist ein Zeichen des Zerfalls. »Der Baukunst ergieng es wie den alten Sprachen; diese wurden reicher, da sie von ihrer Schönheit abfielen.«²⁸⁰

Winckelmanns Forderung nach einem sparsamen Dekor verbunden mit dem Akzent auf dem konstruktiven Aspekt des Bauens, war es für ihn doch das Wesentliche der Baukunst, beschreibt die Architektur des Frühklassizismus. Die Trennung von Konstruktion und Dekor war damit in der frühen Phase des Klassizismus von Winckelmann durch die Aufteilung in zwei Kapitel bereits formuliert und wird sich zu dem eigentlichen Konflikt des 19. Jahrhunderts entwickeln. Im Unterschied zur Renaissancearchitektur thematisierten der frühe Klassizismus und die Architekturtheorie des 19. Jahrhunderts jedoch stärker die statisch-konstruktiven Aspekte. Dennoch blieb, sollte Architektur entstehen, das überlieferte Repertoire der antiken Formen als Mittel, Ideen zu formulieren, unverzichtbar.

3.8. Die Entdeckung einer Ästhetik der Statik

In der Zeit ab 1825 erhielten statisch-konstruktive Argumente in der Architekturtheorie eine starke Bedeutung. Dies lässt sich bei den führenden Theoretikern wie Hübsch, Schinkel und Metzger nachweisen. Die Hinwendung zu konstruktiven Faktoren und zu einer engen Verbindung des tatsächlichen Baumaterials mit der baulichen Erscheinung sollte einen fundierten Neuanfang schaffen. Die Form entstand unmittelbar aus den stofflichen Bedingungen, ohne dass eine symbolische Überhöhung eingefordert wurde. Die »artes mechanicae« werden in dieser Phase der Theoriebildung zu den Hauptfaktoren künstlerisch stilistischer Begründungen. Hübsch benutzte in seinem wichtigsten Werk *In welchem Style sollen wir bauen?*[281] Begriffe wie »rückwirkende Festigkeit«, »relative Festigkeit«,[282] die ganz aus der Baustatik abgeleitet sind und später auch von Bötticher verwendet wurden.

Technostatische Überlegungen, die Referenz an das Klima, die Dauerhaftigkeit der Konstruktion, ökonomische Faktoren und die funktionalen Anforderungen an das Bauwerk waren für Hübsch die elementaren Faktoren von Architektur.[283] Obwohl das Prinzip der frühen griechischen Kunst für Hübsch »Wahrheit im vollsten Sinne des Wortes«[284] war, hielt er sie ungeeignet für die Gegenwart. Sie widersprach für ihn grundsätzlich modernen funktionalen Kriterien.[285] Der Stil der Zukunft sollte sich aus der Erfüllung nachvollziehbarer, rein baulicher Kriterien ergeben. Für das »Kunstgefühl« hatte Hübsch, wie später Bötticher, nur Spott übrig;[286] Architektur war für Hübsch ein Abbild konstruktiv-funktionaler Entscheidungen. Die römische Architektur und später die der Renaissance, welche Architekturglieder wie Architrav und Säule einer konstruktiv anderen Architektur nur vorblendete, wurde von ihm wie von Bötticher abgelehnt.[287] Aus seinen Prämissen leitete Hübsch den sogenannten Rundbogenstil ab.[288] Als ganz die Tektonik und das Material thematisierender Stil war diese fast »nackte« Architektur ein Vorgriff auf die Moderne und zugleich formal der romanischen Architektur ähnlich. Gegen den Anspruch dieser »nackten Tektonik«, der Thematisierung der »artes mechanicae«, bildete Böttichers *Tektonik*, welche das Material als stumm erklärte und die »Kunstform« einforderte, einen Gegenpol.

Ähnliche Grundansichten zur Architektur wie bei Hübsch finden sich bei Eduard Metzger. Es gibt einen Aufsatz von ihm in der *Allgemeinen Bauzeitung*, dessen Titel schon, »Über die Einwirkung natürlicher und struktiver Gesetze auf Formgestaltung des Bauwerks«,[289] die Baustatik in den Mittelpunkt einer ästhetischen Betrachtung von Architektur stellt. Der vernünftige Gebrauch des Materials und eine auf die statischen Gesetze gegründete Konstruktion bilden nach Metzger den »inneren Organismus des Bauwerk«.[290] Klimatische Unterschiede, die umgebende Natur und der spezifische Gemeinsinn eines Volkes führen zu unterschiedlichen architektonischen Ausprägungen. Das Ornament wird bei Metzger mit durch die unterschiedliche, regionale Vegetation bestimmt;[291] es wird damit zu einem spezifischen »Volksbegriff«.[292] Struktur und Dekor stützen sich bei ihm gegenseitig.[293]

Ohne den Nachweis im Detail zu führen, erhält bei Metzger der jeweilige Architekturstil seine Besonderheit aus dem örtlich und zeitlich unterschiedlich ausgeprägten Gemeinsinn eines Volkes.[294] Gegen die Universalität der griechischen Formen, die für Böttichers Theorie grundlegend ist, stand bei Metzger eine regional unterschiedliche Ornamentik.

Das Entstehen eines neuen Stils suchte schon Metzger in der Verwendung neuer Baumaterialien.[295] Damit nahm er Böttichers Vision einer neuen Architektur durch den Gebrauch des Eisens im Bauwesen gedanklich vorweg.

Die puristische Phase in der Theoriebildung, welche den Stil als Resultat der »artes mechanicae« ableitete und bei Bauten aus dieser Zeit zu einer fast »nackten Tektonik« führte, war mit Böttichers Forderung nach der »Kunstform« vorbei. Eine nur aus der Technostatik abgeleitete Entwurfssystematik wie Hübschs Rundbogenstil ließ sich nicht zur architektonischen Pracht steigern. Die Werke der »höheren Baukunst«, die nach Repräsentation verlangten, benötigten ein künstlerisch-architektonisches Vokabular, mit dem sich ein entsprechender Anspruch formulieren ließ. Böttichers Begriff der »Kunstform« ist deshalb nicht zuletzt eine Antwort, Architektur von Sakral- und Monumentalbauten an eine formale Sprache zu binden.

Die begrifflich vorgenommene Trennung Böttichers in »Kernform« und »Kunstform« verschärfte in ihrer Ausschließlichkeit, die jeder konstruktiven Form künstlerischen Ausdruckswert abspricht und sie als »toten Mechanismus« klassifiziert, die Forderung nach einer künstlerischen Gestaltung der Oberfläche. Die symbolischen Formen der »Kunstform« belegen deshalb bei Bötticher konsequent alle Oberflächen des Bauwerks. Jedes bauliche Glied wird entsprechend seiner statischen und symbolischen Aufgabe mit einem ornamentalen Überzug versehen und verbirgt damit den konstruktiven Kern. Es entstand bei Bötticher die paradoxe Aussage, dass die »Kunstform«, indem sie die strukturell notwendige Architektur überdeckt, diese in einer symbolischen Sprache erst sichtbar werden lässt. Erst die Aussagen der »Kunstform« soll Architektur ihre poetische Dimension ermöglichen. Ein griechischer Tempel, gebaut aus rohen, kubischen Steinblöcken, entspräche dem Bild Böttichers vom »toten Mechanismus«.

Vergleicht man damit die Argumentation Winckelmanns, so wird der Unterschied zum frühen Klassizismus deutlich: Das zurückhaltende Dekor des Frühklassizismus, welches der Charakterisierung des Gebäudes diente und sich nicht immer zwangsläufig aus der statischen Struktur ableiten ließ, ist bei Bötticher einem rationalisierten Dekor gewichen, das seine Gestalt von innen nach außen entwickelt und sich flächendeckend ausbreitet.

So wie die Griechen in der Plastik am Körper jeden Gedanken an das Material Stein durch die Bearbeitung der Oberfläche überspielten, so sollte auch die Architektur zugunsten eines vitalen Ausdrucks ihren materiellen Charakter verlieren. Der Echinus, die Entasis der Säule oder die Kymatien tragen die inneren Kräfte auf eine Weise nach außen, wie es ein »nur« baukonstruktives Gebilde nie erreichte. In der Fähigkeit tektonische Ideen zu verkörpern, lag deshalb für Bötticher die Überlegenheit der hellenischen Formen begründet.

Eine enge und unmittelbare Koppelung der Formen an das statisch-strukturelle Gerüst ist der eigentliche Kerngedanke der *Tektonik*. Keine Architekturtheorie leistete diese Verflechtung vor Bötticher.

Die gesamte äußere Hülle des Gebäudes besteht aus einem Zeichensystem, welches sich dem Betrachter unmittelbar zuwenden sollte. Die mit der tektonischen Ornamentik formulierten Ideen sind bei Bötticher in keiner Weise willkürlich, sondern logisch ableitbar. Genau dieser Punkt war das revolutionäre Element, das Böttichers Theorie nach ihrer Veröffentlichung für viele wie eine Offenbarung wirken ließ. Die Ornamentik war nach ihm keine reine Oberflächengestaltung mehr, sondern stand in unmittelbarem Zusammenhang mit der inneren Struktur des Bauwerks. Zum ersten Mal war die Frage des architektonischen Ausdrucks ohne weltanschauliche Argumente, nur aus der Notwendigkeit der Konstruktion lösbar geworden.

Die

Tektonik der Hellenen.

Von

Karl Bötticher.

Des Körpers Form ist seines Wesens Spiegel!
Durchdringst du sie — löst sich des Räthsels Siegel.

Fünfundvierzig Kupfertafeln und vier Bücher Text.

Berlin.
Verlag von Ernst & Korn.
(Gropius'sche Buch- und Kunsthandlung.)
1862.

Nachweisung der Quellen denen die Beispiele in den Bildtafeln entnommen sind.

Tafel 1.

Fig. 1. a b c d e f Reale Demonstration.
 „ 2. Bruchstück. Fortsetzung von Normands Parallelen, Mauch.
 „ 3. Wie 1.
 „ 4. Eben so.
 „ 5. Desgleichen.
 „ 6. T. d. Nemesis zu Rhamnus. Stuart.
 „ 7. k wie Fig. 1. l. T. d. Pallas Eumias. Stuart.
 „ 8. Verschiedener Färbungsbeispiele, nach Mittheilungen von Schaubert.

Tafel 2.

Fig. 1. a Nemesis zu Rhamnus. Mosel.
 „   b reale Demonstration.
 „ 2. c, d Thurm des Hyrtheses zu Athen. Stuart.
 „   e, f Reale Demonstration zu 7.
 „   f Reale Demonstration des realen Profiles. 7 a Reale Demonstration des realen Profiles. 7 b Vorbilder.
 „ 3. Reale Demonstration der Syma Fig. 5.
 „ 4. Desgleichen in der sonstigen Ansicht, als Syma.
 „ 5. Syma.
 „ 6. Reale Demonstration zu 7.
 „ 7. Syma, g dessen plastische Darstellung.
 „ 8. Bruchstück. Ballabier. *Raccolta delle più insigni fabriche di Roma.*

Tafel 3.

Fig. 1. Von Gefäßen. Mosel.
 „ 2. Desgl.
 „ 3. —
 „ 4. —
 „ 5. —
 „ 6. Musée Bourbonico.
 „ 7. Jupiter Tonans. Ballabier. Mosel.

Fig. 8. Jupiter Tonans.
 „ 9. Bruchstück. Römische Bruchstücke. Tatham.
 „ 10. Bruchstück. Piranesi.
 „ 11. Desgl.
 „ 12. Leukhea. Stuart.
 „ 13. Pompeji. Zahn.
 „ 14. T. d. Theseus. Stuart.
 „ 15. Malerei auf Gefässen. Museum zu Berlin.
 „ 16. Desgl.
 „ 17. —
 „ 18. Räder des Titus.

Tafel 4.

Fig. 1. Tempel der Demeter zu Eleusis. Stuart. Die gemalte decorative Karakteristik restituirt.
 „ 2. Stuart.
 „ 3. T. d. Demeter zu Phigalea. Mauch Fortsetzung von Normand Parallelen. Die gemalte decorative Karakteristik restituirt.
 „ 4. Thurm des Hyrthestes zu Athen. Stuart.
 „ 5. T. d. Pallas Polias zu Athen. Stuart.
 „ 6. Parthenon.
 „ 7. Reale Demonstration zu Fig. 4.

Tafel 5.

Fig. 1. Marmorbruchstück. Mosel.
 „ 2. Nemesis zu Rhamnus. Stuart.
 „ 3. Bruchstück. Piranesi.
 „ 4. Desgl.
 „ 5. T. d. Jupiter Stator zu Rom. Ballabier.
 „ 6. Profil zu 3.
 „ 7. Bruchstück. 7 b Vorbilder.
 „ 8. Desgl.
 „ 9. Desgl.
 „ 10. Forum des Nerva. Stuart.
 „ 11. T. d. Jupiter Stator. Ballabier.
 „ 12. Bruchstück. Tatham.
 „ 13. Malerei von einem Gefässe im Museum zu Berlin.
 „ 14. Bronze. Mosel.
 „ 15. Desgl.
 „ 16. Marmor. Innwood.
 „ 17. Desgl.

Tafel 6.

Fig. 1. Bronze. Musée Bourbonico.
 „ 2. Pästum. Vorbilder.
 „ 3. Gefäß-Malerei. 3 a Bronze. Staffelberg.
 „ 4. Ebenso.
 „ 5. Ebenso. 5 a Demonstration.
 „ 6. Ebenso.
 „ 7. Ebenso.
 „ 8. Desgl.
 „ 9. Desgl. 9 a desgl.
 „ 10. Kalkstein. Königl. Museum zu Athen. Stuart.
 „ 11. Gefäßmalerei. Desgl.
 „ 12. T. d. Pallas Polias zu Athen. Stuart.
 „ 13. Phigalia.
 „ 14. Parthenon.
 „ 15. Portike des Philippus.
 „ 16. Portike zu Athen.
 „ 17. Pästum. Vorbilder.
 „ 18. Theseus.
 „ 19. Bruchstück. }
 „ 20. Desgl.   } Stuart.
 „ 21. Pästum. Vorbilder. x.
 „ 22. Piranesi.

Tafel 7.

Fig. 1. Bogen der Sergier zu Pola. Stuart.
 „ 2. Labranda. Innwood.
 „ 3. Pallas Polias zu Athen. Stuart.
 „ 4. Armring (Spira) aus Metall. Königl. Museum zu Berlin.
 „ 5. Stratonitia.
 „ 6. Bruchstück. Stuart.
 „ 7. Von einem Gefässe. Museum zu Berlin.
 „ 8. Mosel.
 „ 9. Erechtheion. Innwood.
 „ 10. Römisches Fragment. Tatham.
 „ 11. Gefäß. Mosel.
 „ 12. Gefäß. Vorbilder x.
 „ 13. Desgl.
 „ 14. Gefäß. Mosel.

Fig. 15. Bruchstück, geputzt und bemalt. Museum Bosc. Mitgetheilt von Schoepp.
 „ 19. Desgl.
 „ 20. Marmor. Piranesi.
 „ 21. Wie 18.
 „ 22. Marmor. Innwood.
 „ 23. Pompeji. Zahn.
 „ 24. T. des Theseus. Stuart.
 „ 25. Bronze. Mosel.
 „ 26. Wie 22.
Zu bemerken ist daß 22 und 26 abgewickelt oder auf die Ebene projicirt gezeichnet sind.

Tafel 8.

Fig. 1. Vorbilder.
 „ 2. }
 „ 3. }
 „ 4. } Piranesi.
 „ 5. }
 „ 6. }
 „ 7. —
 „ 8. Musée Bourbonico.
 „ 9. Mosel.
 „ 10. Im Bourbonischen Museum. Mitgetheilt durch Schoepp.

Tafel 9.

Fig. 1. Tempel am Ilissus.
 „ 2. T. des Apollo zu Didymä. Stuart.
 „ 3. Jupiter Tonans. Ballabier.
 „ 4. Desgl.
 „ 5. Stuart.
 „ 6. Mosel.
 „ 7. Bogen des Titus und Septimius Severus. Pantheon.
 „ 8. T. des Bacchus auf Teos.
 „ 9. Erechtheion. Innwood.
 „ 10. Fragment. Stuart.
 „ 11. T. der Pallas Polias zu Athen. Mitgetheilt von Schaubert in Athen.
 „ 12. Desgl.
 „ 13. —
 „ 14. —
 „ 15. T. der Pallas Polias zu Priene. Stuart.
 „ 16. Desgl.
 „ 17. Im Bourbonischen Museum. Mitgetheilt durch Schoepp.

Tafel 10.

Fig. 1. Vorbilder.
 „ 2. Mosel.
 „ 3. Musée Bourbonico.
 „ 4. Desgl.
 „ 5. Piranesi.
 „ 6. Stuart.
 „ 7. Piranesi.
 „ 8. Musée Bourbonico.
 „ 9. Mosel.
 „ 10. Vorbilder.
 „ 11. Mosel.
 „ 12. Desgl.
 „ 13. Staffelberg.
 „ 14. Desgl.

Tafel 11.

Fig. 1. Mapod.
 „ 2. Piranesi.
 „ 3. Musée Bourbonico.
 „ 4. Staffelberg.
 „ 5. Piranesi.
 „ 6. Vorbilder.
 „ 7. Mosel.
 „ 8. Musée Bourbonico.
 „ 9. Mosel.
 „ 10. Desgl.
 „ 11. Mosel.
 „ 12. Staffelberg.

Tafel 12.

Fig. 1. Decker-Fuß. Staffelberg.
 „ 2. Piranesi.
 „ 3. Desgl.
 „ 4. Aus Alois Marini Ausgabe des Vitruv.

Fig. 5. Pantheon. Piranesi.
 „ 6. Marmor. Mosel.
 „ 7. Piranesi.
 „ 8. Desgl.
 „ 9. T. d. Theseus. Stuart.

Tafel 13.

Fig. 1. Tempel des Theseus. Stuart.
 „ 2. Propyläen zu Eleusis. Stuart.
 „ 3. Aus dem Werke von Innwood: das Erechtheion.
 „ 4. Ebenso.
 „ 5. Tempel des Jupiter Stator zu Rom. Ballabier.
 „ 6. Desgl.
 „ 7. —
 „ 8. Desgl. Tempel der Vesta zu Tivoli.
 „ 9. Apollo Tempel zu Bassä bei Phigalia. Stuart.
 „ 10. T. des Nemesis zu Rhamnus.
 „ 11. Sogenannter Bogen d. Theseus, Triumphbogen des Hadrian zu Athen.
 „ 12. Bogen des Hadrian. Rom. Normand *Parallèles etc.*
 „ 13. Ruinen zu Ephesos. Stuart.
 „ 14. Wasserleitung d. Hadrian. Stuart.
 „ 15. Piranesi *Le Antichità Romane*. Auch in den Thermen des Dioklezian.

Tafel 14.

Fig. 1. Mosel.
 „ 2. Dorbon. Museum.
 „ 3. Desgl.
 „ 4. Mosel.
 „ 5. bis 9. Vorbilder.
 „ 10. Nach der Natur gezeichnet. Hyeraklion Stamm.

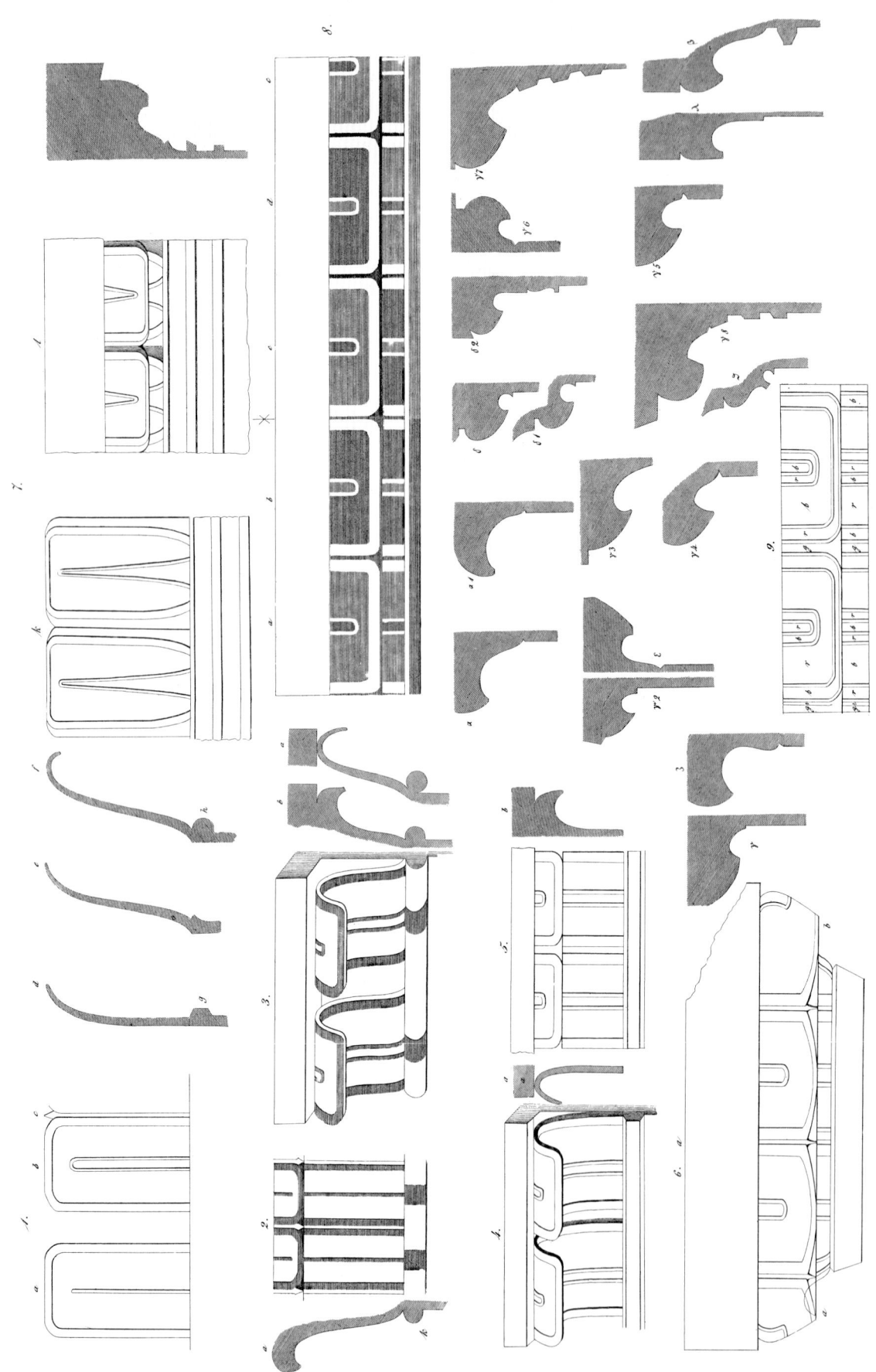

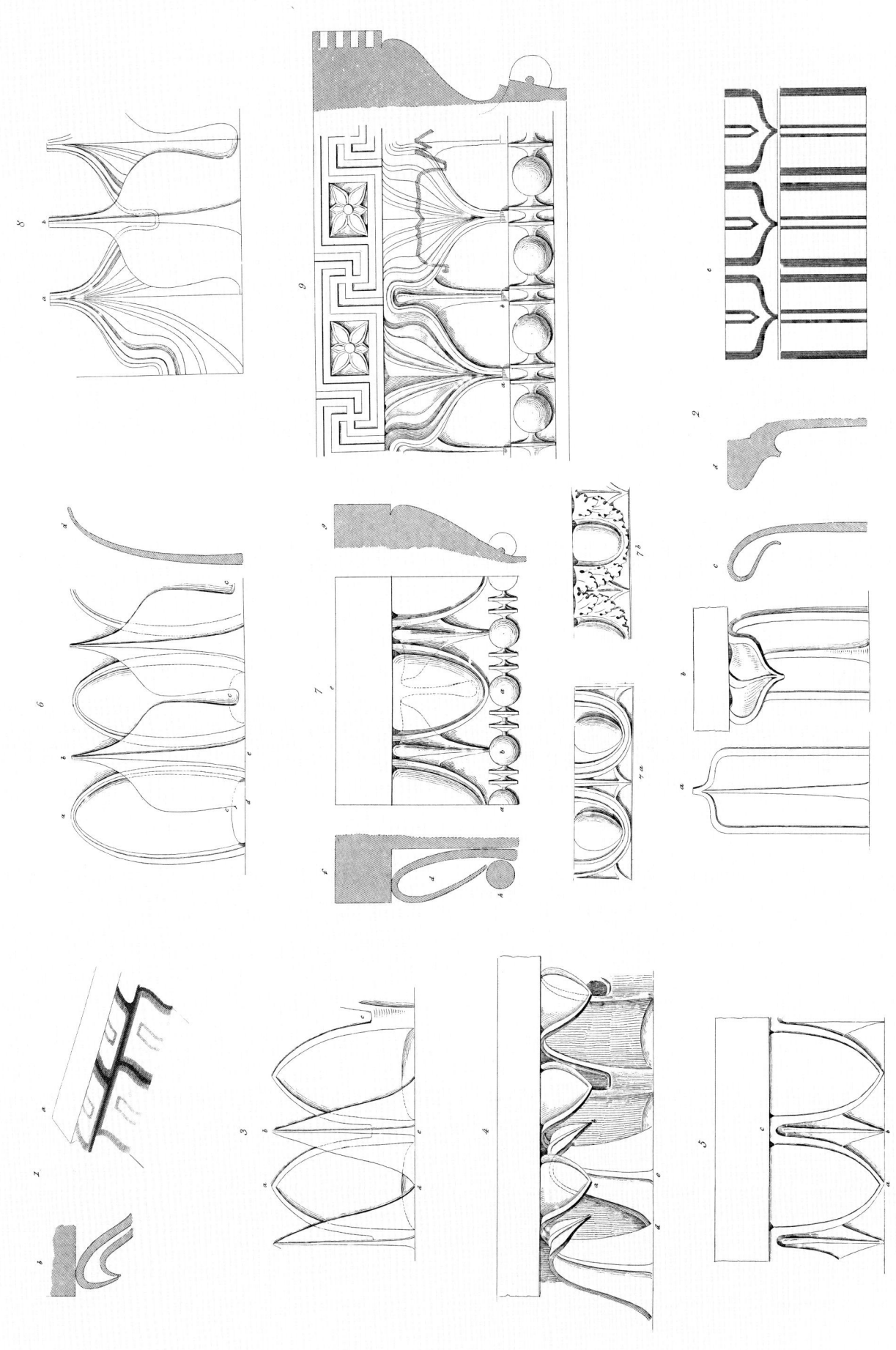

Tafel 2: Herleitung des dorischen, ionischen und lesbischen Kymas

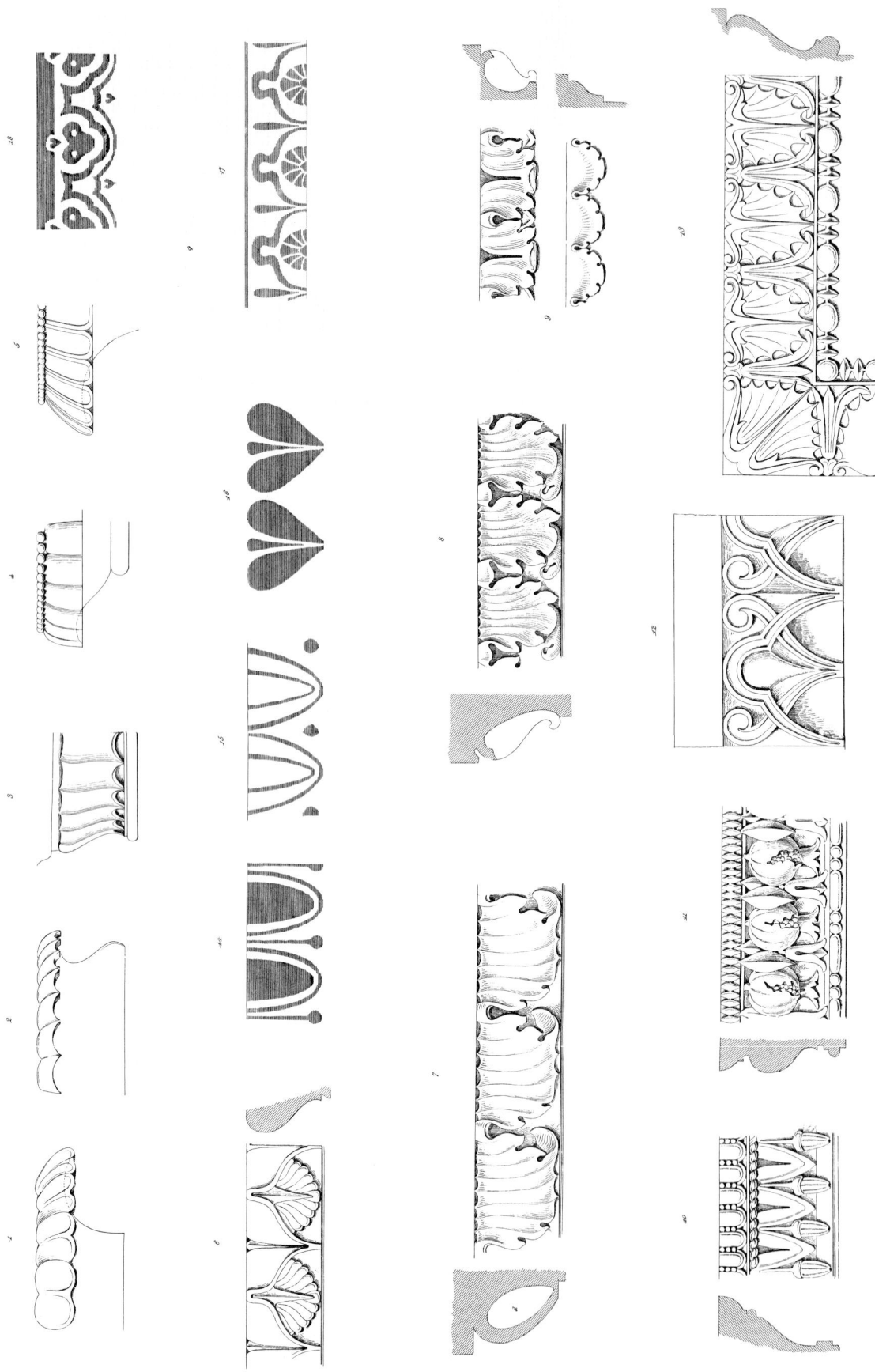

42　Tafel 3: Abstrakte und naturalistische Kymasymbole

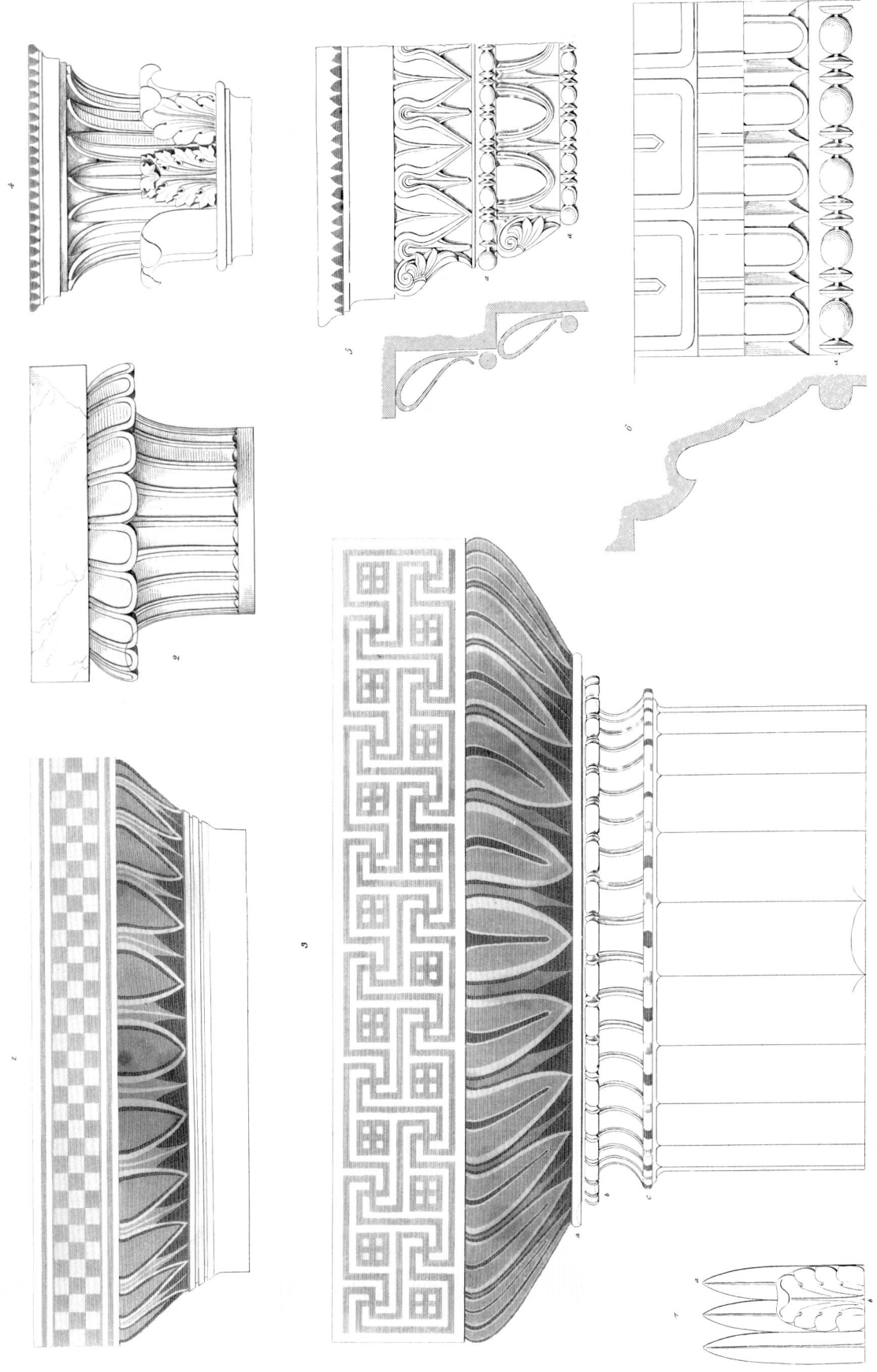

Tafel 4: Herleitung des dorischen Kapitells

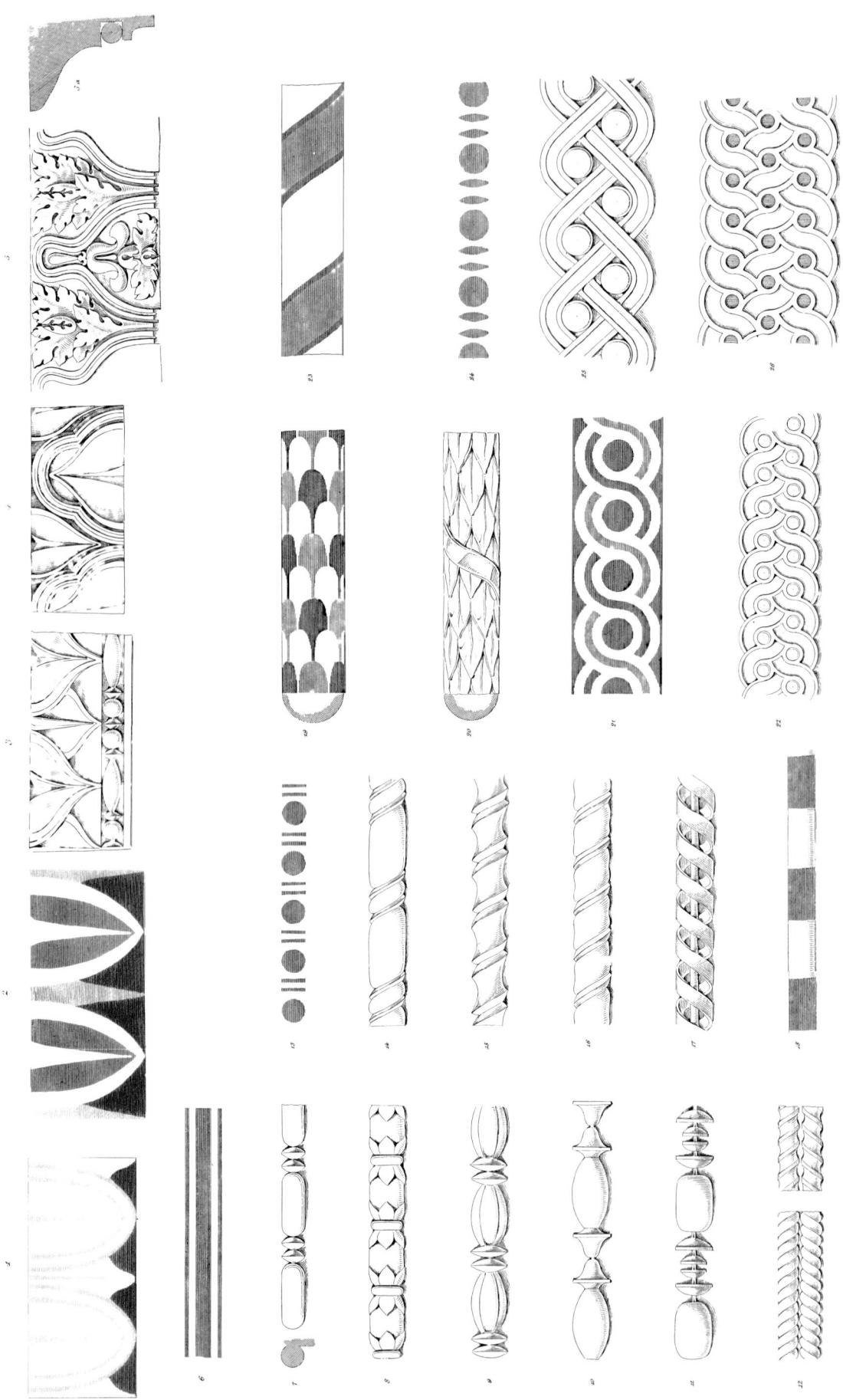

44 Tafel 5: Kymas, Bänder, Toren und Astragale in plastischer und malerischer Ausführung

Tafel 6: Diazomas in plastischer und malerischer Ausführung

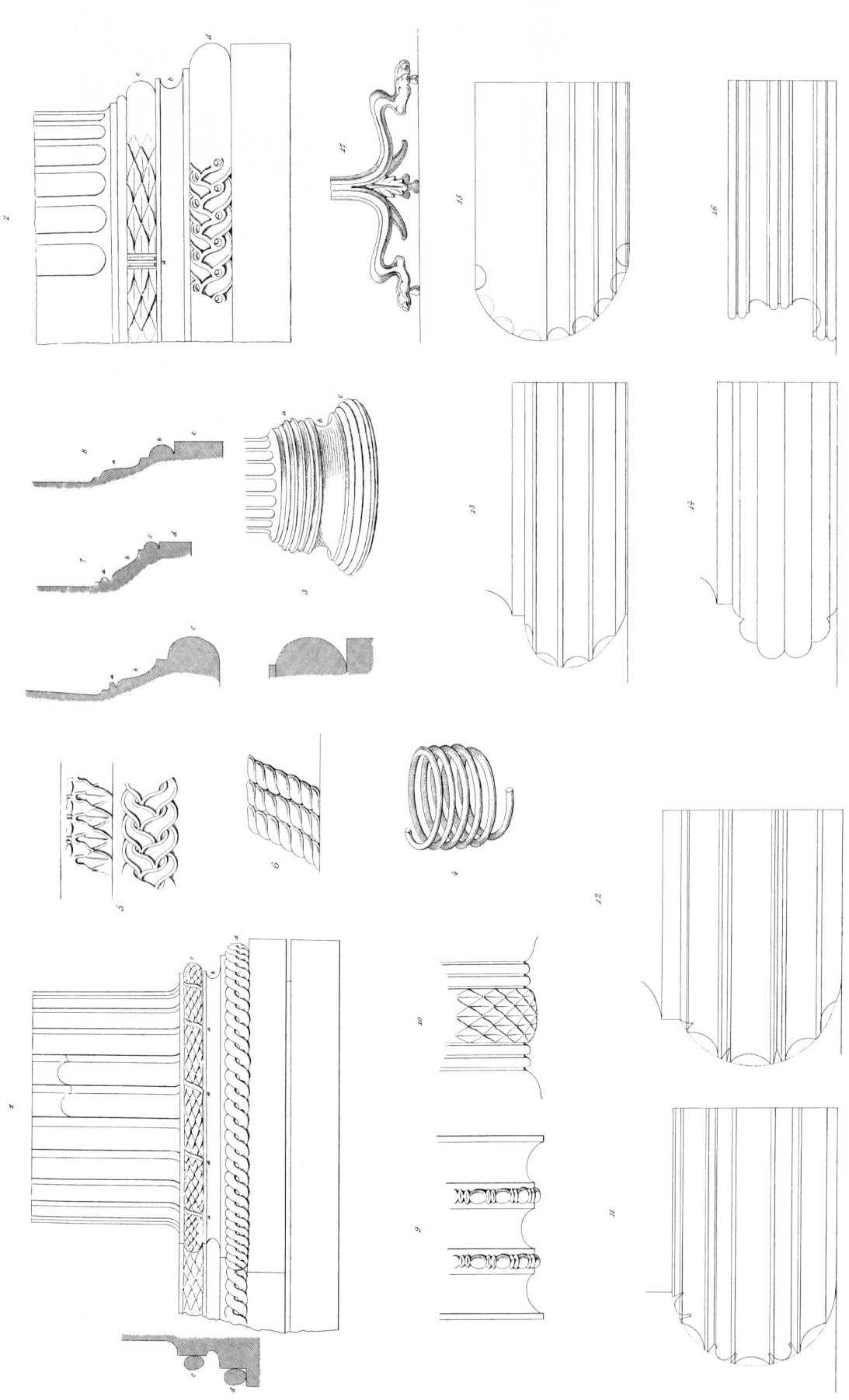

Tafel 7: Ornamentik der Säulenbasis

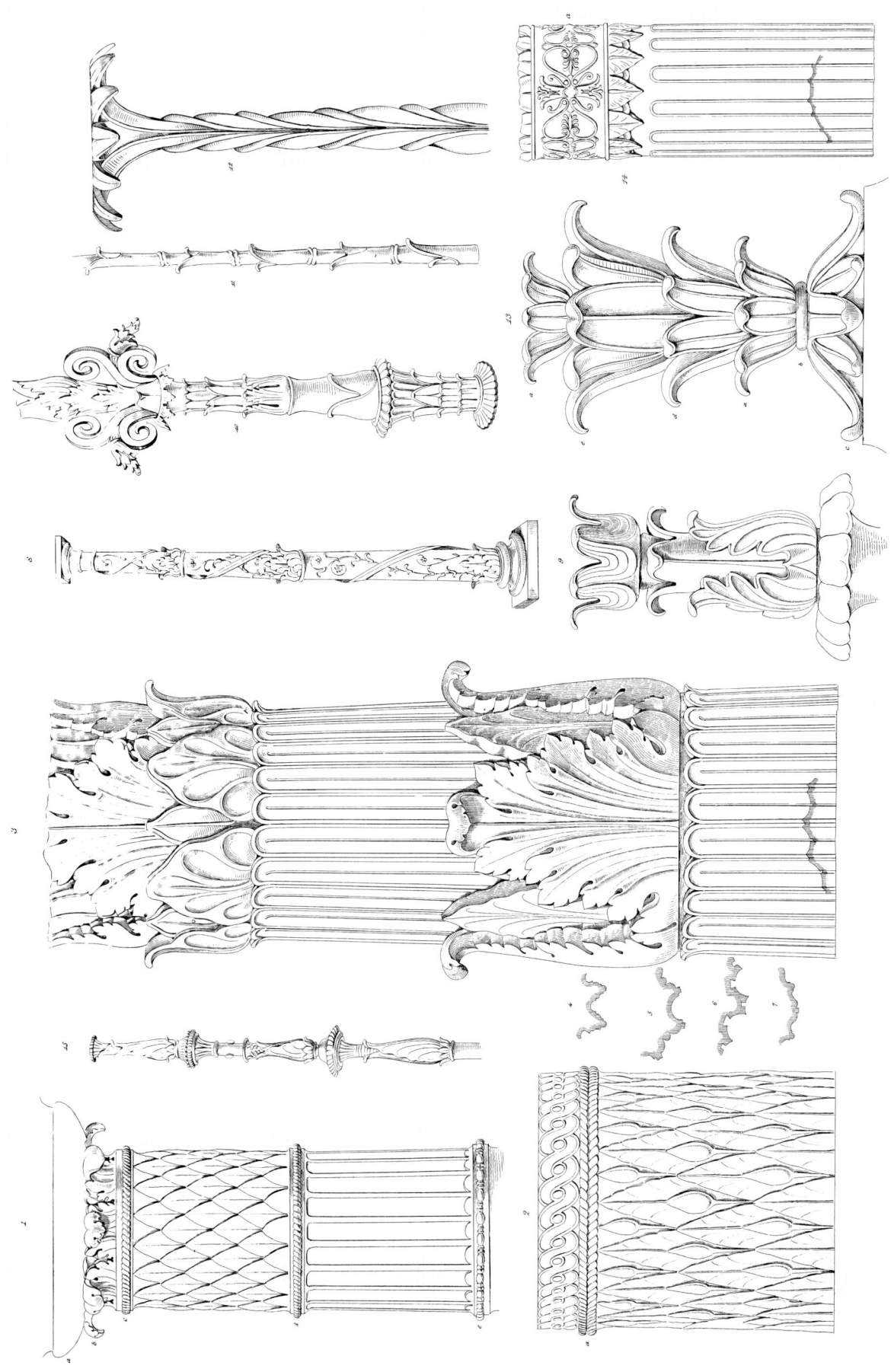

Tafel 8: Naturalistische Ornamentik an Säulenstämmen

48 Tafel 9: Formen der Lysis

Tafel 10: Ornamentik von Basen, Amphoren und Diazomas

Tafel 12: Ornamentik von Basen und Diazomas

52 Tafel 13: Guttae und andere hängende Ornamentik

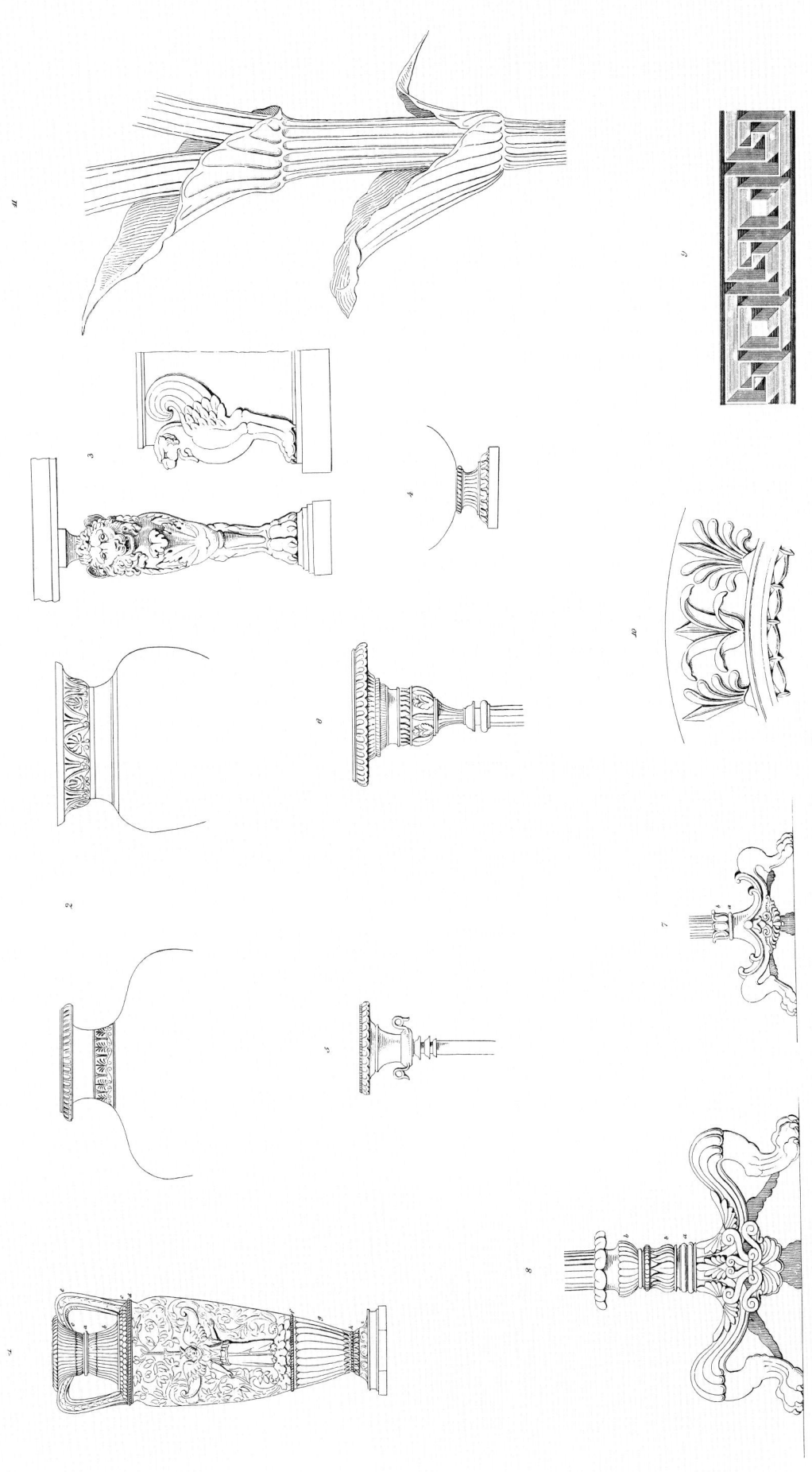

Tafel 14: Ornamentik der Geräte, Doldenpflanze

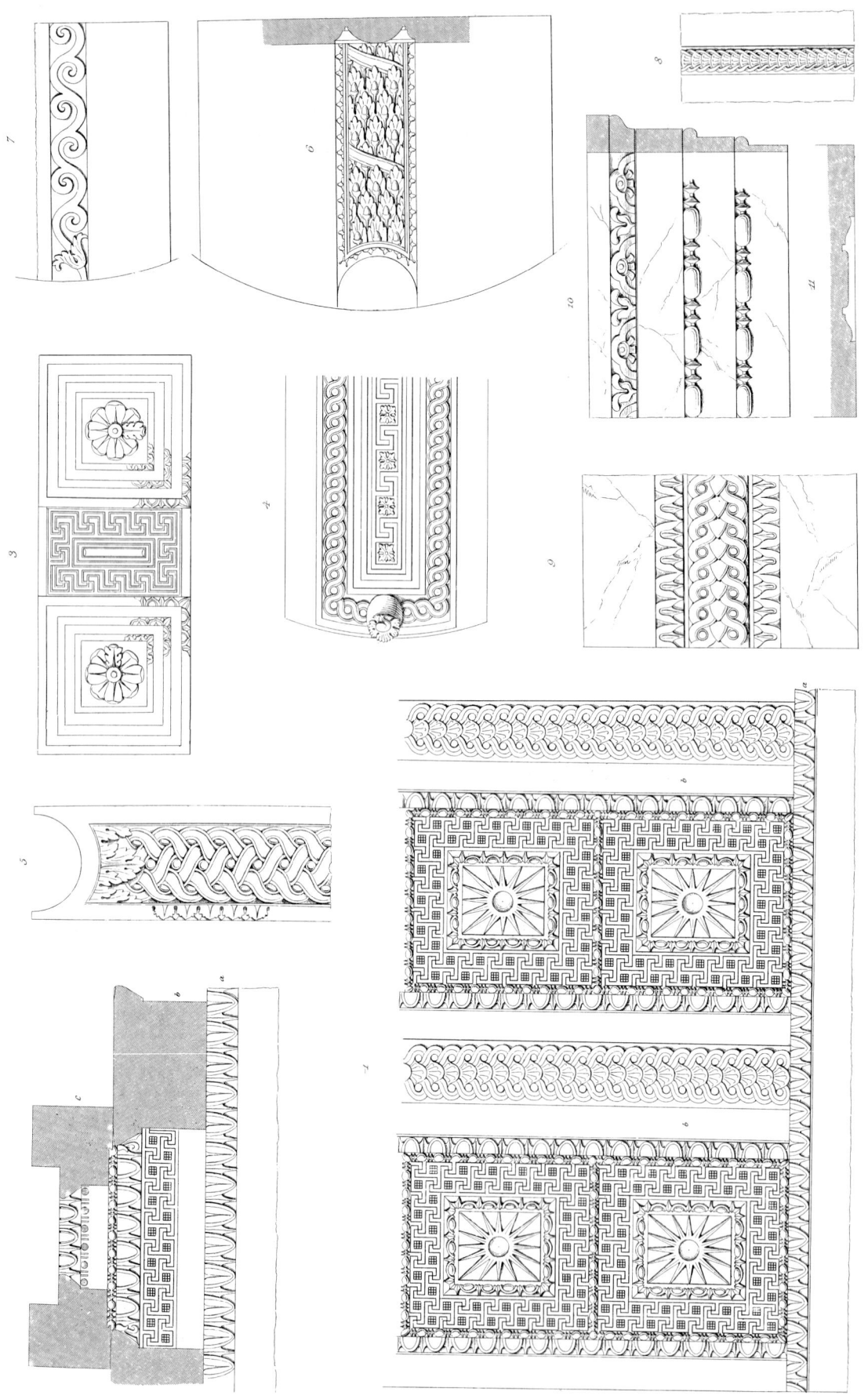

Tafel 15: Decke eines Portikus des Erechtheion (1/2)

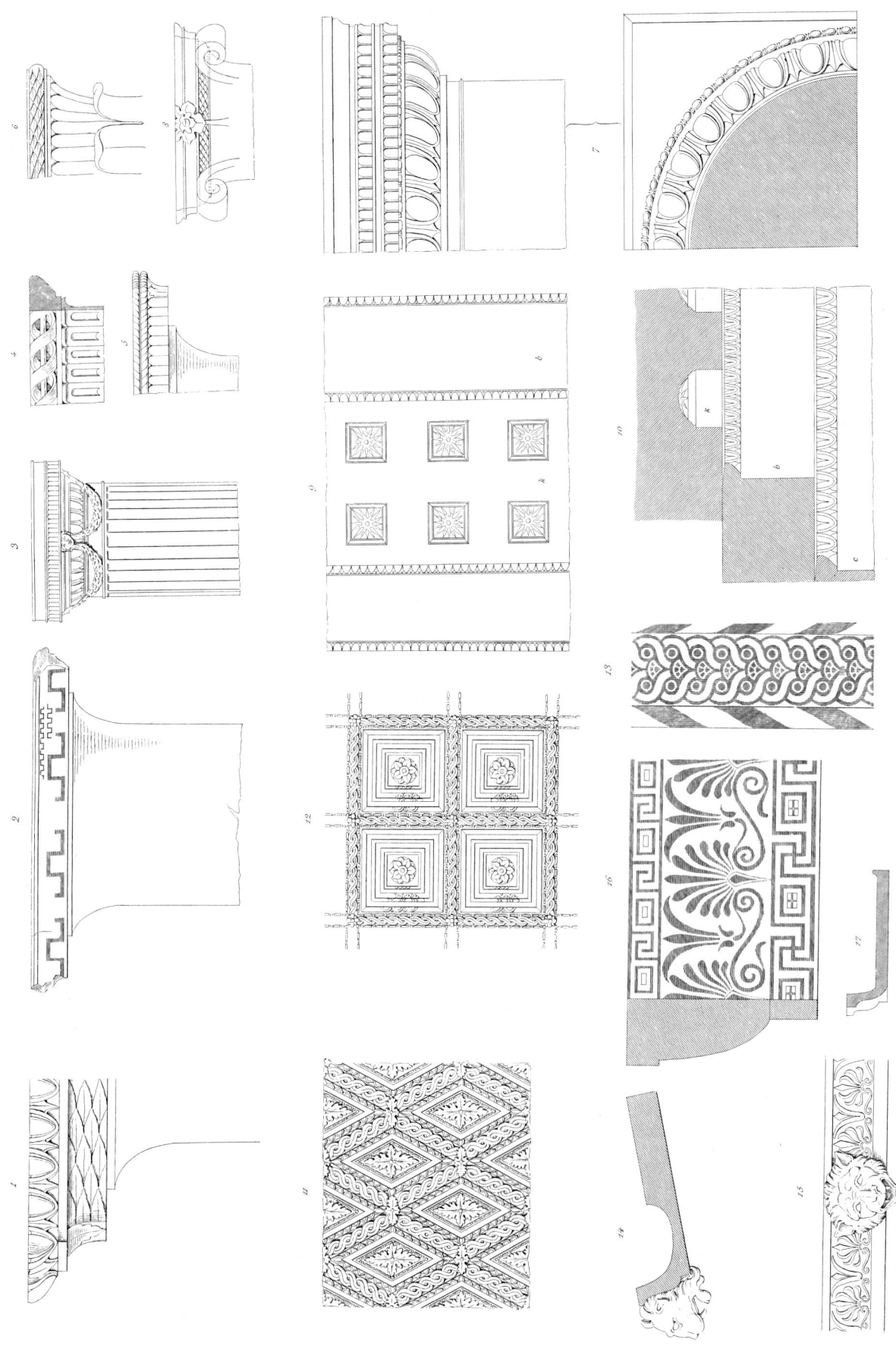

Tafel 16: Decke eines Portikus der Nike Apteros auf der Akropolis (9/10)

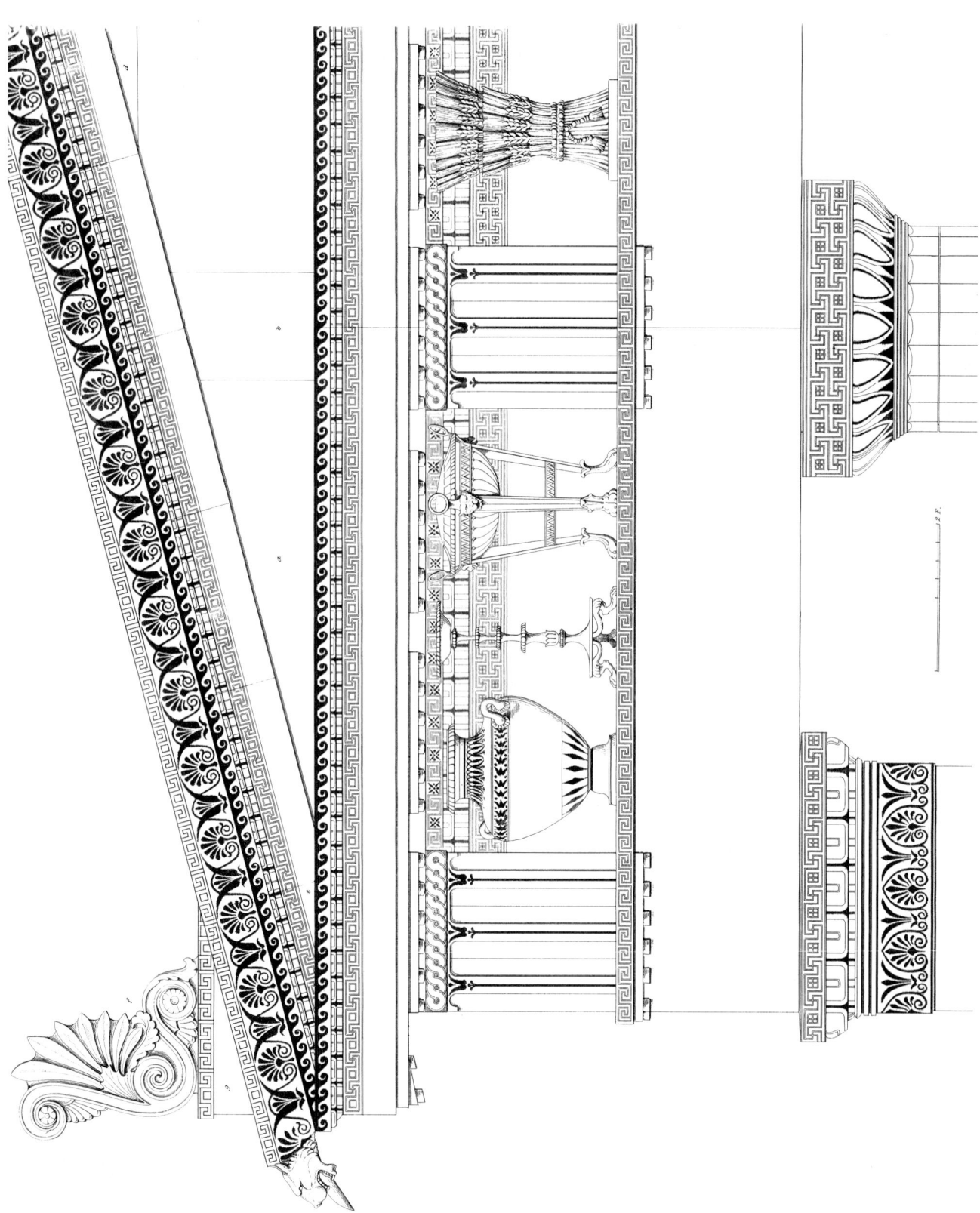

Tafel 18: Idealisierter Monotriglyphentempel (Gebälk, Dach und Ante)

Tafel 19: Idealisierter Monotriglyphentempel (Deckenuntersicht)

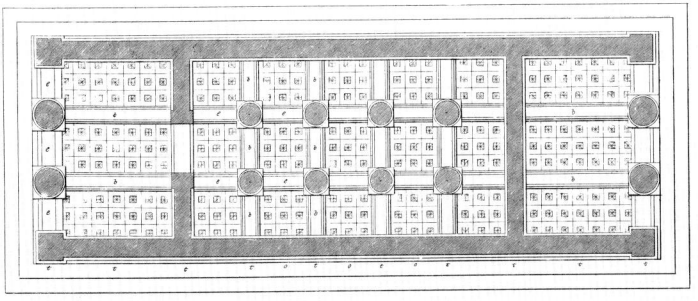

Tafel 20: Idealisierter Monotriglyphentempel

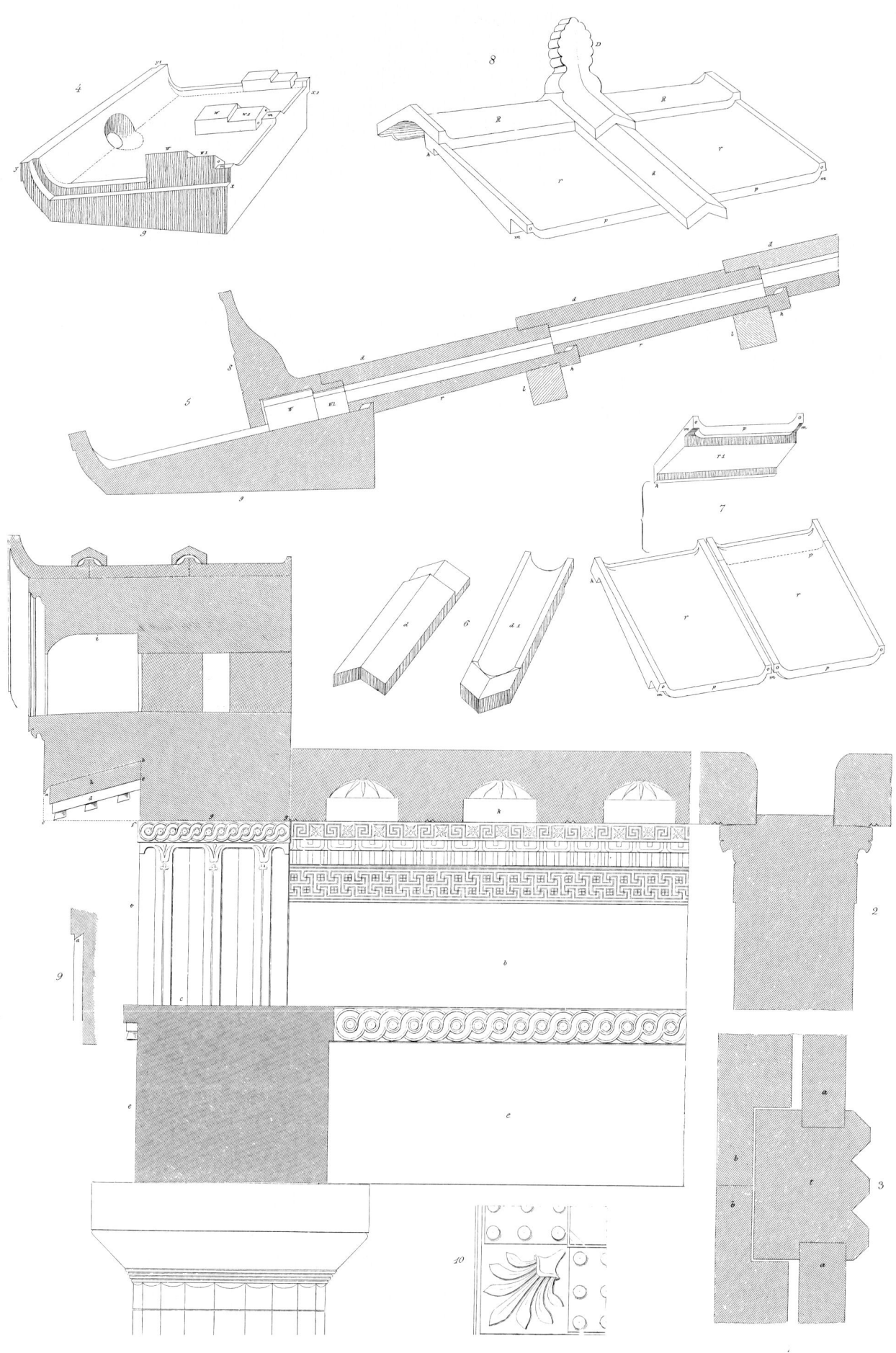

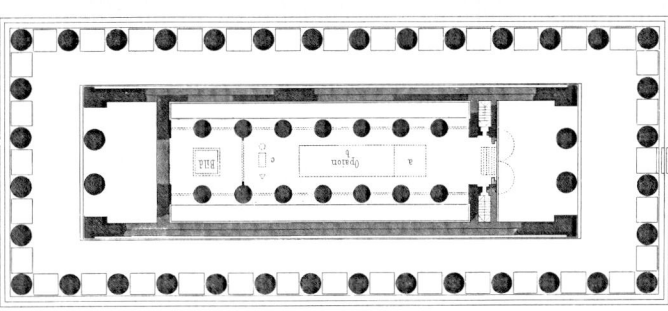

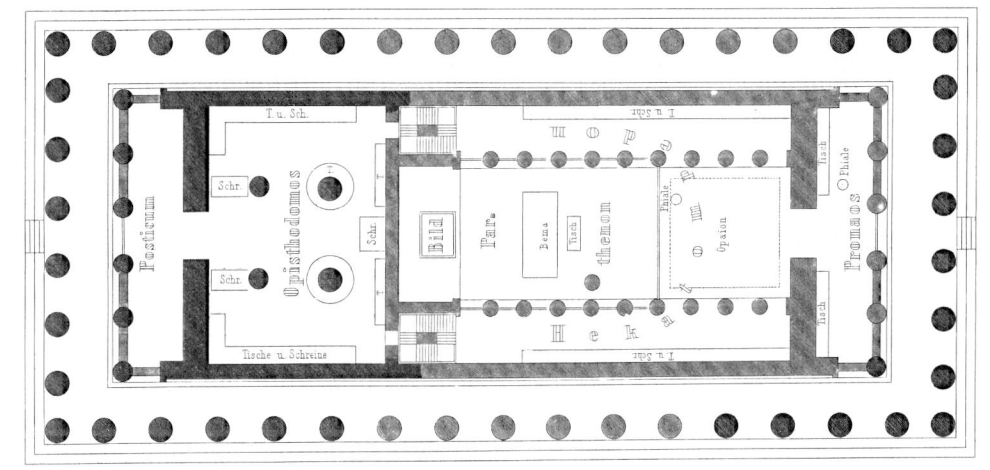

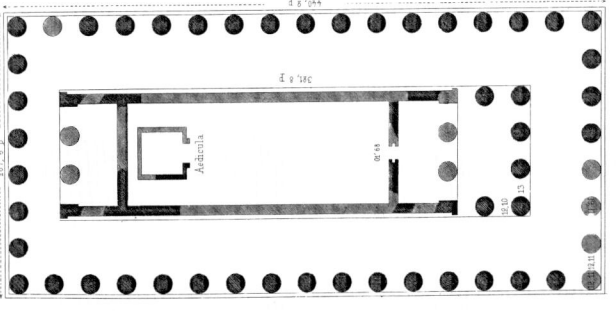

Tafel 22: Grundriss des Parthenon (2), Grundriss des Neptuntempels, Paestum (3)

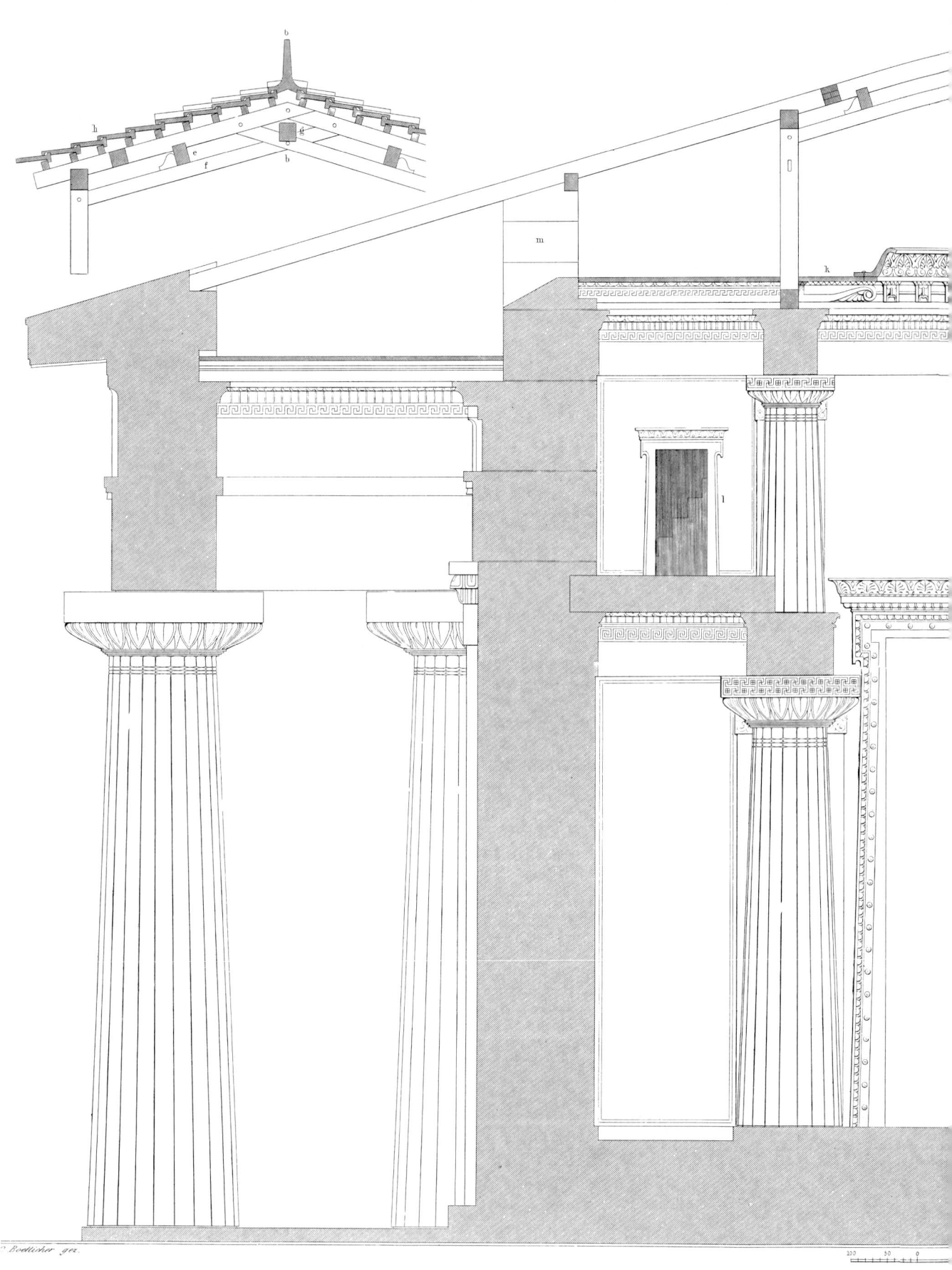

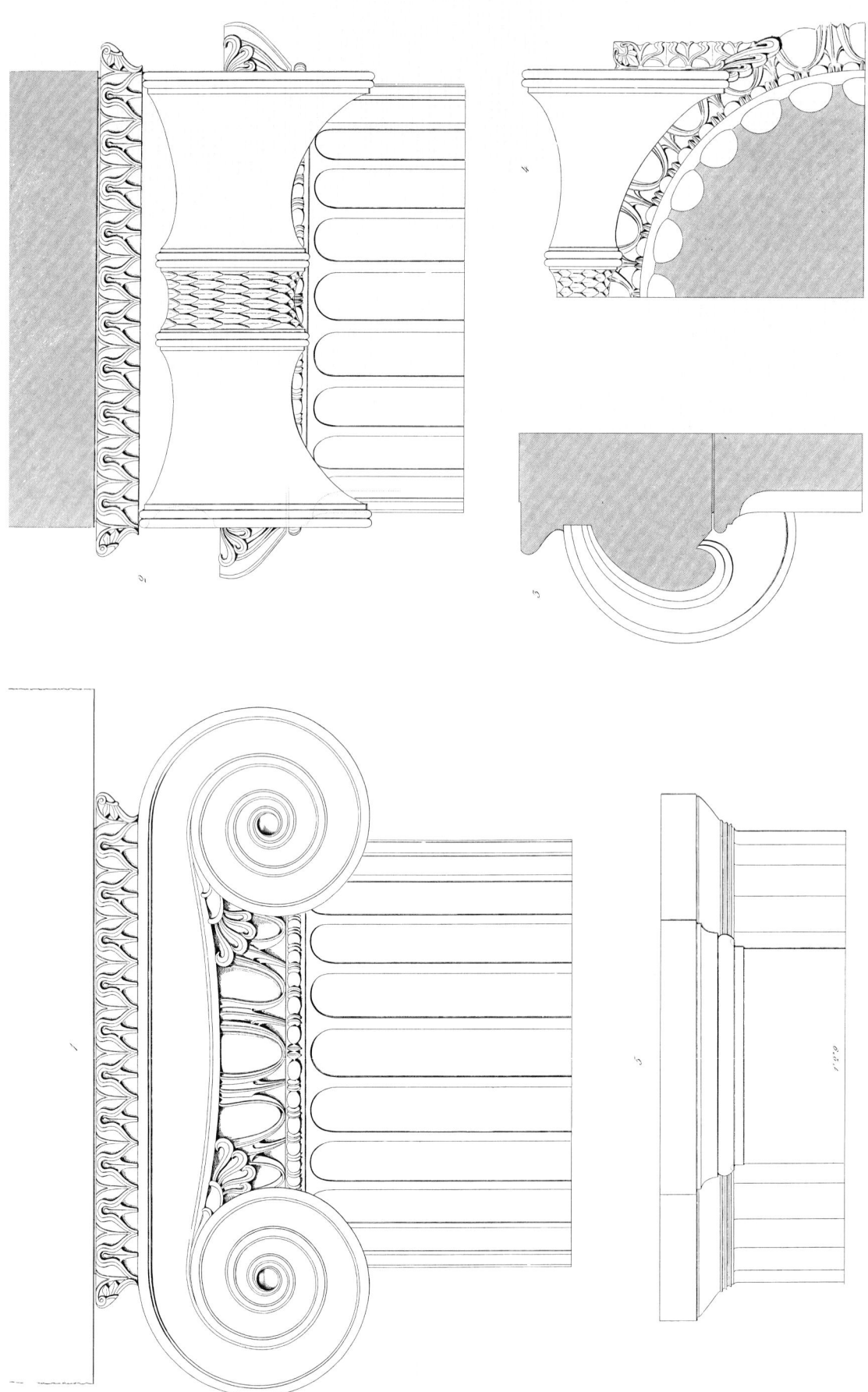

64 Tafel 28: Ionisches Doppelkapitell, dorisches Doppelkapitell (5)

Tafel 32: Ionische Gebälkteile (2: Tempel zu Priene)

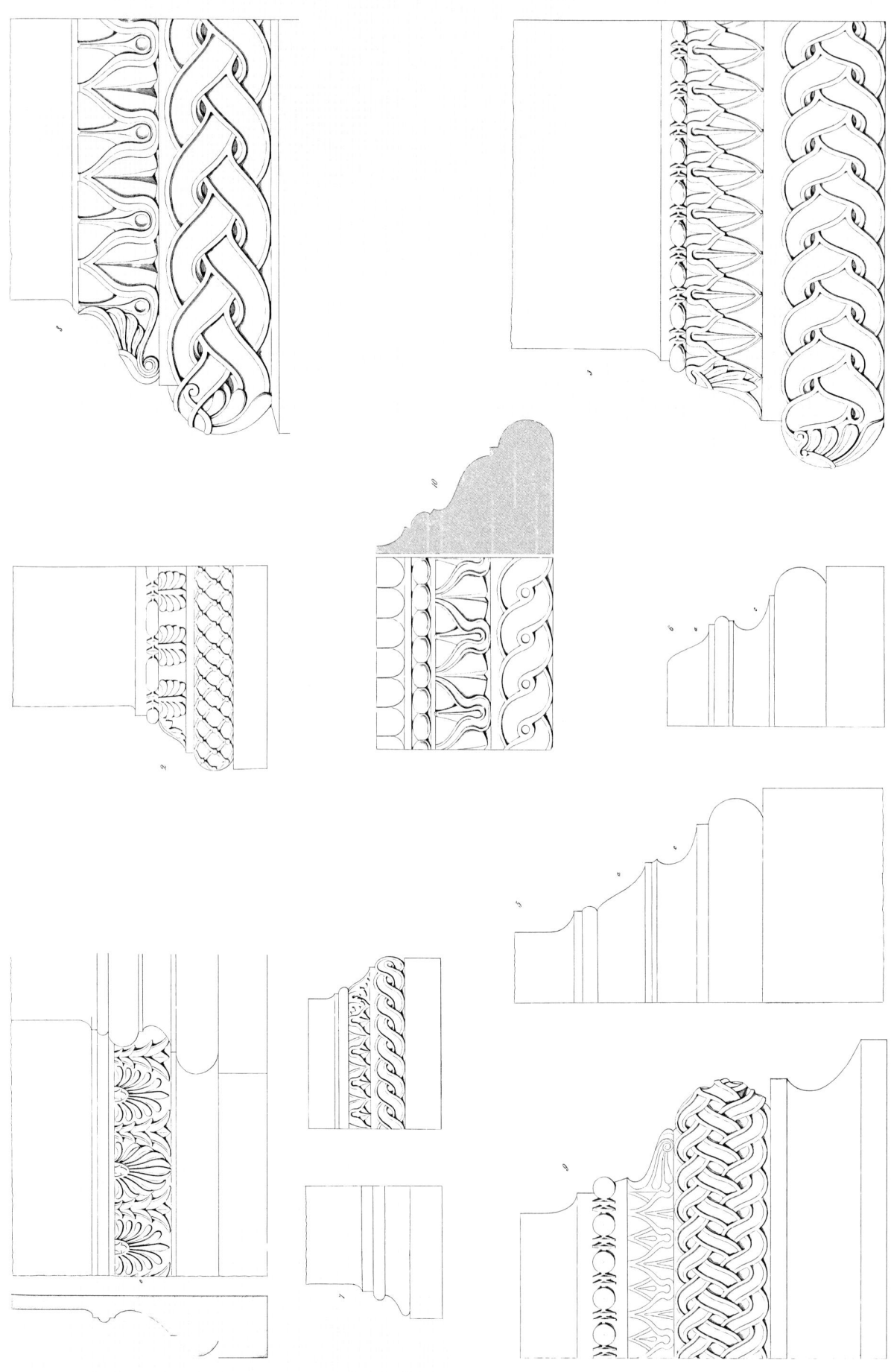

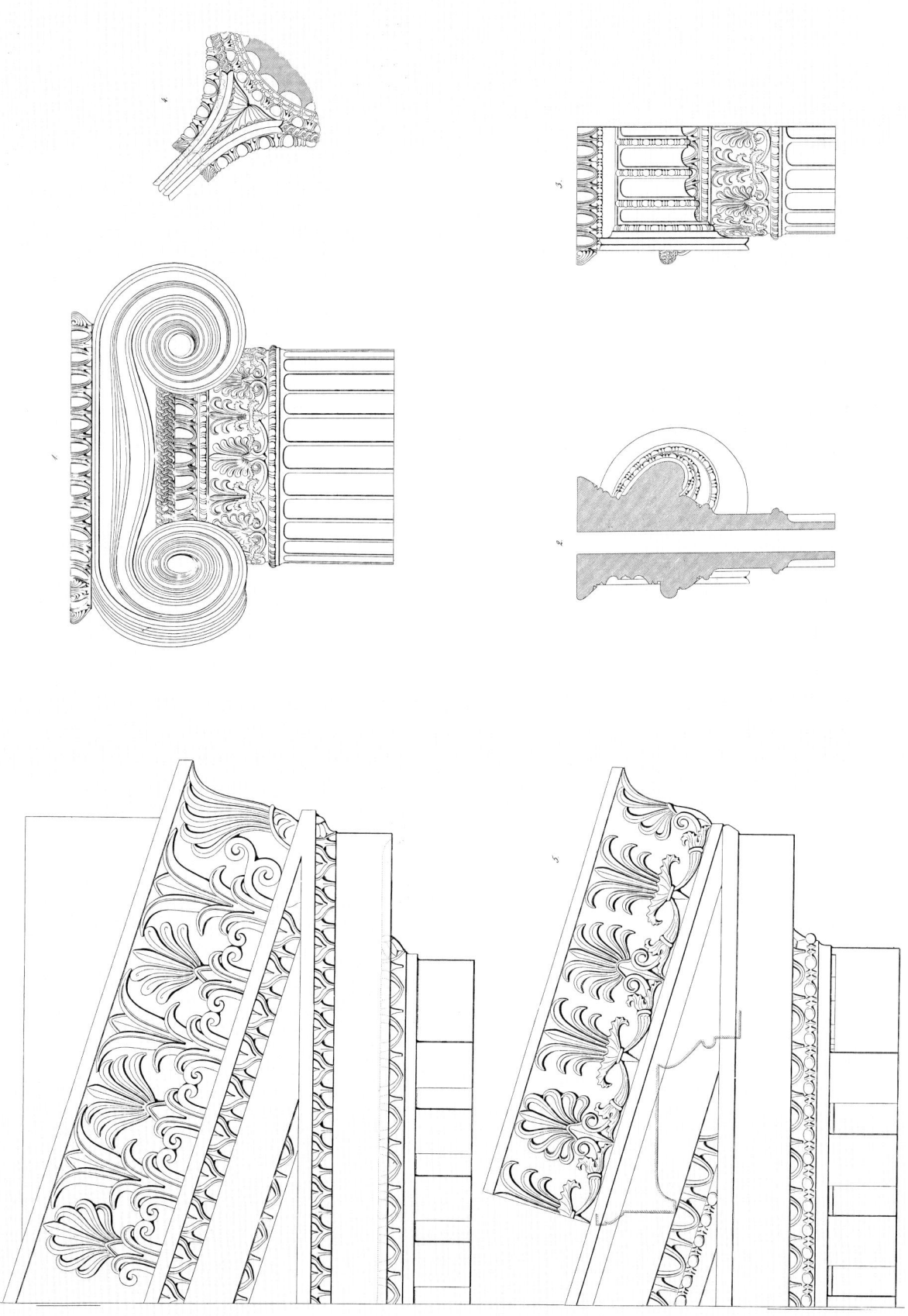

Tafel 40: Attisch-ionische Architekturteile

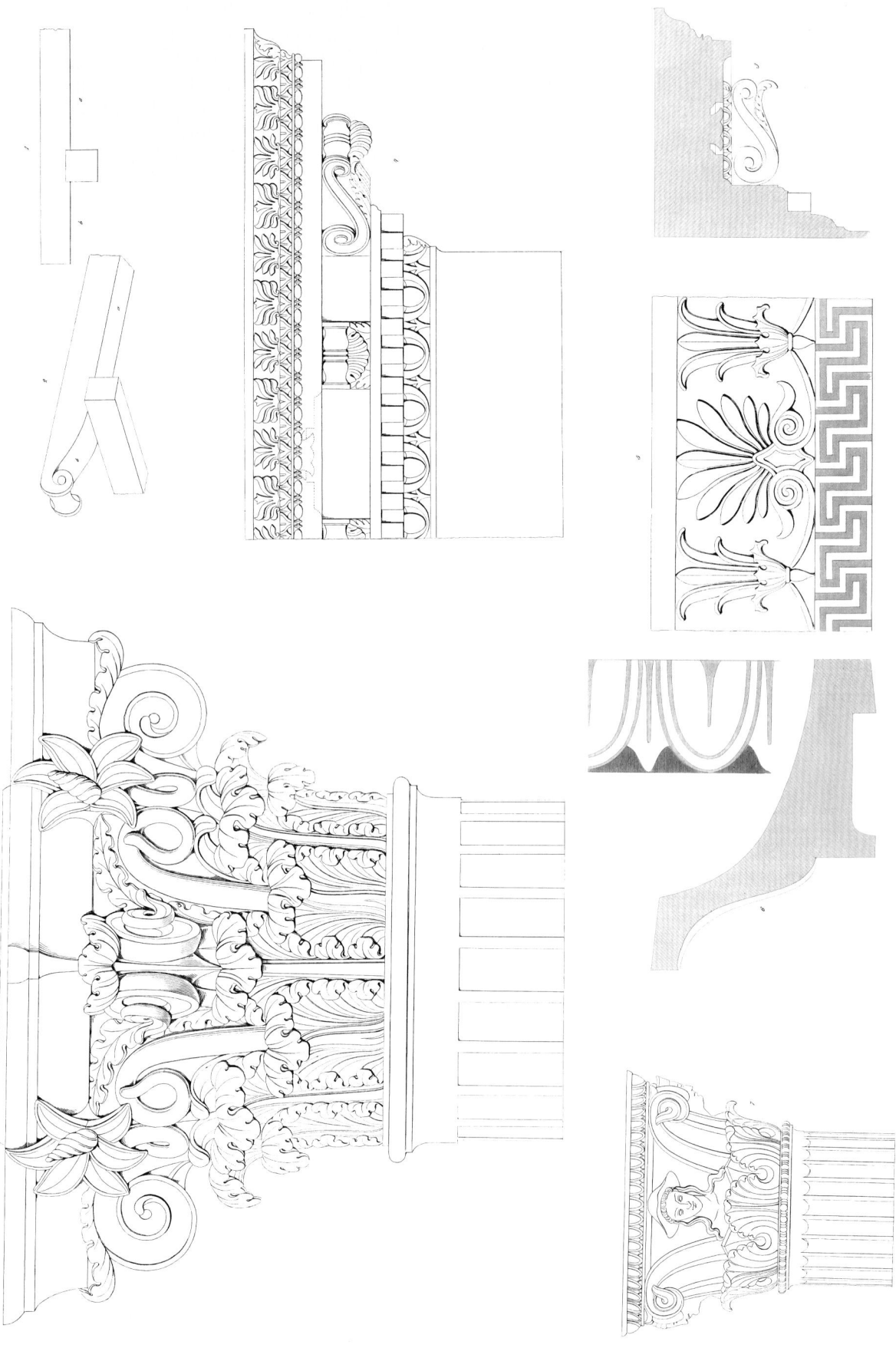

68 Tafel 44: Korinthische Architekturteile

Tafel 45: Korinthische Architekturteile

4. Architekturtheorie und Archäologie

Die Kontinuität der architekturtheoretischen Schriften seit der Renaissance basierte vor allem auf der als grundlegend anerkannten Schriften Vitruvs, der einzig erhaltenen Gesamtdarstellung der antiken Baukunst. Die Autorität Vitruvs und der vitruvianischen Säulenordnungen hatte jedoch schon zu Beginn des 17. Jahrhunderts an Einfluss verloren und verblasste danach immer mehr.[296]

Ursache war die kritische Auseinandersetzung der Aufklärung mit den überlieferten Texten und Autoritäten. In Frankreich stand François Blondel (1617–1689) mit seiner normativen Proportionslehre für die vitruvianische Richtung. Proportion war für Blondel der Schlüssel und zugleich das unumstößliche Richtmaß architektonischer Gestalt. Die Säule mit ihren Proportionen stand für ihn in einem analogen, humanistisch begründeten, Verhältnis zum menschlichen Körper. Sein Gegenspieler war Claude Perrault (1613–1688), Vertreter einer relativistischen Architekturästhetik. Im Kommentar seiner Vitruv-Übersetzung unterhöhlte Perrault die normativ gesetzten Proportionsregeln und führte sie auf Gewohnheit und Tradition zurück.[297] Der Konflikt zwischen kanonisierter Tradition und der Kritik der Aufklärung ging als »Querelle des Anciens et Modernes« in die Architekturgeschichte ein. Der normative Anspruch des »Beau absolut« verlor an Einfluss zugunsten des »Beau relatif«.[298]

In den deutschen architekturtheoretischen Schriften, die nach der Übersetzung Vitruvs durch Rode[299] erschienen, ist Vitruv als einzige umfassende Quelle zur antiken Architektur immer noch von großem Einfluss.[300] Die Quelle Vitruv wurde jedoch kritisch interpretiert und, wenn nötig, wurde ihr auch widersprochen. Mit eine Ursache war, dass eine ältere Autorität, die griechische Antike, an Bedeutung gewonnen hatte. Im weiteren Prozess verlor Vitruvs Architekturmodell zunehmend an Einfluss und wurde durch andere Modelle und Erklärungsmuster antiker Architektur ersetzt. Böttichers *Tektonik* stellt einen Abschluss dieses Prozesses dar.

Im folgenden Kapitel werden die Beziehungen und entscheidenden Unterschiede zu den beiden wichtigsten Vorgängerwerken von Böttichers *Tektonik*, Aloys Hirts *Baukunst nach den Grundsätzen der Alten* und Johann Heinrich Wolffs *Beiträge zur Ästhetik der Baukunst*, herausgearbeitet. Hirts Werk war als ein Lehrbuch der Architektur entworfen worden, an das sich Böttichers *Tektonik* der Intention nach anschloss.

In Zusammenhang mit den Auseinandersetzungen über die Genese und Interpretation des griechischen Tempels, in der Böttichers These von der Zeltanalogie den Abschluss einer spekulativen Diskussion bildet, werden die Thesen von Laugier, Genelli und Hübsch als dessen Vordenker herangezogen.

4.1. Aloys Hirt und Karl Bötticher

Böttichers Tektonik kann als Anknüpfung an Hirts *Die Baukunst nach den Grundsätzen der Alten* gelesen werden. Nach Hirts Publikation erschien keine weitere Untersuchung, die sich in gleicher Breite mit der antiken Architektur beschäftigte. Die Antike hatte schon zur Zeit Hirts das Faszinierende des unmittelbar Neuen verloren. Archäologische Expeditionen nach Griechenland rückten bereits in der zweiten Hälfte des 18. Jahrhunderts die originale griechische Architektur in den Mittelpunkt des Interesses. Die entstandenen Bauaufnahmen wurden durch Publikationen von J. Stuart, N. Revett, R. Wood, Piranesi[301] und anderen einem breiteren Publikum zugänglich und dienten auch Hirts Arbeit als Vorlagewerke.

Aloys Hirt (1759–1837) war ein Mann des Übergangs und gehörte von seiner Geisteshaltung her noch ins 18. Jahrhundert. Er verfügte über eine breite klassische Bildung und verbrachte 14 Jahre (1782–96) als Antikenforscher und »Cicerone« in Rom.

Für die Berliner Architekturszene um 1800 und später war Hirt eine zentrale Figur. Als Lehrer an der Bauakademie unterrichtete Hirt sowohl Schinkel[302] als auch Klenze. Hirt, von der Ausbildung her Jurist und Philologe, entfaltete vor allem als Architekturtheoretiker eine breite Wirksamkeit. Die detaillierte Kenntnis der römischen Architektur verlieh seinen Aussagen die nötige Autorität. Er gehörte 1810 zu den Mitbegründern der Berliner Universität und war Mitglied an der Akademie der Wissenschaften, Lehrer an der Akademie der Künste und an der Bauakademie.

Hirt war zeit seines Lebens vom Primat der griechisch-römischen Architektur überzeugt. Die antike Architektur sollte deshalb für ihn als Vorbild einer zukünftigen Architektur dienen. Mit seinem Werk *Die Baukunst nach den Grundsätzen der Alten* stellte er systematisch seine Kenntnis zur antiken Architektur in einem Lehrbuch zusammen.

1. Aloys Hirt, dorische Ordnung des Jupitertempels zu Nemea mit Proportionsmaßen.
2. Aloys Hirt, architektonische Glieder.
(Aus: Aloys Hirt, *Die Baukunst nach den Grundsätzen der Alten*, Berlin 1809.)

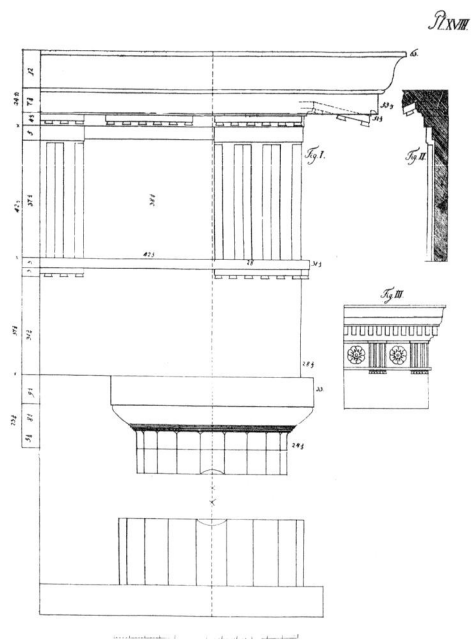

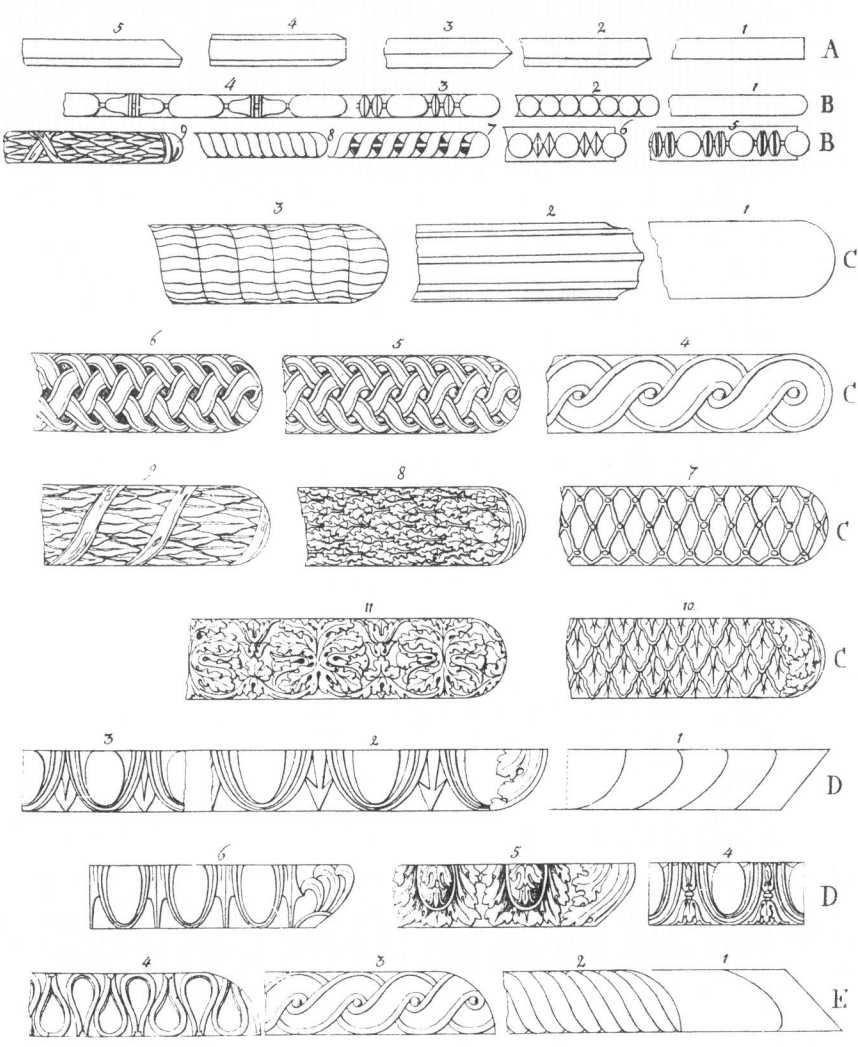

Die Begründung durch antike Zeugnisse ist für Hirts und später Böttichers Architekturtheorie charakteristisch. Beide verwendeten ausschließlich antike Quellentexte.

Neben Plinius bezog sich Hirt vor allem auf Vitruvs 10 Bücher zur Architektur.[303] Er stellte, soweit möglich, seinen Detailuntersuchungen die antiken Texte voran.

Hirts Charaktertheorie übernahm die von Vitruv überlieferten Klassifizierungen der Säulenordnungen und fügte ihnen psychologische Momente hinzu.[304] Die einzelnen Architekturglieder, verbunden mit der entsprechenden Verzierung, bewirken bei Hirt den für ihn so wichtigen »Charakter« des Bauwerks.[305]

Mit dem Begriff der »Charakteristik« wollte Hirt jedoch mehr bezeichnen als nur ein psychologisches Moment. Vom Prinzip her war der Begriff der »Charakteristik« für ihn die Zusammenfassung der Grundbegriffe Vitruvs (firmitas, utilitas und venustas). »Das erste giebt einem Gebäude den Charakter der Dauer, das zweyte den Charakter seiner Bestimmung, das dritte den Charakter des Wohlgefälligen. Diese dreyfache Charakteristik ist das Prinzip, worin sich alle Gesetze und Regeln, wie in ihrem Brennpunkte, konzentriren; und aus dieser Vereinigung entspringt die architektonische Vollkommenheit.«[306]

Hirts Charaktertheorie lässt es zu, dass jedes Bauwerk potentiell zur Baukunst werden kann.[307] Im Gegensatz zu Bötticher, welcher die »Kunstform« einforderte, kann bei Hirt völlig schmucklose Architektur wie der Bau einer Scheune oder Hütte zum Bereich der Baukunst gehören.

Die alte Trennung in die »artes mechanicae« und die »artes liberales« ist bei Bötticher mit den Begriffen »Kernform« und »Kunstform« wieder da. Die nur mechanische Seite des Bauens wie der

Kontext und Wirkung 71

Bau einer Scheune konnte für ihn noch kein Werk der Kunst sein. Psychologisierende Momente, wie sie Hirt in seiner Charaktertheorie einfliesen ließ, waren Bötticher fremd.

Sah Hirt Baukunst realisiert in der Erfüllung der Forderungen nach Dauer (firmitas), der jeweiligen Bestimmung (utilitas) und Schönheit (venustas), so forderte Bötticher die erläuternde »Kunstform«, um ein Bauwerk zur Kunst zu erheben.

Im Unterschied zu Hirt übt bei Bötticher Vitruv keinen entscheidenden Einfluss mehr aus. Der Begriff der Schönheit ist bei Bötticher durch den Begriff »Wahrheit« oder »Wesen« ersetzt. »Körperform, ganz abstrakt betrachtet, kann weder schön noch unschön sein. Das Kriterium von körperlicher Form giebt die Analogie mit dem Begriffe, der Wesenheit, der Funktion des Körpers. Es ist jedes Mal die Form welche dem inneren Begriffe desselben am folgerechtesten und innigsten entspricht, und seine Wesenheit in der äußeren Erscheinung ethisch (geistig sittig) am wahrsten und schlagendsten darstellt, die schönste. Wenn daher von Ausbildung einer Form die Rede ist, so kann das nur so viel heißen, als: ihr Schema technisch plastisch vollkommen für ihren inliegenden Begriff entwickeln.«[308]

Hirt prüfte die von Vitruv angegebenen Proportionen an den überlieferten Monumenten. Den unteren Säulendurchmesser verwendete er als Modul, wodurch sämtliche Größenverhältnisse der Architekturglieder festgelegt waren (siehe Pl. XVIII [Abb. 1]). Er folgte damit einer seit Vitruv bestehenden Tradition von Proportionsregeln. Ornamentale Formen wie die Kanneluren der dorischen Säule erklärte Hirt durch optische Gesetze.[309] Die Form der Säule, ihre Verjüngung und ihre Entasis, sollten dem Auge eine gefällige optische Erscheinung bieten.[310] Ein derartiges optisches Kalkül widersprach Böttichers strukturellem Essentialismus und forderte seine Kritik heraus.[311]

Hirts Ornamentik ist dekorativ und schmückendes Beiwerk. Seine Flechtbänder, Kymatien und Anuli (Abb. 2, Pl. XXVIII) dienten als archäologisch gesicherte Ornamentvorlagen. Böttichers tektonische Deutung dagegen verlieh den antiken Ornamenten eine neue Lebenskraft. Die Rezeption der Antike, wie sie Aloys Hirt vertrat, erhielt mit der *Tektonik* eine Neuinterpretation. Das historische Architekturelement war kein archäologisches Zitat mehr, sondern konnte, je nach den konstruktiven Vorgaben, in ganz neue proportionale Beziehungen treten. Bötticher erkannte in den Proportionen den elementaren Zusammenhang von Materialeigenschaften und statischer Struktur.[312] Das Lebendige, von dem Bötticher spricht, ist die im Material wirkende statische Kraft. Diese sollte die Proportionen bestimmen und nicht der auf Zahlenverhältnissen aus der Antike überlieferte und von den Renaissancetheoretikern wiederaufgegriffene Kanon. Die neuen Sinngehalte vitalisierten gleichsam die klassische Sprache der Architektur dadurch, dass sie in den sprunghaft sich entwickelnden technologischen Fortschritt integriert wurde.

Im Gegensatz zu Bötticher gab die Antike für Hirt auch in der Bautechnologie das Maß vor. Bei Hirt waren die konstruktiven Möglichkeiten mit den Formen der Antike ausgeschöpft. Innovationen auf dem Gebiet der Baukunst waren damit ausgeschlossen.[313] Diese Beschränkung auf die Antike nahm Hirts Theorie das Entwicklungspotential und verlieh ihr eine konservative Gesamtausrichtung. Die Veränderungen des Bauwesens im Verlauf des 19. Jahrhunderts und das Entstehen neuer Gebäudetypologien konnten von seiner Theorie nicht absorbiert werden.

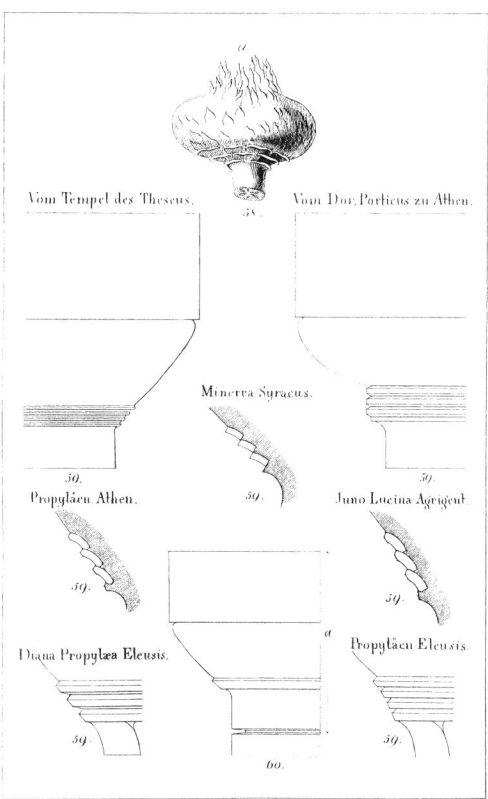

4.2. J. H. Wolffs Beiträge zur Ästhetik der Baukunst

Johann Heinrich Wolff (1792–1869) gehörte zu den Architekten, die vom Vorrang der antiken griechischen Architektur überzeugt waren. Er unterrichtete seit 1821 in Kassel an der Akademie der Künste und wurde dort 1832 Professor. Ein persönlicher Kontakt von Wolff und Bötticher ist nicht bekannt. Bötticher dürfte aber sein wichtigstes Buch *Beiträge zur Ästhetik der Baukunst*[314] gekannt haben. Wolffs Untersuchungen wurden von Richard Streiter in seiner Untersuchung über Bötticher[315] als Vorläufer der *Tektonik* eingestuft. Tatsächlich argumentiert Wolff mit einem Anspruch, der mit dem Böttichers vergleichbar ist. Jeder Teil der griechischen Architektur soll sich nach Wolff aus der Konstruktion und dem »ästhetischen Zweck« notwendig begründen lassen.[316] Willkürliche Entscheidungen in der Formgebung und bei den einzelnen Ornamenten sind nach Wolff ausgeschlossen, hat man die Gesetzmäßigkeit, nach der die Teile zusammengefügt sind, erkannt.[317]

In einer Weise, die Schopenhauers Anschauungen sehr ähnlich ist, wird Architektur bei Wolff zur schönen Form, indem die in der Natur wirkende Schwerkraft sichtbar wird. Wolff tendierte wie Schopenhauer zu einem Klassizismusverständnis, welches den künstlerischen Höhepunkt von Architektur in der Antike erreicht sah. Entwicklung bedeutete für ihn damit zugleich Entfernung vom antiken Ideal. Er spricht von der allgemeinsten Eigenschaft, welche alle im Raum aufgerich-

3. Johann Heinrich Wolff, dorisches Kapitell.
4. Johann Heinrich Wolff, ionisches Kapitell.
(Aus: Johann Heinrich Wolff, *Beiträge zur Ästhetik der Baukunst oder die Grundgesetze der plastischen Form, nachgewiesen an den Hauptheilen der Griechischen Architektur*, Leipzig und Darmstadt 1834.)

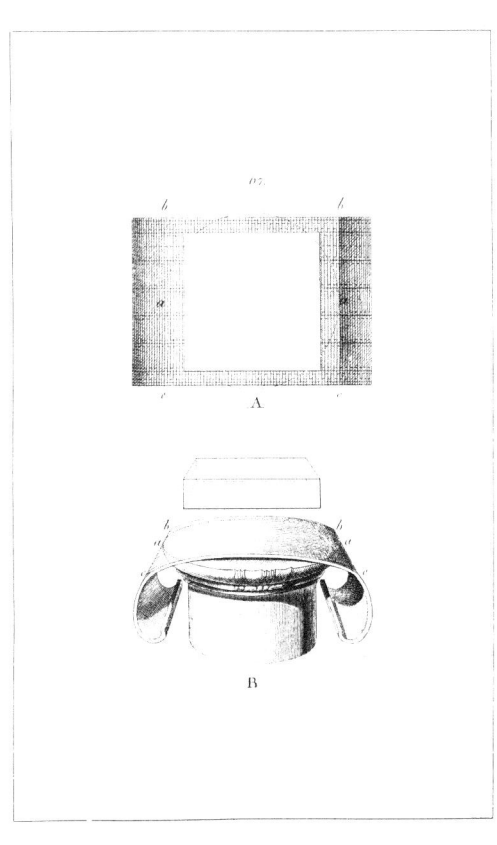

teten Körper miteinander teilen und bezeichnet sie als Gesetz der Schwere.[318] Die Darstellung dieser »großen Naturkraft« ist bei Wolff das wichtigste Thema der Architektur und führt, wenn sie entschieden realisiert wird, zur schönen Form.[319]

Ziel der architektonischen Gestaltung ist nach Wolff das Herstellen eines Gleichgewichtes der Ruhe, entweder »durch die horizontale Linie oder Ebene, oder das Gleichgewicht im Emporstreben, welches durch die Vertikale ausgedrückt wird. [...] wir suchen deshalb in allen Gegenständen des Raumes nach Zeichen dieses Gleichgewichtes und finden uns erst beruhigt, wenn wir sie entdecken. Daher ist auch, wie überhaupt bei dem unmittelbaren Wahrnehmen einer Kraft, kein Schluss, keine Berechnung, keine Messung zu ihrem Erkennen nöthig, die Anschauung ist angeboren.«[320]

Im Fortgang seiner Darstellung vermischt Wolff die aus den Gesetzen der Schwere gewonnene Ästhetik mit ästhetischen Prinzipien, die sich von optischen Gesetzen ableiten.[321] Wolffs Symmetriebegriff teilt sich in punktsymmetrische und spiegelsymmetrische Gebilde, wobei die punktsymmetrische oder zentrale Symmetrie als organisch klassifiziert wird und vor allem in der Natur anzutreffen sei, die spiegelsymmetrische oder bilaterale dagegen die architektonische sei, »weil sie wesentlich dem Gesetz der Schwere folgt.«[322] An dieser Stelle wird der grundsätzliche Unterschied von Wolffs und Bötticher Tektonik deutlich: Wolff benutzte zwar nicht mehr wie zuvor noch Aloys Hirt ein regulatives Proportionssystem, sondern argumentierte mit geometrischen Gleichgewichtsfiguren.[323] Bei Bötticher spielten jedoch derartige geometrische Überlegungen keine wesentliche Rolle mehr, sondern ihn interessierten die tatsächlichen Kräfte, die in den einzelnen Baugliedern wirken. Wolff ging vom optischen Sinn des Menschen aus, um Architektur zu beurteilen. Bötticher dagegen verlegte die primären Kategorien ins Objekt, indem er die tatsächlich wirksame Statik der Bauelemente ästhetisierte.

Wolff betonte zwar wie später Bötticher »dass zuerst der materielle Nutzen, das Bedürfnis der Construction, auf die architectonischen Formen eingewirkt habe« und »dass erst hierauf das Verlangen, den Ansprüchen des ästhetischen Gefühls zu genügen, hinzugetreten sei [...]«,[324] er verband diese Aspekte jedoch nicht zu einer stringenten Theorie.

Die idealistische Grundhaltung Wolffs, welche im Material etwas in der Kunst zu Überwindendes sah und als Musterwerke der Architektur solche Bauwerke anführt, bei welchen »der Sinn den Stoff völlig überwunden hatte«,[325] verdeutlicht eine idealistische Tradition, in der auch Bötticher noch stand.

Seiner detaillierten Beschreibung der einzelnen Ordnungen legte Wolff 28 Kupfertafeln bei. Die hier anhand von Abbildungen nachgewiesenen Thesen zur Interpretation einzelner Architekturelemente kehren bei Bötticher zum Teil in ähnlicher Form wieder. Wolff beschrieb die vegetabilische Natur der Säule und verglich den Säulenstamm mit »Stengeln und Rohren im Gewächsreich«,[326] ein direkter Vorgriff auf Böttichers Doldenanalogie des Säulenstammes. Die Form des dorischen Kapitells wird von Wolff in einer bildhaften Sprache dargestellt;[327] insbesondere der Echinus wird mit pflanzlichen Formen in Verbindung gebracht (siehe Tafel XII [Abb. 3]). Wie bei den Ägyptern, welche die Lotusknospe nachbildeten, haben auch die Griechen sich einer »allgemeinen Analogie der vegetabilischen Formation«[328] bedient. Die Knospe der Nymphaea Caerulea,[329] als analoge Form des Echinus, drückt bei Wolff eine formale Bewegung und Bündelung der Kraft aus.[330] Von hier ist es dann nicht mehr weit bis zum interpretatorischen Ansatz des »Echinuskymas« bei Bötticher.

Auch in der Beschreibung des ionischen Kapitells von Wolff findet sich eine Vorwegnahme einer Idee Böttichers. Die Volute des ionischen Kapitells wurde von Wolff als aufgerolltes Band interpretiert (siehe Tafel XIV [Abb. 4]).[331] Bötticher übernahm vermutlich die formale Idee der Interpretation und fügte sie in sein System der Junkturen ein, das die Volute als Antizipation des Fazienarchitravs deutete.

Ein vermittelndes Element des Übergangs bei Veränderungen einzuführen wie beim Übergang von der Säule zum Architrav als Vorbereitung und Überleitung, forderte schon Wolff.[332] Das Auge sollte nicht befremdet und verletzt werden durch »ein jähes Überschreiten aus einer Richtung und Dimension in die andere«.[333] Bei Bötticher ist das Element der Vorbereitung, das Symbol der Junktur, zwar auch ein vermittelndes, jedoch weniger aus optischen Gesichtspunkten, sondern ausschließlich als Verweis auf die statische Funktion des Folgegliedes.

Ein weiterer Gedanke Böttichers wurde bereits von Wolff vorweggenommen. Wolff beschrieb die dorische Säule als nicht selbstständig, da sie immer mit der Struktur des Oberbaus verbunden ist. Im Gegensatz dazu sei der ionischen Säule mehr der Charakter eines für sich bestehenden Organismus gegeben worden.[334] Auch an ihrem Fußpunkt wird von Wolff die dorische Säule als nicht selbstständiges Glied wegen ihres »völlig pflanzenartig aus der Erde«[335] Hervortretens

Kontext und Wirkung 73

bezeichnet. Bötticher spitzte dann diesen Gedanken zu und sah den Unterschied zwischen dorischer und ionischer Architektur darin, dass im dorischen Stil eine totale Abhängigkeit der einzelnen Glieder hergestellt sei, im ionischen Stil dagegen, ganz gegensätzlich, die Bauglieder als atomisierte selbstständige Einheiten zu betrachten seien.

4.3. Der Diskurs über die Ursprünge des griechischen Tempels

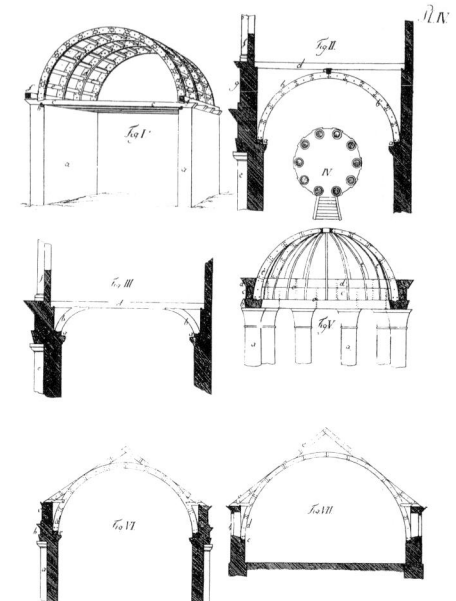

Zu Beginn des 19. Jahrhunderts waren die griechischen Tempel zum Teil vermessen und in Stichwerken publiziert worden. Was jedoch fehlte, war eine stringente Theorie ihrer Entstehung. Erst mit dieser, so schien es, ließe sich die Tempelarchitektur ganz verstehen. Zudem versprach man sich mit der Beantwortung der Frage nach der Herkunft der Tempelarchitektur die Entwicklung normativer Kriterien für eine zeitgenössische Architektur.

In Laugiers Schrift *Essai sur l'architecture* wird das Modell einer kleinen Hütte als Prinzip für jede Art von Architektur vorgestellt.[336] Laugiers Modell der Urhütte ist elementar einfach und weit entfernt von Vitruvs Herleitung der griechischen Architektur aus dem Holzbau. Das Modell stellt einen natürlichen Urzustand mit rousseauhaften Zügen dar. Laugier wollte mit seinem Modell keine archäologische Herleitung von Formen durchführen, sondern mit dem Zurückführen auf einfachste Konstruktionsformen die unumstößliche Prinzipien der klassischen Architektur aufzeigen.

Die Diskussion über die Entwicklung des griechischen Tempels wird dann um 1800 von Genelli, Hirt und später von Hübsch wieder aufgegriffen. Grund für das erneute Interesse für dieses Thema war das Erscheinen der deutschen Übersetzung Vitruvs von August Rode 1796[337] und 1801 der dazugehörigen Illustrationen. In der *Sammlung nützlicher Aufsätze die Baukunst betreffend* (1796–1806) setzte sich Hirt intensiv mit den unterschiedlichen Vitruvinterpretationen auseinander.[338] Ein Hauptstreitpunkt der Diskussion war, ob die griechischen Tempel ursprüngliche Holzkonstruktionen waren oder ob sie schon immer als Steinbauten konzipiert wurden. Vitruv beschrieb die einzelnen Elemente der Tempelarchitektur, indem er die wesentlichen Teile der dorischen und ionischen Architektur aus dem Holzbau ableitete.[339]

Bereits im 18. Jahrhundert wurde von einzelnen Theoretikern die Herleitung Vitruvs der griechischen Formen aus dem Holzbau kritisiert. Vor Laugier hatte Carlo Lodoli die Übereinstimmung von Funktion, Material und ästhetischer Struktur gefordert[340] und war damit einer der Vertreter der sogenannten »steinernen Sekte«.[341] Die Fokussierung auf eine Erklärung der baulichen Struktur über das Material und die Konstruktion stellte ein Hauptmotiv der Aufklärung dar, nur mit dieser Methodik schien eine objektive Grundlage erreicht worden zu sein.

Um 1800 kristallisierte sich dann Aloys Hirt als Hauptvertreter von Vitruvs Holzbautheorie heraus. Hirt übernahm Vitruvs Ansatz und vertrat mit Nachdruck die Meinung, dass jede Form des griechischen Tempels sich auf Holzbauweisen zurückführen lasse. Im Grunde steckte für ihn in der Zimmerkunst das ganze Formenrepertoire der antiken Architektur. Hirt versuchte diese Annahmen durch konstruktive Zeichnungen zu belegen und sah sogar in Gewölbe- und Bogenkonstruktionen ursprüngliche Holzkonstruktionen (Pl. IV [Abb. 5]).[342]

Auf Pl. II (Abb. 6) wird der dorische und toskanische Tempel als Holzkonstruktion gezeigt. Auf Pl. I (Abb. 7) wird seine Genese aus einer Holzhütte vorgestellt. Aus der dachförmigen Hütte entwickelt sich über einer Art Mansarddach das durchkonstruierte Hüttenbauwerk mit Aussteifung und Gefache. An der klaren Durchbildung der Konstruktionen zeigt sich Hirts Kenntnis des Zimmerhandwerks. Der Übergang vom Hüttenbauwerk zur Tempelarchitektur birgt jedoch einige Schwierigkeiten. Die klare zimmermannsmäßige Hütte auf Pl. I weist nach ihrer Verwandlung zur Tempelarchitektur einige Unstimmigkeiten auf. Es fehlt jede Art von Aussteifung. Die eingefügten Abakusplatten zwischen dem Architrav und den Holzsäulen sind für den Holzbau untypisch und bilden konstruktive Schwachstellen. Auch die Ausbildung eines Balkenrostes als Deckentragwerk ist gegen die Logik des Holzbaus gedacht. Die Formen des dorischen Tempels scheinen sich hier gegen die direkte Umwandlung in eine Holzkonstruktion zu sperren. Hirts bekannter Ausspruch »Wer demnach richtig construirt, bauet eben dadurch griechisch«[343] wird von ihm selbst so durch die Übertragung der Holzkonstruktion in eine Steinkonstruktion teilweise widerlegt.

Heinrich Hübsch und vor ihm Genelli setzten sich gleichfalls kritisch mit der Holzbautheorie und damit auch mit Hirt auseinander. Genelli wie zuvor Lodoli erkannte keine zwingende Logik darin, ursprüngliche Holzbauformen in eine Steinkonstruktion zu übertragen.[344] Genelli sah im griechischen Tempel vielmehr anthropomorphe und andere Symbolismen.[345] Die dorische und ionische Architektur waren für ihn der Ausdruck des Männlichen und des Weiblichen in der Baukunst.[346] Er übernahm damit Vorstellungen Vitruvs und interpretierte sie neu.[347] Erst das Ver-

5. Aloys Hirt, Bogen- und Kuppelkonstruktionen aus Holz.
6. Aloys Hirt, toskanischer und dorischer Tempel.
7. Aloys Hirt, Genese des Holzhauses von der dachförmigen Hütte zur durchgebildeten Holzskelettarchitektur.
(Aus: Aloys Hirt, *Die Baukunst nach den Grundsätzen der Alten*, Berlin 1809.)

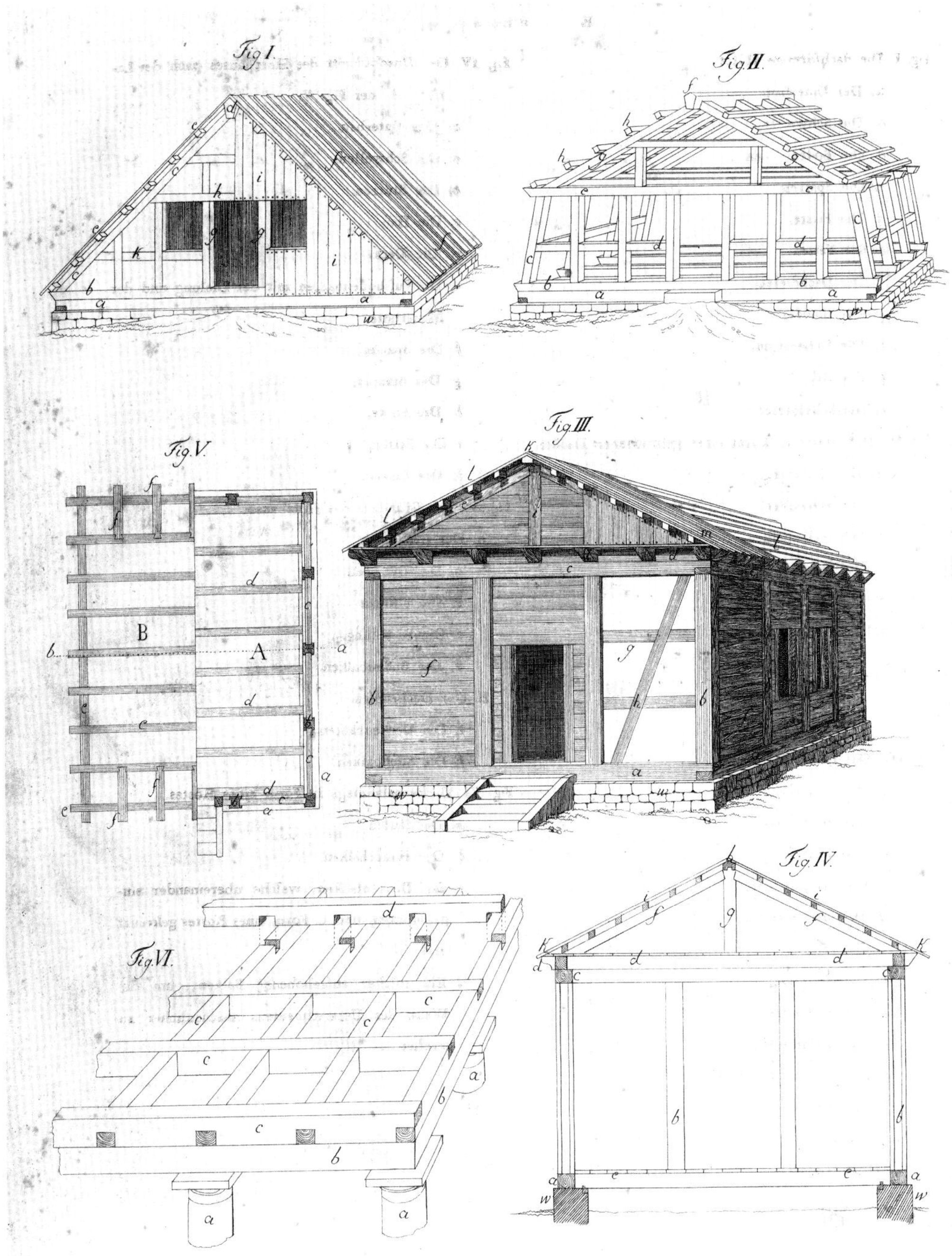

ständnis der Analogie des Männlichen und Weiblichen konnte nach Genelli die Möglichkeit eröffnen, die griechischen Formen der Tempelarchitektur richtig anzuwenden.[348] Wie oben dargestellt, hatte auch Bötticher zur Erklärung der Formen des griechischen Tempels Analogien benutzt. Obwohl die Analogien andere sind, ist die Grundintention bei Bötticher und Genelli dieselbe, nämlich durch entsprechende symbolische Bedeutungen die griechischen Formen mit ideellen Inhalten zu belegen.

Die Auseinandersetzungen zwischen Aloys Hirt und Heinrich Hübsch prägte dann die weitere Diskussion. Hübsch greift Hirt direkt mit seiner Publikation *Über Griechische Architektur*[349] an. Hirt antwortet auf die Angriffe mit einer Verteidigungsschrift,[350] auf welche Heinrich Hübsch wiederum eine zweite Ausgabe seines Buches mit beigefügten Erwiderungen zu den Angriffen von Hirt[351] folgen lässt. Kernpunkt des Streites war Hübschs Versuch, die von Hirt mit aufklärerischer Logik dargestellte Übertragung der Zimmerkonstruktion auf den späteren Steinbau zu widerlegen.

Hübsch lehnte nicht jede Verbindung des dorischen Tempels zu Holzbauten ab.[352] Er störte sich vor allem an der Behauptung Hirts, der griechische Tempel sei in allen seinen Teilen aus dem Holzbau ableitbar. Dagegen legte er eine Reihe von Gegenargumenten vor: wie Genelli sah Hübsch den Widerspruch in der Übertragung einer Holzkonstruktion in eine Steinkonstruktion vor al-

Kontext und Wirkung 75

lem darin, dass das Material Holz eine ganz andere Materialbeschaffenheit habe und deshalb auch eine andere konstruktive Durchbildung verlange.[353] Als weiteres Argument führte Hübsch den technisch komplexeren Wandbau in Holz an, der sehr viel mehr Wissen und Werkzeug verlange und deshalb später anzusiedeln sei als der einfachere Wandbau in Stein.[354] Hübsch kam im Ergebnis zu einer Mischbauweise: »In Ländern, welche sowohl Holz als Stein in hinlänglicher Qualität darbieten, entwickelt sich eine gemischte Bauart: zur Überdeckung wird das Holz, zur senkrechten Unterstützung der Stein angewendet.«[355]

In Hübschs Schrift über den griechischen Tempel wird die Frage nach der richtigen Architektur mit ähnlicher Radikalität wie bei Laugier gestellt. Laugier arbeitete mit dem Bild der Urhütte als dem letzten und nicht mehr hintergehbaren Grundtyp. Für Hübsch traten dann ganz grundsätzliche Fragen des Bauens, die der Materialgerechtigkeit und der Ökonomie, als Beurteilungskriterien auf. Vitruv und damit indirekt auch Hirt wurde von Hübsch durch konkrete Detailuntersuchungen Inkompetenz in konstruktiven Fragen nachgewiesen.[356]

Die von Hirt noch als Einheit gesehene, antike griechisch–römische Architektur wurde von Hübsch und später von Bötticher in Frage gestellt. Nur die griechische Architektur, vor allem der dorische Tempel, seien ursprünglich im europäischen Griechenland zuhause gewesen.[357] Die römische Architektur wird als Architektur des Verfalls gedeutet. Nur der Mode wegen hätten die Römer die griechischen Verzierungen übernommen, obwohl diese mit ihren gewölbten Konstruktionen nichts mehr zu tun hätten.

Noch entschiedener als Hübsch, der eine Mischbauweise als Vorläufer der Tempelarchitektur annahm, war für Genelli und Bötticher der dorische Tempel immer als Steinbau konzipiert gewesen. Bötticher untermauert seine Steinbauthese, indem er auf die Deckenkonstruktion und die Traufausbildung des Tempels aufmerksam macht.[358] Charakteristisch für den Steinbau sind für ihn die über der Kassettenstruktur der Decke, dem Stroterengeflecht, liegenden Deckplatten. Die aufliegenden Deckplatten, die Kalymmata, sind gehöhlt ausgebildet, um das Gewicht der Platten zu reduzieren, eine beim Holzbau nicht übliche Vorgehensweise.

Die Traufe oder das Geison wurde von Bötticher als ganz aus der Mechanik des Steinbaus hervorgegangen dargestellt.[359] Die Mutuli und Viä waren ihm keine versteinerten hölzernen Dachtragwerke, sondern das ganze Geison stellt im Schnitt einen profilierten steinernen Träger dar, der sich von Triglyphenstütze zu Triglyphenstütze spannt.[360]

Bötticher führte die Diskussion weiter, indem er eine ursprüngliche Zeltkonstruktion als Urbild des griechischen Tempel annahm.[361] Bei einer Zeltkonstruktion ist noch elementarer als bei einer Holzkonstruktion die Idee der Skelettbauweise verwirklicht. Die Hüllflächen übernehmen keinerlei statische Funktion, sondern stellen nur den Raumabschluss dar. Die Zeltarchitektur trägt, so Bötticher, »in seinen Elementen das reinste Sein für den Begriff eines Gliederbaues in sich.«[362]

Diese ursprüngliche Zeltarchitektur wurde dann nach Bötticher in den Steinbau symbolisch übernommen. Der Steinbau wurde jedoch konstruktiv ganz als Steinbau durchgestaltet. Genau darin liegt auch eine Widersprüchlichkeit in Böttichers System, ähnlich der Widersprüche, die bei Hirt auftauchen. Wieso sollte eine steinerne Architektur die Ornamentik eines extremen Leichtbaus verwenden, wie sie im Fall der Zeltarchitektur eingesetzt wird?

Wie oben beschrieben, war für Bötticher die Symbolik des Pteron ein Bandgeflecht aus Toren, das zunächst an den frühen Kultbau erinnern und als Darstellung der Zugkräfte dienen sollte. Bötticher versuchte den Widerspruch des steinernen Leichtbaus mit seinen Bändern und Toren dadurch zu lösen, indem er die tektonischen Symbole mit einem allgemeinen Wahrheitsgehalt verband, der völlig unabhängig vom gewählten Material sich ausdrückt. Die von den Griechen entwickelte ornamentale Sprache war für Bötticher ideell und dadurch weltgültig. Nicht das Material und seine Eigenschaften kommen an der Oberfläche zur Darstellung, sondern ein ideeller Sinngehalt, welcher die Qualitäten des Materials äußerlich negiert.

Aus diesen Überlegungen erklärt sich die Feindschaft Böttichers zu jeder Holzanalogie, wie sie in exemplarischer Weise Hirt vorgenommen hatte.[363] Jede Art von materieller Struktur, sei sie aus Stein, aus Holz oder aus Eisen vermag nach Bötticher nur die Idee der »Kernform« darzustellen, nicht aber die der »Kunstform«. Folglich wird eine wörtliche Übertragung der strukturellen Holzbauformen in den Steinbau dem Kunstcharakter des griechischen Tempels nicht gerecht. Allein die Übertragung einer konstruktiven Form, die ohne jeden ideellen Bedeutungsgehalt sich darstellt, übersieht nach Bötticher das Besondere dieser Architektur.

Der griechische Tempel war für Bötticher von Anfang an als Steinbau konzipiert.[364] Hier trifft sich die Kritik Böttichers und Genellis an der Holzbauhypothese.[365] Wieso sollte auch ein Bauwerk, das in Stein ausgeführt werden soll, die konstruktiven Formen dem Holzbau entlehnen, um sie ornamental abzubilden?[366] Die Unterschiede in der baukonstruktiven Behandlung von Stein-

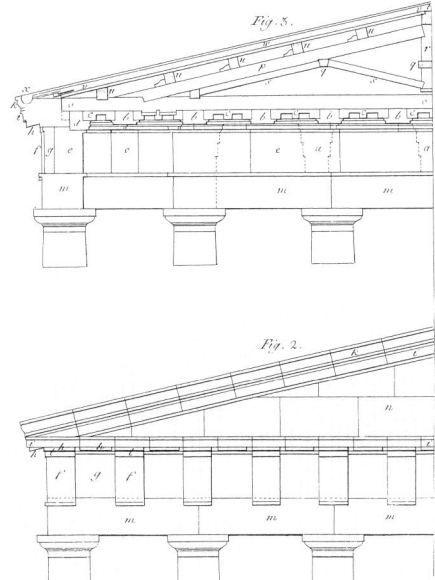

8. Aus: Hans Christian Genelli, *Exegetische Briefe über des Marcus Vitruvius Pollio Baukunst. An August Rode*, 1. Heft, Braunschweig 1801, 2. Heft Berlin 1804.

und Holzbauten führten nach Genelli auch Wolff zu einer strikten Ablehnung der Holzbauhypothese. Noch 1828 sprach Hübsch von der »Xylomanie« und bezeichnete die Ableitung des Stils von einer ersten Hütte als »Erbsünde« der Architektur.[367]

Im 2.Exkurs[368] seiner *Tektonik* verschwindet mit der »Umhüllung jedes Gliedes« für Bötticher der »Begriff des Gesteins« und es tritt an dessen Stelle der Begriff der analogen Charakteristik des Baugliedes. Dies bedeutet, dass die Materialität der »Kernform« mit der ornamentalen Hülle der »Kunstform« verdeckt wird. Vor diesem Hintergrund kann es im Prinzip gleichgültig sein, ob die »Kernform« aus Holz oder aus Stein ist, da sie durch ihre Verhüllung nicht mehr erkennbar ist. Andererseits bleibt die »Kunstform« immer an die »Kernform« gebunden, sie entstehen nach Bötticher im gleichen Augenblick. Als Konsequenz ergibt sich, dass die ideelle Sprache der griechischen Ornamentik, je nach Struktur und Material des gewählten Baumaterials, eine andere Ausbildung erfährt.[369] Der angedeutete Widerspruch löst sich in der Weise, als die Materialqualitäten indirekt dennoch die Erscheinung mitbestimmen.[370]

Bötticher verband mit Hirt, Genelli und Hübsch die Suche nach einer durchstrukturierten Theorie der Antike, um daraus Ableitungen für Fragen der Gegenwart zu gewinnen. Dabei spielte das Urmodell der griechischen Architektur, das zugleich zum Modell für jede Art Architektur wurde, eine entscheidende Rolle. Der Konflikt zwischen der »Steinfraktion« und der »Holzfraktion« spiegelte exemplarisch die jeweilige architektonische Haltung des Interpreten wider.

Böttichers Modell des »Urtempels«, das er nicht mehr aus dem kritischen Dialog mit Vitruv gewann, wie es bei der Generation um 1800 der Fall war, kann als letzte spekulative Deutung der griechischen Tempelarchitektur gelten.

4.4. Interpretatorische Ansätze zum Element der Triglyphe

Die Triglyphe war bei Bötticher eine Steinstütze. Diese Bestimmung leitete Bötticher aus ihrem Namen ab,[371] da sie für ihn, nach seiner Theorie vom »dorischen Urtempel«, an drei Seiten sichtbar behandelt wurde und an der vierten Seite durch den Anschluss des Deckenbalkens verdeckt war. Als architektonisches Element war die Triglyphe dem Tempelbau vorbehalten.[372]

Bötticher griff die von Vitruv vorgetragene und später bei Hirt wieder auftauchende Hypothese an, die Triglyphe sei eine Verblendung des Deckenbalkens.[373] Er setzte seine Hypothese entgegen, welche die Triglyphe als rudimentäre Dachgeschossstütze interpretierte. Für Bötticher verbarg sich hinter dem dorischen Hyperoon ein oberes Geschoss.[374]

Dass die Triglyphe als Steinstütze gesehen werden kann, hatte schon Heinrich Hübsch beschrieben, nur diente sie bei ihm dazu, die Lage der Decke zu erhöhen.[375] Mit Recht machte Hübsch auf die Tatsache aufmerksam, dass bei den ihm bekannten Tempeln die Deckenbalken oberhalb und nicht hinter den Triglyphen beginnen.[376]

Dieselbe Argumentation findet sich bei Genelli. Auch er sah den Hauptwiderspruch bei Vitruv darin, dass bei den Tempeln die Decke des Pteron nicht hinter der Triglyphe, sondern oberhalb dieser beginnt.[377] Genelli entwickelte einen Aufriss des dorischen Tempels vom Dach und der Überdeckung des Pteron von oben nach unten, wobei der »Triglyph, als das durchweg Regulierende, zum fixen Modul für das ganze Werk«[378] wurde. Das äußere Kranzgesims war bei Genelli so hoch wie der dahinterliegende Deckenaufbau des Pteron. Die Mutuli leitete Genelli als äußeres Pendant zu den steinernen Deckenfeldern des Pteron ab.[379] Um das Kranzgesims und die Decke abzustützen, wurden die Triglyphen zunächst über jeder Säule und in der Mitte der Architrave aufgestellt. Die Metopen[380] waren bei Genelli anfangs offen (siehe Fig. 2 und 3 [Abb. 8]).[381]

Auch bei Bötticher bilden die Metopen[382] offene Zwischenräume zwischen den Triglyphen. Er interpretierte die Metopen als Fenster, die Licht in den Naos bringen sollten (siehe Tafel 17 und 18).[383] Die Deutung der Metope als mögliche Lichtquelle des Innenraums widersprach der bisherigen Annahme, die Cella des ursprünglichen dorischen Tempels sei ohne Fenster und nur über die Türen mit natürlichem Licht belichtet gewesen.[384] Für Bötticher war der über die Metopen belichtete Tempel der Grundtyp des altdorischen Tempels. Erst bei größeren Tempeln, den Hypäthraltempeln, erhielt die Cella durch Dachausschnitt Licht von oben, da die Belichtung von den Seiten nicht mehr ausreichend war.[385]

Böttichers spekulative Idee war die sogenannte Restitution des »Altdorischen Tempels«. Wie vorne berichtet, war Bötticher davon überzeugt gewesen, den Urtyp der griechischen Architektur a priori herleiten zu können. Obwohl ihm keine archäologischen Befunde vorlagen, rekonstruierte Bötticher die Struktur eines Prototyps dorischer Tempelarchitektur.[386] Der Organismus der tektonischen Formen führte ihn zu einem idealen Urmodell. Dieses Urmodell der dorischen Architektur ließ die Metopen offen. »In diesem ihrem ursprünglichen Zustande bilden die Triglyphen zwischen sich offene Felder, Metopen, welche den freien Blikk unter die glänzend gefärbte Kalymmatiendecke des Pteron zwischen den Balken hindurch eröffnen, den Organismus der Triglyphen, Balken und Kalymatien in unverhüllter Nacktheit dem Auge darbieten.«[387]

Wenn die Triglyphe eine Stütze darstellen soll und der Architrav ein Zugband (was sich in der jeweiligen Ornamentik ausspricht), so ist es konstruktiv richtig, die Triglyphe nur in der Achse der Stütze und sonst nirgends anzubringen. Für Bötticher ergab sich daraus »die ursprüngliche monotriglyphische Einrichtung des Dorischen Dachbaues.«[388] In die offenen Metopenfelder waren nach ihm diverse Gegenstände gestellt. Die tektonische Ornamentik des altdorischen Tempels hat Bötticher auf den Tafeln 17–20 abgebildet.

Es konnten jedoch weder die monotriglyphische Ausbildung des Frieses noch die offenen Metopenfelder durch entsprechende archäologische Zeugnisse von Bötticher belegt werden. Er war in dieser Beziehung ein Idealist, dem es zuerst um das Prinzipielle seiner Theorie und weniger um präzise Archäologie ging. Zu den Gegenständen, die auf Tafel 17 in den Metopenfeldern abgebildet sind, schrieb er: »Wir haben hier Anspielungen auf Apollon, singende Schwäne beim Dreifuße und Lorbeersprosse restituirt, als erklärende Fortsetzung der Anathemata am Giebel; wobei wir natürlich mehr den allgemein wahren Eindruck des ganzen Baues als eine positive Herstellung des Gewesenen in den nicht wesentlichen Einzelheiten zur Absicht haben konnten.«[389]

Die Metopen waren in Böttichers tektonischer Theorie entweder Fenster oder wie im Fall des Giebeldreiecks »gespannte raumverschließende Teppiche« mit mythologischen Darstellungen.

5. Der philosophische Einfluss in Böttichers Ästhetik

In seinem Aufsatz »Ende der Kunst«[390] hat Hans Georg Gadamer das Neue, das in jeder Kunst des 19. Jahrhunderts anzutreffen ist, prägnant beschrieben. Kunst ist nicht mehr ein selbstverständliches Formulieren mit entsprechender Stilsicherheit, wie zur Zeit des Barock als es noch ein allgemein Verbindendes gab, das sich in einem Baustil ausdrückte, sondern begreift sich geschichtlich mit der Konsequenz, dass die historischen Stile gleichbedeutend nebeneinander stehen.

Ursache dieser neuen Situation ist bei Gadamer das Ende der christlich-humanistischen Tradition.[391] Hegels idealistische Philosophie und seine Gesamtkonstruktion der Weltgeschichte steht für ihn am Ende der christlichen Konzeption der Heilsgeschichte, die in der säkularisierten Heilsgeschichte des Zeitalters der Aufklärung ihre letzte Ausprägung fand.[392]

Im 19. Jahrhundert wurden eine Vielzahl von Bauformen und Stilformen gleichzeitig gebraucht. Der Klassizismus hatte zu Beginn des 19. Jahrhunderts seinen Gegenpol in der Neogotik. Die Neorenaissance folgte und in der zweiten Hälfte des Jahrhunderts wurden Stilformen des Barock und der Romanik verwendet. Gadamer umschreibt den Zustand als »essentielle Gleichzeitigkeit aller Kunst«.[393]

Die Verwendung historischer Motive verlangte eine nachvollziehbare Begründung. Vor diesem Hintergrund gewann die Architekturtheorie eine völlig neue Ausrichtung, konnte sie doch zwingende Theorien entwickeln und zur Rechtfertigung von Stilentscheidungen dienen.

Bötticher selbst stellte einen Bezug zu philosophischem Denken mit dem Untertitel zur Einleitung seiner *Tektonik* her. Als »Philosophie der tektonischen Form« bezeichnete er die der *Tektonik* vorangestellten allgemeinen Thesen. Architekturtheorie auf philosophisches Denken zu stützen, findet sich bei den wichtigsten Theoretikern des 19. Jahrhunderts. Diese neue Fundierung hatte mit ihre Ursache im Untergang des Vitruvianismus als normativer Ästhetik.

Die deutsche Philosophie des Idealismus übte gegen Ende des 18. Jahrhunderts bis über die Mitte des 19. Jahrhunderts hinaus einen starken Einfluss aus. Der Grad der Verflechtung des idealistischen Gedankenguts mit der Architekturtheorie des 19. Jahrhunderts von Schinkel bis Semper kann deshalb nicht überschätzt werden. Von Kants »subjektivem Idealismus« bis zu Hegels »absolutem Idealismus« lassen sich Grundlegungen für eine Ästhetik der Architektur ableiten. Eine kurze Darstellung der philosophischen Ästhetik des Idealismus soll die Abhängigkeit von Böttichers Ästhetik aufzeigen, die in der Rezeptionsgeschichte des 19. Jahrhunderts als idealistische Theorie der Architektur galt.[394]

Die *Tektonik* wirkt in ihrer Struktur als lehrbuchartiger Traktat mit einer klaren Gliederung der einzelnen Thesen nach Paragraphen und Unterziffern. Die Sprache Böttichers ist von begrifflicher Präzision und prägnanter Formulierung.

Wie philosophische Aussagen sollten nach Bötticher die Werke der Architektur sein, allgemein wahr und weltgültig, als reines Sein ideal.[395] Ideelle oder wesensmäßige Erkenntnis, in der Interpretation Bötticher, ließ Architektur zur Kunst oder Tektonik werden (Bötticher verwendet die Wörter synonym).[396]

Die *Tektonik* beschreibt einen Idealismus, der wesentlich von den Gesetzen der Statik abgeleitet ist. Sie entwickelte damit nicht ein für alle Zeiten festgefügtes Proportionssystem, sondern blieb in ihrer Abstraktion offen für formale Innovationen. Die Form unterlag, obwohl ideelles Gebilde des Geistes, der Qualität des Materials. Das in *der Tektonik* formulierte Ideal der Architektur war ein »objektives Ideal«, das sich begrifflich fixieren ließ. Kant dagegen formulierte das Ideal der Architektur, indem er nicht auf die Architektur selbst und ihre Gesetze zurückgriff, sondern mit dem Begriff des »Sittlich-Guten« ethische Qualitäten einer Beurteilung zugrunde legte.

Um ein Verständnis der spezifischen idealistischen Inhalte von Bötticher *Tektonik* zu gewinnen, bedarf es deshalb einer Auseinandersetzung mit den unterschiedlichen Inhalten der idealistischen Ästhetik von Kant bis Schopenhauer.

5.1. Kants subjektiver Idealismus

Kant versuchte das, was er als ästhetische Idee bezeichnete, von den Begriffsfeldern der praktischen Vernunft und der reinen Vernunft abzugrenzen. Durch dieses Ausklammern blieb der Kunst zunächst nur das Empfindungsvermögen oder das ästhetische Gefühl, um Urteile zu bilden. Eine begriffliche Erkenntnis, sei es durch ethische Urteile oder durch Urteile bezüglich der Zweckmäßigkeit eines Gegenstandes, beeinflusst dieses und schränkt daher nach Kant das freie ästhetische Urteil ein. Für eine Ästhetik der Architektur war dieser Ansatz offenbar negativ,[397] waren doch die wesentlichen Bereiche der Architektur, die Erfüllung funktionaler Vorgaben und der konstruktive Aspekt völlig ausgeklammert. Diese Bereiche unterliegen in Kants Ästhetik dem Urteil über die Zweckmäßigkeit eines Gegenstandes oder dem mechanisch-konstruktiven Denken und können nach seiner Ästhetik kein Gegenstand der Kunst sein.[398]

Architektur war für Kant eine ästhetische Idee so wie das Erhabene in der Natur und erschloss sich für ihn nicht durch begriffliche Analyse, sondern durch die intuitive Wahrnehmung im subjektiven Anschauungsurteil.

Der Inhalt des ästhetischen Erlebens ist subjektiv gegründet und unterliegt den Fragen des Geschmacks. Das Geschmacksurteil ist, ohne dass es begründbar wäre, allgemeingültig, da es nach Kant auf Gründen a priori beruht.[399]

Nachdem im reinen Geschmacksurteil nur eine reine formale Ästhetik übriggeblieben war, welche kritisch auch als Arabeskenästhetik bezeichnet wurde, ergab sich für die Dinge nur die Möglichkeit eines geliehenen Ideals.

Architektonische Objekte können nach Kant kein Ideal der Schönheit besitzen, da sich ihre Zweckmäßigkeit nicht genau fixieren lässt. Dies ist deshalb der Fall, weil sie im reinen Geschmacksurteil keine begriffliche Fixierung aufweisen dürfen. Gehören sie jedoch einem »intellektuierten Geschmacksurteil«[400] an, so wird durch dieses Schönheit begrifflich fixiert. Dieser Fall trifft nach Kant nur auf den Menschen zu, da dieser »den Zweck seiner Existenz in sich selber hat« und »durch die Vernunft seine Zwecke selbst bestimmt«.[401] Die begriffliche Fixierung der Schönheit beim Menschen bezeichnet Kant mit zwei Begriffen, als »ästhetische Normalidee« und als »Vernunftidee«.[402]

Die ästhetische Normalidee wird als »die Richtigkeit in Darstellung der Gattung«[403] abgegrenzt. Mit der »Vernunftidee« jedoch eröffnete sich Kant eine Perspektive zur praktischen Vernunft. Die »Vernunftidee« besteht darin, »was unsere Vernunft mit dem Sittlich-Guten in der Idee der höchsten Zweckmäßigkeit verknüpft, die Seelengüte oder Reinigkeit oder Stärke oder Ruhe usw. in körperlicher Äußerung (als Wirkung des Inneren) gleichsam sichtbar zu machen.«[404]

Erst die Teilhabe am »Sittlich-Guten« eröffnet Gegenständen und damit auch der Architektur die Möglichkeit am »Ideal der Schönheit« zu partizipieren. Die Schönheit der Dinge wird zum »Symbol der Sittlichkeit«,[405] welches der »Veredlung und Erhebung«[406] dient. Durch die Art der Gestaltung eines Bauwerks oder durch Natureindrücke werden beim Menschen Empfindungen geweckt, welche »mit dem Bewusstsein eines durch moralische Urteile bewirkten Gemütszustandes Analogisches enthalten«.[407]

Gegenstände und damit auch Bauwerke werden bei Kant rein formal betrachtet, sie können ein Symbol des Sittlich-Guten sein und haben dadurch ein geliehenes Ideal der Schönheit. Kants idealistische Ästhetik ist ganz auf ein Subjekt bezogen, welches rezeptiv eine »Idee der höchsten Zweckmäßigkeit«,[408] die Realisierung des »Sittlich-Guten«, in der Betrachtung erfährt.

Obwohl Kant über das »Sittlich-Gute« ästhetische Phänomene wieder begrifflich zu fixieren versuchte, wirkte sein vom Begriff abgelöstes autonomes Verständnis, welches die Empfindungen des Subjekts in den Mittelpunkt stellt, im 19. Jahrhundert stärker weiter.[409]

Schiller übernahm wesentliche Elemente aus Kants Ästhetik. Für ihn waren ebenfalls die zweckgebundenen Elemente des Bauens vom Begriff des Schönen ausgeschlossen. Wichtiger war für Schiller der Begriff der Natur. In der Natur findet nach Schiller das Kunstschöne sein Original.[410]

Das Material mit dem ein Kunstwerk realisiert wird, so Schiller, soll während der Betrachtung eines Kunstwerks ohne Bedeutung sein.[411] Die Präferenz des ideellen Gehalts und das Verschwinden der materiellen Bedingungen des Kunstwerks treten in fast wörtlicher Wiederholung bei Bötticher wieder auf.

Materialqualitäten ganz von den ästhetischen Kategorien auszuschließen und die Betonung auf den ideellen Inhalt zu legen, war ein grundsätzliches Moment idealistischer Ästhetik. Bötticher schreibt »Sobald das Steinglied durch eine seinem Begriffe analoge Charakteristik bedeckt ist, ist der Begriff des Gesteines verschwunden, und es tritt an seine Stelle nur das Wesen des Analogon.«[412] Erst durch das Ornament beginnt der Stein zu »leben«, organische Qualitäten zu entfalten. Das Material an sich wird als »nichtssagende Materie«[413] und als »todte Wesenheit«[414] qualifiziert, das erst in der ornamentalen Umhüllung seine dynamischen Qualitäten offenbart.

Besonders deutlich wird dieser Aspekt idealistischer Gestaltung in der bildenden Kunst des Klassizismus. Die Geringschätzung einer Ästhetik des Materials ließ einen später oft als blutleer empfundenen Klassizismus entstehen.

Die Ausschließlichkeit symbolisch-ideeller Analogien als Träger der Form stellte die Architektur jedoch auf gleiche Stufe mit den anderen Künsten. Architektur war ebenbürtig in der Lage geistige Inhalte auszudrücken und damit ihrer, in der idealistischen Ästhetik als niedrig empfundenen, mechanischen Seite enthoben.

5.2. Hegels dienende Funktion der Architektur

Hegels Ästhetik ist nicht wie Kants Ästhetik vor allem rezeptiv, sondern sie kann als eine spekulative Gehaltsästhetik interpretiert werden.[415] Dies hat Heinz Paetzold in seiner *Ästhetik des deutschen Idealismus* nachgewiesen. Der Einfluss Hegels auf das Berliner Geistesleben in der 1. Hälfte des 19. Jahrhunderts kann nicht überschätzt werden.[416] Auch bei Bötticher ist die Wirkung Hegels unverkennbar. Seine Wortwahl lässt auf eine Kenntnis von Hegels Ästhetik durch Vorlesungsbesuch oder auf die Lektüre der publizierten Nachschrift schließen.[417]

Nach Hegel ist die Einheit des Begriffs und der Realität die abstrakte Definition der Idee.[418] War Kants Ästhetik noch ein Spiel der Erkenntniskräfte des Subjekts, so stellt Hegels Begriff der Idee, die Objektivität des Begriffs in der Realität, der ideelle Gehalt des Gegenstandes, sein Wesen, den Ausgangspunkt der Betrachtung dar. Der »subjektive Idealismus« war zum »objektiven Idealismus« geworden.

Im sinnlich Konkreten erscheint nach Hegel der Begriff als Idee und bestimmt auf diese Weise die Definition des Schönen. »Das Schöne bestimmt sich [...] als das sinnliche Scheinen der Idee.«[419] Hegel betonte wie später Bötticher, dass das Wesen des Schönen im Gegenstand selbst zu suchen sei. Nicht abstrakte Regeln führen bei Hegel zur schönen Form, sondern die Wesenserkenntnis eines Objekts, welche Klarheit über dessen Funktion und Zweck impliziert. »Denn das Zusammenstimmen von Begriff und Erscheinung ist vollendete Durchdringung. Deshalb bleibt die äußere Form und Gestalt nicht von dem äußeren Stoff getrennt, [...] sondern sie erscheint als die der Realität ihrem Begriff nach inwohnende und sich herausgestaltende Form.«[420] Stellt man den Aussagen Hegels Textausschnitte von Bötticher gegenüber, so wird der Einfluss Hegels deutlich. Bei Bötticher heißt es zum Beispiel: »Das Prinzip nach welchem die Hellenische Tektonik ihre Körper erbildet, ist [...] Begriff, Wesenheit und Funktion jedes Körpers durch folgerechte Form zu erledigen, und dabei die Form in den Aeußerlichkeiten so zu entwickeln, dass sie die Funktion ganz offenkundig verrät.«[421] »Das Kriterion von körperlicher Form gibt die Analogie mit dem Begriffe, der Wesenheit, der Funktion des Körpers.«[422] Wie bei Hegel ist die künstlerische Form bei Bötticher das Ergebnis einer Auseinandersetzung mit dem Zweck und der Funktion eines Objektes und dessen idealisierter Darstellung (Bötticher benutzt die Begriffe Wesen und Idee synonym).

Wie zuvor beschrieben, leistet bei Bötticher die »Kernform« nur die mechanische Realisierung, besitzt jedoch noch keinen künstlerischen Ausdruck. Erst mit der »Kunstform«, ein Begriff den auch Hegel in seiner Ästhetik benutzt, kann die Architektur geistige Werte ausdrücken. Durch den von Bötticher postulierten Wahrheitscharakter der »Kunstform« war sie ethisch im Sinne der Verkörperung von Wahrheit.[423] »Man muß also durchaus nur festhalten dass es ja eine ideale Bildung, eine ideale Organisation ist die man bewirken will, und dass alle Charakteristik nur ein Symbol des Wesens ist [...].«[424] Die Idealität der »Kunstform« ergibt ihre »Weltgültigkeit.«[425] Wie Hegel spricht Bötticher von den idealen Formen des griechischen Tempels, deren Aufgabe darin zu bestehen hat, das Wesen der Dinge darzustellen.

Das Analogon Bötticher verkörpert das »reinste Sein für seinen Begriff«, »das Ideal seines Wesen« in der Realität des Bauwerks und entspricht genau der Definition des Hegelschen Ideals: »Wir nannten das Schöne die Idee des Schönen. Dies ist so zu verstehen, dass das Schöne selber als Idee, und zwar als Idee in einer bestimmten Form, als Ideal, gefasst werden müsse. Idee nun überhaupt ist nichts anderes als der Begriff, die Realität des Begriffs und die Einheit beider.« »Solche Einheit des Begriffs und der Realität ist die abstrakte Definition der Idee.«[426]

In der Beurteilung der Aufgabe des Tempels und seines künstlerischen Ausdrucks stimmte Bötticher fast gänzlich mit Hegel überein.[427] Mit der klassischen Architektur trennte sich für Hegel das Götterbild von der Architektur, allerdings mit der Folge, dass der Tempel nicht als selbstständiges Kunstwerk, sondern immer aus seiner Funktion, der Umhüllung des Götterbildes, zu betrachten ist. Die klassische Architektur war damit für Hegel ihrer Selbstständigkeit beraubt und hatte eine rein dienende Funktion. Das Äußere, die Architektur, ist das »Geistlose«, die Mechanik des Baues, zum »Widerschein des Geistigen« umgebildet. Obwohl bei Hegel die klassische Architektur sich durch die Trennung von symbolischen Inhalten auszeichnete, ist Architektur bei Hegel in »ihrem Grundcharakter [...] durchweg symbolischer Art [...].«[428]

Das Verständnis von Hegels Symbolik wird deutlich in seiner Beschreibung der Säule. »Die naturgemäße organische Gestalt für Pfosten und Stützen, die etwas tragen sollen, ist deshalb der Baum, die Pflanze überhaupt, ein Stamm, ein schlanker Stengel, der senkrecht in die Höhe strebt.«[429] Bei Bötticher war die klassische Säule die Übertragung des Stammes »der mächtigen schirmtragenden Dolde.«[430] Die organischen Formen der klassischen Architektur sind aus der konkreten Naturgestalt abgeleitet, »um ihre abstrakte, ebenso zweckmäßige als schöne Gestalt zu gewinnen.«[431] Eine bloß zweckmäßige Architektur ohne jedes Ornament galt Hegel als nicht klassisch.[432] Das Charakteristikum der klassischen Architektur war bei ihm die wechselseitige Durchdringung von organischer Form und zweckrationaler Struktur.

Hegel betonte den Zweckcharakter der Architektur sowohl in funktionaler, nutzungsbezogener als auch in konstruktiver Hinsicht.[433] Der Zweck des Tempels bestand für ihn in der Aufnahme des Kultbildes. Dies ist aber nicht sein Thema. Sein Thema ist, die Prinzipien von »Tragen und Getragenwerden« anschaulich zu machen. In diesem Punkt stimmte Hegel mit Schopenhauer und später Bötticher überein.[434]

Hegel folgte Aloys Hirt in der Annahme, dass der griechische Tempel seinen Urtyp im Holzbau hatte,[435] Bötticher dagegen nahm als Urtyp des Tempels eine Zeltarchitektur an.[436] Trotz dieser unterschiedlichen Ansätze sind die Folgen in der Beurteilung der Tempelarchitektur ähnlich. Hegel wie Bötticher interpretierten den griechischen Tempel als einen Skelettbau, dessen Wand keine tragende Funktion besitzen darf.[437] Zweck der Wand war das Umschließen des Raumes. Eine vollständige Umschließung benötigt »wesentlich eine Bedeckung von oben und nicht nur ein Umschließen der Seitenräume [...]. Eine solche Bedeckung von oben nun aber muß getragen werden. Das einfachste hierfür sind Säulen, deren wesentliche und zugleich strenge Bestimmung in dieser Rücksicht in dem Tragen als solchem besteht. Deshalb sind Mauern, wo es aufs bloße Tragen ankommt, eigentlich ein Überfluß. [...] Hier konzentriert sich nun die Schwere, das Gewicht eines Körpers, in dem Schwerpunkt und ist in diesem, damit er waagerecht, ohne zu fallen, ruhe, zu unterstützen. Dies tut die Säule, so dass bei ihr die Kraft des Tragens auf das Minimum der äußeren Mittel reduziert erscheint. Was eine Mauer mit großem Aufwande zustande bringt, dasselbe tun wenige Säulen, und es ist eine große Schönheit der klassischen Architektur, nicht mehr Säulen hinzustellen, als in der Tat zum Tragen einer Balkenlast und dessen, was auf ihr ruht, nötig sind. Säulen zum bloßen Schmuck gehören in der eigentlichen Architektur nicht zur wahren Schönheit.«[438]

Die Säule erfüllte für Hegel am effizientesten die Funktion des Tragens der Bedeckung und war deshalb für ihn zweckmäßig. Das »sinnliche Scheinen der Idee« der Stützfähigkeit stellt das Wesen der Säule, ihre Zweckmäßigkeit, dar. Auch Bötticher leitete, wie oben beschrieben, den Gebrauch der Säule aus ihrer Funktion ab. Seine *Tektonik* differenzierte die Ästhetik des »Tragen und Getragenwerdens« bis in die kleinsten baulichen Glieder.

Hegels dialektisches Modell, die Offenheit eines Prozesses, gilt auch für Böttichers *Tektonik*. Bötticher war kein dogmatischer Klassizist, auch wenn ihm die hellenischen »Kunstformen« am geeignetsten schienen, tektonische Begriffe zu verkörpern. Prinzipiell legte seine Theorie keine Form fest, sondern thematisierte Beziehungen, die, je nach der Aufgabenstellung, bei entsprechendem Material und bautechnischem Wissen zu ganz unterschiedlichen Formen führen konnten. Der Begriffsinhalt, der sich in der Wirklichkeit aktuell realisierte, befand sich also in einem stetigen Fluss. Das dialektische Prinzip Hegels ist gerade dadurch charakterisiert, dass der Begriffsinhalt in der jeweiligen aktuellen Wirklichkeit erscheint. Bezogen auf die Architektur verändert sich die jeweilige aktuelle Wirklichkeit von Begriffen durch geänderte funktionale Anforderungen, aber auch durch ein fortgeschrittenes bautechnisches Wissen der konstruktiven und statischen Bedingungen. Böttichers Thesen zu einer neuen Architektur, die sich aus den statischen Eigenschaften des Eisens entwickelte, kann als Beispiel eines dialektischen Prozesses zum Begriff »Festigkeit« interpretiert werden.

Trotz der Parallelen bei Hegel und Bötticher bleibt ein wesentlicher Unterschied: Bei Bötticher war die treibende Kraft der Morphologie die aus der »Kernform«, dem Material und der Konstruktion, entwickelte Gestalt der analogen »Kunstformen«. Hegel dagegen erkannte im architektonischen Werk primär eine Darstellung des »Weltgeistes«.

5.3. Schellings Organismusbegriff

Schellings Einfluss bei der Entstehung von Böttichers *Tektonik* nachzuweisen ist nicht direkt möglich. Dennoch erinnern Ansätze Böttichers an Schellings Kunstphilosophie.[439]

Schelling erhielt seine Berufung an die Berliner Universität im Jahre 1841. Die ersten Vorlesungen Schellings zeigten seine Differenz zu Hegel und wurden Teil der öffentlichen Diskussion. Es ist deshalb anzunehmen, dass die wesentlichen Gedanken von Schellings Kunstphilosophie Bötticher bekannt waren, obwohl erst 1859 die *Philosophie der Kunst* aus dem handschriftlichen Nachlass Schellings herausgegeben wurde.[440]

Schellings Gedanken sind im Hinblick auf Bötticher in zweierlei Hinsicht interessant. Zum einen ist die Organismusanalogie bei Schelling wie bei Bötticher von zentraler Bedeutung, um das Wesen der Kunst zu erfassen, zum anderen entwickelte Schelling mit seiner Potenzenlehre eine Möglichkeit, Architektur als gleichrangig neben die anderen Künste zu stellen.

Schelling erkannte das wesentliche Thema der Kunst in ihrer Analogie zum lebendigen Organismus. Analog zur Natur enthüllt die Kunst für ihn »Wesenheiten«, ohne allerdings die Vergänglichkeit der Natur zu besitzen. Die Natur vermag den Moment des Idealen nur in einem Augenblick darzustellen, die Kunst fängt diesen Moment ein und macht ihn dauerhaft. Das Problem der künstlerischen Formen löste sich für Schelling mit ihrer Naturanalogie. Nur mit der organischen Form findet eine Versöhnung des Geistes mit der reellen Natur statt; diese wird zum einheitsstiftenden Moment von Geist und Natur.[441]

In der Beurteilung von Architektur folgt Schelling der Tradition und schließt die nur nützlichen Gebäude von der Kunst aus.[442] »Als freie und schöne Kunst kann Architektur nur erscheinen, inwiefern sie Ausdruck von Ideen, Bild des Universums und des Absoluten wird. Aber reales Bild des Absoluten und demnach unmittelbarer Ausdruck der Ideen ist […] überall nur die organische Gestalt.«[443]

Wie konnte nun eine Disziplin wie die Architektur für Schelling organisch werden? Schelling forderte, dass sie ihre Zweckmäßigkeit mit organischen Strukturen zur Deckung bringen müsse.[444] Architektur als schöne Kunst hatte für ihn das Anorganische (die Baumaterialien) als Allegorie des Organischen darzustellen.[445] Auf diese Weise befreite sich Architektur von der unmittelbaren Zweckmäßigkeit und wurde zur allegorischen Sprache.

»Die Allegorie des höheren Organischen findet sich theils in der Symmetrie des Ganzen, theils in der Vollendung des Einzelnen und des Ganzen nach oben und unten, wodurch es eine in sich beschlossene Welt wird.«[446] Architektur organisch zu interpretieren, bedeutete bei Schelling nicht die Naturformen nur nachzubilden, sondern deren Prinzipien (z. B. die Symmetrie bei höheren Organismen) zu übernehmen. Im Unterschied zum Vitruvianismus, als dessen Anhänger Blondel die Analogie von menschlichem Körper und architektonischer Form einforderte, ist Schellings Analogie ohne direkt ableitbare proportionale Bezüge entworfen. Schelling ging es um eine prinzipielle Analogie der Architektur zur lebendigen Natur.

Die Formen, mit denen Architektur ein analoges Verhältnis zur Natur herstellte, waren bei Schelling ursprüngliche, konstruktive architektonische Formen. So hatte die Säule für ihn ihren

Ursprung in Baumstämmen und das ganze Epistylion des dorischen Tempels in einem hölzernen Dachstuhl.[447] Schelling bezeichnete das Zitieren der Architektur (z. B. der Verwendung der ursprünglich mechanisch konstruktiven Formen des Holzbau beim dorischen Tempel) als Potenz oder Nachahmung der Architektur von sich selbst.[448] Die Potenzenlehre bildet den eigentlichen Kern seiner Architekturästhetik.[449] Mit der Nachahmung ihrer selbst hatte die Architektur eine Formensprache, durch welche sie sich von der unmittelbar mechanisch konstruktiven Zweckmäßigkeit emanzipierte. Sie besaß für Schelling eine eigene, aus der Konstruktion entwickelte Semantik. Wie aber ließ sich diese mit der Forderung nach einer organischen Form in Einklang bringen?

»Sie [die Architektur][450] hat das Organische durch das Anorganische anzudeuten, dieses zur Allegorie von ihm, nicht zum Organischen selbst zu machen. Sie fordert also von der einen Seite zwar eine objektive Identität des Begriffs und des Dings, von der anderen aber auch keine absolute, dergleichen im organischen Wesen selbst ist (denn sonst wäre sie Skulptur). Indem sie nur sich selbst als mechanische Kunst nachahmt, werden die Formen der letzteren Formen der Architektur als Kunst der Nothwendigkeit werden: denn sie sind gleichsam Naturobjekte, die unabhängig von der Kunst als solcher schon da sind, und da sie nach einem Zweck entworfen sind, drücken sie objektive Identität des Begriffs und des Dinges aus.«[451] Schellings Skizze zur Architektur lässt viele Fragen offen, so die Beziehung von Form und Material oder ob mit seiner Potenzenlehre wirklich die objektive Identität von Begriff und Ding erreicht wird.

Was Schelling in seiner Philosophie der Kunst nur andeutete, die Entwicklung einer symbolischen Sprache der Architektur, hat Bötticher mit seiner *Tektonik* zur ausdifferenzierten Architekturtheorie entwickelt. Bei Bötticher entstand ein komplexer Architekturorganismus, der in seiner Kunstsprache zwar immer den Zweck mitreflektiert, zugleich aber unabhängige Kunst im Sinne der »artes liberales« sein wollte.

5.4. Schopenhauer – Tektonik als Fluss der Kräfte

Hermann Bauer hat Schopenhauer mit Bötticher in Verbindung gebracht.[452] Im Unterschied zu Hegel oder Schelling führte die Ästhetik der Architektur bei Schopenhauer zu einem rigorosen Klassizismus. Für Arthur Schopenhauer war der »alleinige ästhetische Stoff der schönen Architektur« der »Kampf zwischen Schwere und Starrheit«.[453] Schopenhauers Philosophie interpretiert das »Ding an sich« Kants als dunklen, mächtigen Willen, der allem Sein zugrunde liegt. Diesen Willen sichtbar zu machen, ist nach Schopenhauer die Aufgabe der Kunst. Gelingt ihr dies, so wird das Kunstwerk als schön empfunden.[454]

Architektur ist bei Schopenhauer ein System, das durch erzwungene Umwege und Hemmungen die in der Steinmasse entstandenen Kräfte erlebbar werden lässt.[455] Am deutlichsten gelingt dies bei einem System aus Stützen mit horizontalen Trägern. Bei diesem System sind Stütze und Last vollkommen gesondert.[456] Je reiner das Prinzip der Sonderung der Kräfte in der Architektur verwirklicht ist, desto ästhetischer ist für Schopenhauer ihre Wirkung.[457] Das stützende Prinzip der Säule und das lastende Prinzip des Trägers bilden den Willen ab, der hier in seiner einfachsten Form, der Massenanziehungskraft, erscheint. Die gesamten Proportionen der Säulenordnungen ergeben sich bei Schopenhauer aus unterschiedlichen Aussagen zum Thema Stütze und Last.

Diese Gedanken kehren bei Bötticher wieder. Die Kymatien, von ihm als Konfliktsymbole bezeichnet, stellen das lastaufnehmende Prinzip dar. Toren und Bandornamentik symbolisieren das Prinzip des Trägers. Wie bei Schopenhauer steht auch bei Bötticher die ästhetische Wirkung der »Kunstform« mit einer Sonderung der Elemente in Zusammenhang, da nur im gesonderten Zustand die Kräfte klar durch Analogien dargestellt werden können.[458]

Der griechische Tempel war für Schopenhauer deshalb ausgezeichnete Kunst, weil durch ihn das Prinzip seiner Philosophie, die Wirkung des Willens in Form der Massenanziehungskräfte, zum visuellen Erlebnis wurde.

Bei Schopenhauer war die Kunst nicht mehr das »sinnliche Scheinen der Idee« Hegels, sondern die Idee war ihm die Darstellung der Wirklichkeit selbst. Wirklichkeit ist hier konkret erkennbar in ihren Ideen Schwere, Starrheit und Kohäsion. Idee als allgemein wirkendes Prinzip (im Sinne Platons) wurde von Schopenhauer als ein essentielles Naturgesetz gedeutet.[459]

Architektur war bei Schopenhauer Ausdruck von Wahrheit, insofern diese die elementaren Kräfte der Natur widerspiegelte. Derselbe Gedanke findet sich bei Bötticher: Architektur wird »ethisch«, wenn es ihr gelingt, Wahrheit darzustellen. Diese Wahrheit lag für Bötticher im Zeigen der statisch wirkenden Kräfte.

Ein wesentlicher Unterschied zwischen Schopenhauers und Bötticher Ästhetik bleibt jedoch bestehen: Schopenhauer hätte die von Bötticher so begrüßte Eisenarchitektur sicher abgelehnt, verschwindet doch mit dieser das für ihn so entscheidende Thema. Mit der Auflösung der Baumassen in ein leichtes, eisernes Gerüst verliert sich der Begriff der Schwere geradezu.

5.5. Karl Otfried Müller

Karl Otfried Müller, der Archäologe, dem Bötticher seine *Tektonik* neben Schinkel widmete, hatte in seinem *Handbuch der Archäologie der Kunst*[460] eine Kunsttheorie entwickelt, welche an Kants ästhetische Anschauungen anknüpfte. Wie bei Kant war für Müller die Kunst zweckfrei. Das Innere des Subjekts sollte die Kunst zur Darstellung bringen. Müller benutzte dafür den griechischen Begriff μίμησις.[461] Dieses Innere, welches durch die Kunstform eine sinnliche Qualität gewinnt, bezeichnete Müller als die Kunstidee.[462]

Die Gesetze der Kunst sind bei Müller Bedingungen, »unter welchen allein das Empfindungsleben durch äußere Formen in eine ihm wohlthätige Bewegung gesetzt werden kann.«[463] »Schön nennen wir diejenigen Formen, welche die Seele auf eine ihrer Natur durchaus angemessene, wohlthätige, wahrhaft gesunde Weise zu empfinden veranlassen, gleichsam in Schwingungen setzen, die ihrer innersten Structur gemäß sind.«[464] Die Frage »nach der Natur des Schönen« sowie der gesamten Ästhetik wurde damit bei Müller in die Psychologie verwiesen. Ganz im Sinne Kants war das ästhetische Urteil bei Müller kein begriffliches Urteil, »die Kunstidee ist niemals ein Begriff«,[465] »vielmehr ist die Kunstidee eine Vorstellung dunkler Art, welche durch Begriffe sich nicht vollkommen fassen lässt [...]«[466]

Damit lag der Maßstab der Kunst für Müller beim Empfindungsvermögen des Subjekts und folgerichtig beurteilte er die Architektur nach ihrer Fähigkeit in welchem Maße sie »vom Bedürfnis sich emporschwingen und zu einer machtvollen Darstellung tiefer Empfindungen werden kann.«[467] Die Gegenstände der Tektonik, Geräte, Gefäße und die Architektur beruhen zwar auf »der Vereinigung der Zweckmäßigkeit mit der künstlerischen Darstellung«, welche aber bei »höheren Aufgaben immer weiter auseinandertreten, ohne je ihre Einheit zu verlieren.«[468]

Wie oben dargestellt können Böttichers ästhetische Vorstellungen im Sinne eines objektiven Idealismus gedeutet werden. Architektur gewinnt bei ihm ihre Gestalt aus ihren eigenen Prinzipien. Zweckmäßigkeit, ein Begriff der in der kantischen Ästhetik vom ästhetischen Urteil ausgeschlossen wird, ist bei Bötticher ein zentraler Begriff, um Architektur zu deuten. In ihren Grundprämissen ist deshalb Müllers Ästhetik von Böttichers Vorstellungen verschieden.

Der Einfluss Müllers auf Böttichers Denken liegt damit nicht in einer direkten Übernahme seiner Gedanken, sondern eher in der Neuinterpretation von Begriffen wie »Kunstform« und »Kunstidee«. Bötticher bleibt Müller zudem verpflichtet in der Verwendung von griechischen Originalbegriffen zur Bezeichnung der Bauglieder. Die Kanneluren nennt Müller ῥαβδωτός (striae et stringes), ἐπίκρανον, κεφαλή das Kapitell, die Wandpfeiler sind die παραστάδες (antes), der Fries ζώνη, διάζωμα, das Kranzgesims γεῖσον.[469] Die Bezeichnungen der Deckenglieder, bestehend aus den Balken, den δοκοί, der aufliegenden Kassettendecke, den στρωτῆρες und den deckenden Kappen, den καλυμμάτια,[470] sowie der anderen Glieder hatte Bötticher aus Müllers archäologischem Handbuch übernommen, um mit seiner *Tektonik* eine ursprüngliche griechische Terminologie in die Architektur einzuführen.

5.6. Zusammenfassung

Böttichers Architekturtheorie kann als idealistische Ästhetik gedeutet werden. Seine »Kunstform« ist die Darstellung von Ideen in der Architektur. Sie ist vergleichbar mit dem, was Hegel als das »sinnliche Scheinen der Idee« bezeichnete.

Das Urthema des Klassizismus, das »Tragen und Getragenwerden«, wurde bereits von Hegel in seiner Ästhetik als das Thema des griechischen Tempels erkannt. Mit diesem Prinzip war die Zweckmäßigkeit der Architektur, ihre funktionale Raumaufteilung, vor allem die inneren statischen Verhältnisse, zu ästhetischen Ideen geworden. Schopenhauer radikalisierte dieses Prinzip im Sinne seiner Philosophie. Die Massenanziehungskräfte waren ihm die unterste Stufe der Objektivation des Willens und das einzige Thema der Architektur. Architektur löste den Anspruch auf Wahrheit ein, indem sie den Kräftefluss erlebbar werden lässt. Das »sinnliche Scheinen der Idee« hatte seinen Schein verloren, es war »wahr« im philosophischen Sinne geworden.

Die analoge Struktur von Architektur und einem organischen Körper, die jedem Teil eine notwendige Funktion zuspricht, bedeutete für Schelling das Wirken des Geistes im Materiellen. Bötticher arbeitete mit einem Organismusbegriff, der dem Schellings ähnlich war. Organische Architektur herzustellen, bedeutete für ihn, die Prinzipien der Natur der Gestaltung zugrunde zu legen.

Bei Schelling waren die überkommenen »Kunstformen« eine Erinnerung an ihren ursprünglich konstruktiven Sinn. Durch die Emanzipation von der mechanischen Funktion und ihrem Gebrauch als künstlerische Form wurde die Architektur zur Nachahmung ihrer selbst. Die entstandene bildhafte Symbolsprache sollte fähig sein, gleich der Poesie, künstlerische Ideen auszudrücken. Schelling betonte zwar wie später auch Bötticher, dass diese Symbolsprache immer an den Zweck des Gebäudes und des Architekturgliedes gebunden sei, die für das 19. Jahrhundert aber so verhängnisvolle Ablösung der künstlerischen Aussage eines Bauwerks von seiner konstruktiven und funktionalen Aufgabe war hier im Keim schon enthalten.

Böttichers *Tektonik* lässt die äußere Form als direktes Abbild der inneren statischen Funktion entstehen. Bildzeichen und Bildmittel waren ihm die analogen struktursymbolischen Ornamente der griechischen Antike. Diese Figuren hatten die Funktion der repraesentatio. Sie waren gebunden an eine tatsächliche Eigenschaft und Beanspruchung des Materials. Idealismus als gestalterisches Prinzip wird damit zum Bildwerden der inneren Kräfte eines Bauwerks. Die Materialeigenschaften der Oberfläche spielen dabei eine untergeordnete Rolle, denn in Böttichers Auffassung von Tektonik ging es um das Darstellen von abstrakten ideellen Prinzipien.

Das gegen Ende des 18. Jahrhunderts von Kant als subjektives Anschauungsurteil bezeichnete ästhetische Urteil, welches sich im freien Spiel der Erkenntniskräfte des Subjekts bildet und damit unabhängig von jeder Zweckmäßigkeit ist, tauchte in veränderter Form in den Theorien des späten 19. Jahrhunderts wieder auf. Adolf Göller wendete sich in seinem 1887 erschienen Aufsatz »Was ist Wahrheit in der Architektur?«[471] gegen die im »objektiven Idealismus« formulierten Gedanken und legte dem ästhetischen Urteil subjektive Kriterien zugrunde. Göller thematisierte die »Formschönheit«[472] der Architektur als äußerlich wahrnehmbares Spiel von Linien und Licht- und Schatteneffekten und sah in dem von Bötticher vertretenen Prinzip einer »totalen Form«, die Grundriss, Konstruktion und Ornament zusammenbindet, eine akademische Auffassung, welche mit ästhetischen und praktischen Nachteilen erkauft werde.

An anderer Stelle wird die von Bötticher vertretene Vorstellung, eine Verbindung der Konstruktion mit den Schmuckformen herzustellen, ausdrücklich betont.[473] Göller negierte damit zwar nicht die Bedeutung der Herleitung des Ornaments im Sinne Böttichers, er schwächte aber den Absolutheitsanspruch Böttichers ab zugunsten einer mehr auf äußere Wirkung angelegten Architektur.

In der Dissertation von Richard Streiter aus dem Jahr 1896 wird der veränderte Zeitgeist in der Beurteilung von Architektur deutlich. Der von Bötticher vertretene und als ethisches Prinzip zugrunde gelegte Wahrheitsanspruch, der sich in der Übereinstimmung von innerer Struktur und äußerer Erscheinung manifestierte, wird bei Streiter in Frage gestellt.[474] An die Stelle der vom Objekt ableitbaren Kriterien treten bei Streiter subjektive ästhetische Kriterien. Streiter argumentiert mit Begriffen wie »Mitfühlen oder Miterleben«[475], »Stimmung«[476], »wohlige Lebensthätigkeit«[477] und stellt fest, »dass vielmehr erst durch das »Einfühlen« des Beschauers in die Form »die an sich tote Materie« lebendig wird, dass erst durch die Art und Weise wie die in »Bewegungen« der Form sich äußernde empfundene »Lebendigkeit« zu dem allgemeinen gesunden Lebensgefühl, zu den besonderen Vorstellungen und Empfindungen des betrachtenden Subjekts, sich verhält, »ein Maßstab für die ästhetische Wertschätzung gewonnen wird.«[478]

Streiter vertrat in seiner Kritik eine Haltung, welche jede Rationalisierung ästhetischer Phänomene als der Sache nicht angemessen einstufte. Die von Bötticher für so wichtig gehaltene intellektuelle Durchdringung architektonischer Formen wurde von ihm durch einen Solipsismus ersetzt, der den Grund ästhetischer Urteile in der jeweiligen Verfasstheit des Subjekts annimmt.[479] Die der Ästhetik als Folge entzogene kommunikative Grundlage beschreibt genau den Zustand der Architektur ab der zweiten Jahrhunderthälfte, welche, jenseits formaler Bindungen, die Stile zu mischen begann.

6. Schinkel, Stier und Semper

Ein Aspekt von Schinkels theoretischen Reflexionen zur Architektur kann mit dem Begriff »Ideal der Zweckmäßigkeit« grundsätzlich umschrieben werden. Seine organisch aus der Konstruktion entwickelte Architektur wirkte prägend auf Bötticher und mehrere Architektengenerationen. Die in der Schinkelnachfolge entstandenen Strömungen an der Bauakademie waren dennoch nicht vollkommen homogen. Wilhelm Stier knüpfte an die frühe romantische Phase in Schinkels Schaffen an und entwickelte einen malerischen Eklektizismus. Dieser stand die von Bötticher begründete tektonische Richtung mit ihrem rationalen Charakter feindlich gegenüber.

Außerhalb Berlins begann Gottfried Sempers *Stil* ab 1860 seine theoretische Wirkung zu entfalten. Semper versuchte wie Bötticher eine theoretische Fundierung der Architektur. Da Semper häufig Renaissanceformen einsetzte, konnte der *Stil* mit als Begründung für deren Verwendung gelesen werden. Bötticher und Semper galten als theoretische Gegner, obwohl ihre Standpunkte weniger im Ergebnis als im Grundsätzlichen differierten. Ihr jeweiliger Architekturbegriff steht für die zwei wichtigsten theoretischen Analysen zur Architektur zu Beginn der zweiten Jahrhunderthälfte.

6.1. Der Einfluss Schinkels

Die hymnisch vorgetragene Weihe der *Tektonik* galt Schinkel und Bötticher akzentuierte damit zugleich seinen Anspruch. Indem er die *Tektonik* als »Frucht aus dem Garten jener Kunst, der er ein Pfleger war«,[480] bezeichnete, sollte sie als Werk im Sinne Schinkels interpretiert werden. Bedenkt man die Autorität Schinkels zu Lebzeiten, so wird deutlich, welche Bedeutung Bötticher seiner *Tektonik* geben wollte. Sie sollte die Architekturauffassung, die mit der Person Schinkels verbunden war, in eine begriffliche Form bringen und als architektonische Theorie den spezifischen preußischen Hellenismus lebendig fortsetzen.

Schinkel war seit seiner Abkehr von der Gotik und Hinwendung zum Klassizismus sehr stark bautechnologisch interessiert. Er stand damit in einer Berliner Tradition, die bis auf David Gilly zurückgeht. Seine Gedanken zur Baukunst wollte Schinkel in einem architektonischen Lehrbuch publizieren. Obwohl Schinkel immer wieder einen neuen Anlauf zu einer Publikation unternahm, kam es dazu nicht. Die Studien und Texte zum architektonischen Lehrbuch waren jedoch der Öffentlichkeit zugänglich.[481]

Vom Nachlass Schinkels, insbesondere den Skizzen und Texten zum architektonischen Lehrbuch, hatte Bötticher offenbar keine Kenntnis.[482] Dennoch kehren bei Bötticher Gedanken wieder, die Schinkel in seinen Lehrbuchskizzen notiert hatte. Wegen des engen Bezuges von Böttichers Text zu Schinkels architekturtheoretischen Thesen wurde Bötticher später als Schinkels schreibende Hand bezeichnet.[483]

Es wäre aber falsch, Böttichers Gedanken mit den Überlegungen Schinkels gleichzusetzen. Bötticher hatte einen anderen Ansatz. Als Lehrer für Ornamentik entwickelte er seine Theorie zunächst vom architektonischen Detail her. Als Theorie der »Kunstform« und nicht als Theorie statischer und konstruktiver Systeme entfaltete Böttichers *Tektonik* ihren Einfluss. Die ornamentalen Reflexionen sind bei ihm zwar unmittelbar mit dem konstruktiv-statischen System verbunden und nur durch dieses erklärbar, als komplexe formale Theorie überlagerten sie jedoch ein ursprünglich konstruktives Gefüge. Nicht mehr die Konstruktion an sich, das Material und seine bautechnisch richtige Fügung, geben die ästhetischen Momente eines Gebäudes ab, sondern eine Kunstsprache, welche tektonische Verhältnisse sichtbar machen soll.

Mit der von Goerd Peschken als »klassizistische Fassung des Architektonischen Lehrbuchs« bezeichneten Abschnitt in Schinkels Architekturtheorie kehrte Schinkel in Teilen zur Lehrmeinung seines Lehrers Hirt zurück, von der er sich während seiner romantischen Phase abgesetzt hatte. Die Konstruktion, früher den »artes mechanicae« zugeordnet, stand im Zentrum seiner Untersuchungen. Ganz elementare konstruktive Figuren[484] dienten Schinkel als Grundlage, um seine Architekturformen zu entwickeln. Ohne Ausnahme wird bei den Beispielen das Material Stein verwendet und nicht wie noch bei Hirt die Steinkonstruktion als eine versteinerte Holzkonstruktion interpretiert. Diese, aus dem Material und dessen richtiger Fügung gewonnenen Elementararchitekturen waren die Grundlage für Schinkels technisch geprägtes Klassizismusbild.[485]

»Von der Konstruction eines Bauwerks muß alles Wesentliche sichtbar bleiben. Man schneidet sich die Gedankenreihe ab, sobald man wesentliche Theile der Konstruktion verdeckt; das überdeckende Mittel führt sogleich auf Lüge, ein anderer Gegenstand tritt an die Stelle der Konstruction, der Willkür nach Laune ist der Weg geöffnet, der Charakter der Wahrheit und Naivität am Werk ist verschwunden.«[486] An dieser Stelle, einem Entwurf zur Einleitung des Lehrbuchs, wird deutlich, wie sehr die konstruktive Fügung für Schinkel ein entscheidendes Moment guter Architektur war. Die richtige Konstruktion verlieh der Architektur gleichsam eine ethische Qualität.

»Sobald das Verhältniß eines Konstructions-Theils schön geworden ist, lässt sich derselbe mannigfach verzieren, die Verzierung indeß darf nur untergeordnet bleiben, erst wenn bildende Kunst in größerer Bedeutung und Schönheitsfülle eintritt, ist ein mehr vorwaltendes Verhältniß dieser erlaubt, so, dass durch sie ein großer Theil des ursprünglichen Konstructionstheils verdeckt werden kann, ohne jedoch seine ursprüngliche Form ganz zu vernichten.«[487] Die einfachen konstruktiven Figuren werden hier bei Schinkel von der Verzierung überlagert und dies umso mehr, je mehr die Architektur ein Werk der bildenden Kunst sein soll. Als Beispiel fügt Schinkel die Morphologie einer Stütze zur Säule an. Erst durch das Hinzufügen von Kapitell, Schaftgesims und Kanneluren ist eine »vollständige Architectur erzeugt«.[488] Die einfachen Architekturstudien stellen zwar schon Architektur dar, die Verzierung jedoch erhebt diese in den Bereich der Kunst.

Verzierung war für Schinkel nach Goerd Peschken nicht von primärer Bedeutung für die Architektur.[489] Er verstand sie nach Poeschken rein applikativ.[490] Ornamentik wurde von Schinkel also nicht im gleichen Sinne tektonisch verstanden wie später von Bötticher. Die Ornamentik unterstrich formal die Gliederung des Gebäudes.[491] Sie begrenzt, vollendet und verbindet die architektonischen Teile und führt sie zu einem Ganzen zusammen.[492] Bei Bötticher kam zu dieser formalen Aufgabe der Ornamentik die tektonische Funktion hinzu, eine Darstellung der wirkenden Kräfte zu sein.

Für Schinkel bestand tektonisches Gestalten im Sichtbarmachen des Charakteristischen einer Konstruktion, im Zeigen der Fügung der Materialien und ihrer spezifischen statischen Eigenschaften im Sinne der »artes mechanicae«. Dabei ging Schinkel so weit, eine Differenz in der Erscheinung und der tatsächlichen Konstruktion, wenn es ihm opportun erschien, als Scheinarchitektur auszubilden. In Putz geritzte Fugen, die Werksteinarchitektur vortäuschen, sind hierfür ein Beispiel.

»Durch die Charakteristik der sichtbaren Konstructionstheile erhält das Bauwerk etwas Lebendiges, die Theile handeln zweckmäßig gegeneinander, unterstützen sich und wenn man ihnen ansieht, dass jeder seine Schuldigkeit thut, so entsteht eine befriedigende Empfindung die den Begriff der Ruhe, der Festigkeit, der Sicherheit mit sich bringt.«[493] Weiter unten beschreibt Schinkel, wie sich die »Charakteristik« einer Wand in der Art und Weise ihrer konstruktiven Ausbildung ausdrückt. Dabei spielt das Sichtbarmachen der statischen Kräfte, hier in Form der »artes mechanicae«, eine wesentliche Rolle. Denn »eine Charakteristik wird schärfer werden, wenn jeder Theil eines Bauwerks frei und ungebunden nach den allgemeinen Gesetzen der Statik wirkt (oder zu wirken scheint).«[494]

Schinkels Begriff der »Characteristik«[495] ist dem vorne beschriebenen Begriff der »Charakteristik« bei Hirt ähnlich.[496] Hirt blieb jedoch mehr an das Modell Vitruvs, an firmitas utilitas und venustas, gebunden, während bei Schinkel primär der Akzent auf der ästhetischen Ausbildung der Konstruktion und der Statik liegt. Die Bedeutung des Technischen verstärkte sich bei Schinkel nach seiner Englandreise mit Beuth im Jahr 1826. Schinkel wendete sich danach von der reinen Werksteinarchitektur ab und ließ alle technisch geeigneten Materialien für die Architektur zu.[497] Schinkel schrieb: »Architectur ist Construction. In der Architectur muß alles wahr sein, jedes Maskieren, Verstecken der Construction ist ein Fehler. [...] Jede vollkommene Construction in einem bestimmten Material hat ihren entschiedenen Charakter und würde in keinem anderen Material auf die gleiche Weise, vernunftgerecht ausgeführt werden können.«[498]

Schinkels Betonung der konstruktiven Elemente zeigt sich auch in seinem Verständnis des zu seiner Zeit häufig benutzten Organismusbegriffs. Architektur verstand Schinkel als »eine Fortsetzung der Natur in ihrer konstruktiven Tätigkeit«.[499] Der Naturbegriff wird hier vom Prinzipiellen her verstanden. Natürliches Konstruieren und damit auch organisches Gestalten entwickelt sich mit dem stimmigen statisch-strukturellen Gebilde und nicht durch eine Nachahmung von Naturformen. Wenn Bötticher den Organismusbegriff verwendet, so hatte er den gleichen ganzheitlichen Anspruch wie Schinkel. Die ornamentale Bildsprache der Schmuckformen hatte sich bei ihm in die tatsächliche statisch-konstruktive Fügung zu integrieren. Schinkels Organismusbegriff implizierte dabei eine ethische Forderung, die auch Böttichers Begriff enthielt: Architektur hat nur das darzustellen und zu thematisieren, was auch tatsächlich der Fall ist.[500] Die bei höheren Bauaufgaben notwendigen Schmuckformen sind nicht als Scheinarchitektur einer Konstruktion vorzublenden, sondern sie sind als Teil eines organischen Gefüges zu sehen. Wenn Bötticher von der »totalen Form« spricht, so verstand er darunter den organischen Charakter von Architektur, das integrierte Modell von Konstruktion und Form im Sinne Schinkels.[501] Schinkel verwendete jedoch das Ornament nicht ausschließlich struktursymbolisch wie später Bötticher.

In seinen Skizzen um den Anfang der 1830er Jahre beschäftigt sich Schinkel damit, eiserne Deckentragwerke in die Architektur einzuführen.[502] Diese Skizzen reflektieren sowohl technisch als auch formal das neue Material. Wie später Bötticher versuchte auch Schinkel den neuen Baustoff in die klassische Formensprache zu integrieren. Die antiken Proportionen wurden von ihm bei der Werksteinarchitektur beibehalten. Eine steinerne Säule war für ihn durch einen aus der Antike abgeleiteten Proportionskanon festgelegt. Um die Höhe zu dem leichten eisernen Deckentragwerk zu überbrücken, behalf er sich, indem er Karyatiden auf die Säule stellte (siehe Abb. 9).[503] Hier zeigte sich der Konflikt, der mit der Integration neuer konstruktiver Systeme unter Beibehaltung des klassischen Proportionskanons entstand. In einer anderen, früheren Skizze wird die Proportion der Säule beibehalten, der Architrav sitzt jedoch blockartig wie ein zweites Kapitel auf dem korinthischen Kapitell und darauf erst ist das eigentliche Deckentragwerk mit einer völlig neuen Formensprache, einer eisernen Decke, aufgesetzt (siehe Abb. 10).[504] Die neuen Formen, die sich aus dem neuen Baumaterial Eisen ergaben, wurden hier von Schinkel additiv dem antiken Kanon hinzugefügt.

Die formalen Probleme entstanden durch die Materialeigenschaften des Baustoffs Eisen. Das Eisen dehnt die klassizistische Idee der »Schwere«, die sich in der Werksteinarchitektur am kräftigsten darstellen lässt, bis an die Grenze des optisch Erfahrbaren. Die ganze Proportionslehre, das Tragen und Lasten als Prinzip der Architektur, das Gleichgewicht der Massen, wurde mit dem eisernen Skelett bedeutungslos. Schinkels Eisenkonstruktionen thematisieren dieses neue Prinzip in der Wahl einer freien Ornamentik; er stellte sie jedoch in unvermittelter Härte neben die antik proportionierten Steinglieder.

Bei Bötticher war der antike Proportionskanon nicht mehr vorhanden. Bötticher ging von der Universalität der antiken Ornamentik aus. Bewirkt ein neues Material wie das Eisen eine andere Statik, so musste zwangsläufig das antike Ornament zu einer anderen Darstellung kommen. Architektur konnte sich damit formal erneuern, ohne dass ein Bruch entstand, wie er noch auf Schinkels Skizzen erkennbar ist. Statik und Ornament sind bei Bötticher vollkommen »organisch« geworden.

Bötticher zeichnete nach der Natur und integrierte seine Ornamenterfindungen in die von ihm als hellenisch klassifizierte, ornamentale Architektursprache. Seine formale tektonische Logik sollte auf jedes Material und jede Bauaufgabe anwendbar sein. Da die Materialität, aus denen die Bauteile bei Bötticher bestehen, nur indirekt, über die charakterisierenden Kunstformen in Erscheinung tritt, konnte Bötticher auch mehrere Materialien bei einem Bauwerk zulassen. Schinkel dagegen warnte vor Materialvielfalt.[505]

Die Betonung der Konstruktion und der Statik, so wie sie Schinkel seit seiner klassizistischen Phase vorgenommen hatte, ist in Böttichers Begriff der »Kernform« nur abstrakt enthalten. Als praktizierender Architekt interessierte sich Schinkel, im Gegensatz zu Bötticher, für das innovative technologische Detail. Böttichers Auseinandersetzung mit der Konstruktion ist dagegen entweder rein archäologisch motiviert oder besitzt thesenartigen Charakter. In seiner Rede zum Schinkelfest im März 1846 benutzte er die Begriffe »absolute, relative und rückwirkende Festigkeit«.[506] Innovationen in der Architektur entstanden für Bötticher durch Entdeckungen auf dem Gebiet der Bautechnologie, wie es in Bezug auf die »absolute Festigkeit« des Eisens und dessen Potential der Fall war. Die »Kunstformen« passen sich diesen neuen Strukturen an und verändern so das architektonische Erscheinungsbild.

Ein Grund, weshalb Schinkels architektonisches Lehrbuch nie publiziert wurde, bestand darin, dass er allen starren Theoriegebäuden misstraute. Schinkel legte stets Wert darauf, dass dem Gefühl und nicht dem begrifflichen Argument die letzte Entscheidung vorbehalten blieb.[507] Diese Erkenntnis wird ihn davon abgehalten haben, eine Architekturtheorie mit normativem Charakter zu formulieren.

Schinkels geistige Verwandtschaft zu Bötticher besteht im gemeinsamen idealistischen Gedankengut der Zeit. Architektur und Konstruktion hatten bestimmte Regeln einzuhalten. Baukunst aber hatte zudem einem Ideal zu genügen. Schinkel bezeichnete dieses Ideal als »Ideal der Zweckmäßigkeit«.[508] Neben der »Zweckmäßigkeit der Raumverteilung« und der »Zweckmäßigkeit der Konstruktion« benutzt Schinkel den Begriff »Zweckmäßigkeit des Geschmacks oder der Verzierung«. »Die Zweckmäßigkeit des Geschmacks oder der Verzierung« bezeichnete Schinkel als »ästhetische Zweckmäßigkeit«. Nur diese »ästhetische Zweckmäßigkeit« verlieh für Schinkel dem Gebäude seinen Kunstwert.[509]

An einem Begriff Schinkels wie dem »Ideal der Zweckmäßigkeit« wird der höhere Zweck deutlich, dem das Kunstwerk bei Schinkel zu genügen hatte.[510] Schinkel wendete sich gegen eine ökonomische Zweckrationalität von Objekten und hob den ethischen und moralischen Aspekt, den nach ihm die Kunst zu erfüllen hat, hervor.[511] Mit Schinkels Begriff des Monumentalen, der für ihn identisch war mit dem des Kunstwerks,[512] sollte dieser ethisch-moralische Anspruch ein-

9. Karl Friedrich Schinkel, hölzerne und eiserne Trägräume für Räume aus dem Gedankenkreis des Volksfesthauses bzw. der Residenz.
10. Karl Friedrich Schinkel, Volksfestsaal mit eiserner Decke.
(Aus: Goerd Peschken, *Karl Friedrich Schinkel. Das Architektonische Lehrbuch*, München und Berlin 1979.)

gelöst werden. Die ethisch-moralische Empfindung, »Sinn und Gefühl des Höheren«,[513] wird durch das Monument evoziert.[514] Die »moralische Wirkung der schönen Kunst« implizierte für Schinkel das Streben nach »höchster Wahrheit und höchster Vollkommenheit.«[515] Schinkels »Ideal der Zweckmäßigkeit« erinnert an Hegels Auffassung zu einer Ästhetik der Architektur. Dennoch beinhalten Schinkels Vorstellungen nicht ausschließlich eine Ästhetisierung der Struktur, wie sie später Bötticher vertrat. Im Sinne Kants hatte Architektur für Schinkel ein geliehenes Ideal der Schönheit,[516] ihr Sinn bestand für ihn in der »Veredlung und Erhebung« des Betrachters. Die Vollkommenheit der Ausführung machte Architektur zum Monument, das in seiner Ausführung einfach und zugleich naiv,[517] einem unmittelbaren ästhetischen Urteil zugänglich sein sollte. Ein architektonisches Monument sollte als unmittelbare Erfahrung wie bei einem Werk der Poesie beim Betrachten eine Erhebung des Menschen zum »Sittlich-Guten« bewirken. Die Konstruktion des Monuments blieb zwar von grundlegender Bedeutung, die künstlerische Ausformulierung sollte jedoch beim Betrachter eine »veredelnde Gesinnung« hervorrufen.[518]

Ästhetik war bei Schinkel zuletzt eine Sache des Gefühls und entzog sich damit einer Intellektualisierung, wie sie später Bötticher betrieb. Der Begriff des Ethisch-Moralischen, den Schinkel als Verpflichtung der Kunst betrachtete, entspricht dem Verständnis des Begriffs von Bötticher. Die ethische Forderung impliziert den Ausschluss jedes Scheins und jeder Willkürlichkeit in der Wahl der architektonischen Ausdrucksmittel.

Die ganzen Studien Schinkels zur Konstruktion können somit als eine Art Propädeutik interpretiert werden, welche zum eigentlichen Thema Schinkels, dem der Baukunst, führen. Schinkels Reise nach England 1826 hatte ihn mit einer funktionalen Fabrikarchitektur bekannt gemacht, die ihn in ihrer Nüchternheit erschreckte.[519] Eine nur aus der Mechanik der Konstruktion abgeleitete Architektursprache, ohne jedes ornamentale Bildprogramm, war für Schinkel keine Antwort das Problem einer zukünftigen Architektur zu lösen. Das Neue, das Schinkel bei jedem Bauwerk einforderte, sollte im Gewand einer Architektursprache sich zeigen, die sowohl in der Historie verankert ist, als auch ein Moment der Poesie besitzt.[520] Architektur, und hier ist vor allem die Monumentalarchitektur gemeint, sollte nicht nur der Erfüllung funktionaler und konstruktiver Kriterien nachkommen, sondern zudem eine ethisch-moralische Empfindung hervorrufen.

Bei einem Projekt wie der Bauakademie (1831–1835) gelang Schinkel exemplarisch in der Synthese klassischer und mittelalterlicher formaler Prinzipien eine der Bauaufgabe adäquate, tektonische und bildhafte Charakteristik. Für ein späteres Projekt wie dem Palast Orianda auf der Krim am schwarzen Meer (1838) verwendete Schinkel selbstverständlich das klassische Architekturvokabular.[521] Die klassisch hellenische Sprache war der Bauaufgabe angemessen, der Bauschmuck mit einer entsprechenden Symbolik versehen. Das Projekt gehörte zu einer Reihe von späten Entwürfen, die Schinkel unter dem Titel *Werke der höheren Baukunst* veröffentlichte.[522] Schinkel schien dem Titel nach in eine höhere und eine niedrigere Architektur differenziert zu haben. Die gewählte klassische Ornamentik entsprach als einem Werk der höheren Baukunst dem »Ideal der Zweckmäßigkeit der Verzierung« und hatte deshalb nichts mit restaurativen Tendenzen bei Schinkel zu tun.

Genau an diesem Punkt knüpfte Bötticher bei Schinkel an. Auch Bötticher erkannte die Notwendigkeit einer Architektursprache und verstand es, das, was bei Schinkel als höhere Baukunst bezeichnet wurde, in eine rationale Theorie der Ornamentik zu überführen. Das »Ideal der Zweckmäßigkeit der Verzierung« Schinkels, das noch an Hirts Charaktertheorie hing, wurde bei Bötticher zum hellenisch-tektonischen Ornament, welches als universelle Architektursprache Baukunst in einem idealen Sinn begründen sollte.

6.2. Bötticher und Stier

Die Beziehung von Bötticher zu Wilhelm Stier (1799–1856) spiegelt die Gegensätze zwischen einer rationalen und einer auf visuelle Effekte bedachten, romantischen Architekturauffassung wider.

Bötticher, durch Heirat mit Stier verwandt[523] und vor seinem Eintritt in die Bauschule ein Verehrer von Stiers Architekturauffassung,[524] entwickelte sich, mit durch den Lehrbetrieb an der Bauakademie,[525] zu seinem stärksten Gegner. In der Auseinandersetzung zwischen den beiden entgegengesetzten Persönlichkeiten, die sich durch einen Beitrag Stiers in der *Allgemeinen Bauzeitung*[526] und der darauffolgenden Kritik[527] Böttichers bis zur Polemik steigerte, werden zugleich die unterschiedlichen theoretischen Positionen an der Bauakademie nach Schinkel erkennbar. Stier wurde von Schinkel empfohlen und erhielt vermutlich durch ihn einen Lehrauftrag an der Bauakademie.[528] Obwohl Stier nicht als Schinkelschüler bezeichnet werden kann, er verließ 1817

Berlin, wurde er vor allem von Schinkels Frühwerk, seinen Gemälden und den gotischen Entwürfen, beeinflusst. Seine Entwürfe erregten Bewunderung, auch bei Bötticher, da sie an zeichnerischer Vollendung und Erfindungsreichtum an Schinkel heranreichten.[529] Stier, anfangs ein romantischer Anhänger der gotischen Architektur,[530] entwickelte sich zum malerischen Eklektizisten, der nicht davor zurückschreckte, eine Kombination verschiedener Stilelemente vorzunehmen. Seine oft ins Kolossale gesteigerten Entwürfe[531] blieben sämtlich unverwirklicht.

Stier unterrichtete ab 1828 Entwerfen und Monumente der Baukunst an der Bauakademie und Bötticher ab 1839 Ornamentzeichnen. Auf Initiative von Beuth, welche auf Schinkel zurückging, übernahm Bötticher zur Hälfte den zuvor von Stier alleine besetzten Lehrstuhl für Entwerfen, der aufgelöst wurde. Stier erhielt im Gegenzug den Lehrstuhl für Geschichte der Baukunst.[532]

Die Ansätze beim Entwurf können gegensätzlicher nicht gedacht werden. Stier, ein malerischer Romantiker, stand konträr zu Böttichers strengem akademischem Ansatz. Die Argumentation, die Stier als Begründung für seine Architektursprache benutzte, war ähnlich eklektisch wie seine Formensprache. Dies musste Bötticher, der sich als Bewahrer der schinkelschen Architekturauffassung verstand, herausfordern. In der Literaturbeilage zur *Allgemeinen Bauzeitung*[533] veröffentlichte dann Bötticher eine detaillierte Kritik, der von Stier zuvor in derselben Zeitschrift geäußerten Gedanken.

Zunächst behandelte Stier unter dem Titel »Architrav und Bogen als Principe der Konstruktion« die, als synonym mit griechischer und mittelalterlicher Architektur empfundenen, architektonischen Grundprinzipien.

Ähnlich wie Hübsch nahm Stier an, dass die griechischen Tempel keine Konstruktion aus Stein als Bedeckung, sondern aus Holz hatten. Stier gibt als Begründung der Holzkonstruktion den nicht auf Biegung belastbaren Stein, sowie ökonomische Gründe an.[534] Nur der Portikus von Prachtgebäuden[535] sollte nach Stier ganz aus Stein gewesen sein. Für Bötticher dagegen hatten sich die Kunstformen des griechischen Tempels aus dem Steingebälk und dem Steindach heraus entwickelt.[536] Holzdecken gebrauchten die Griechen zwar auch, sie sind jedoch für Bötticher, auf die Architektur des Tempels bezogen, ein konstruktiv fremdes Material.[537]

Stier entwickelte Zusammenhänge zwischen der Überdeckung eines Raumes und der von Maueröffnungen in der Wand. Zunächst stellte er fest, dass die überwiegende Anzahl der Bauten Wohnhäuser seien und dass bei diesen die horizontale Balkendecke anzutreffen sei, weshalb, aus ästhetischen Gründen, die Fenster und Türen dazu passend einen horizontalen Architrav erhalten sollten.[538] Auch bei halboffenen Gängen, deren »lichte Weite zwischen den Stützen selten nur in etwas breiter als die Lichtweiten unserer Fenster«[539] sind, rät Stier zu einer horizontalen Überdeckung, sei es mit »Ziegelsteinen im Scheidbogen«[540] oder mit »Blöcken von gewachsenem Stein« oder auch aus Holz.[541] Es blieb für Stier zuletzt eine ökonomische Frage, für welches Material man sich entscheidet.[542]

Als weiteres Beispiel horizontaler Deckentragwerke führt Stier die Verwendung von Holzdecken im mittelalterlichen Kirchen- und Wohnhausbau auf. Der horizontale Architrav sei im Mittelalter »in weitester Ausdehnung einheimisch«[543] gewesen, weshalb Stier ihn als »streng national«[544] bezeichnet. Abschließend kommt Stier zu der Feststellung, dass »das übliche auf die größte Zweckmäßigkeit und Bequemlichkeit gegründete konstruktive Princip bei Deckenwerken […] auf die horizontale Überdeckung und nicht auf die bogenförmige«[545] führe.

Sobald aber die Überdeckungen ein größeres Breitenmaß überschreiten, wie es bei großen Fensteröffnungen und bei Saalbauten der Fall ist, sei die bogenförmige Überdeckung zweckmäßig, argumentiert Stier ganz statisch-konstruktiv im nachfolgenden Abschnitt.[546] Aus praktischen Gründen ist folglich nach Stier »weder der Architrav noch der Bogen zu entbehren«.[547]

Nach der Hälfte seines Textes nehmen Stiers Darlegungen eine subjektive Färbung an. Der zuvor gepriesene horizontale Architrav, der zwar »Ruhe, Einfachheit, Übereinstimmung«[548] bieten sollte, verursacht jetzt in seiner Häufung »Ermüdung und Missbehagen«.[549] Die Bogenform wird von Stier als »Thautropfen in der Wüste Sahara«[550] bezeichnet, welcher belebend und erfrischend gegen die Langweiligkeit der Horizontalität wirke. Und ganz konträr zu der zuvor geäußerten Meinung preist Stier den Einsatz der Bogenform an jeder Stelle, wenn es nur der Gesamtgestaltung nützt: »möge man den Bogen nur lustig im Bauwesen zur Anwendung zu bringen suchen, wo nur irgend es sich schicken will nach Mitteln und Umständen«, […] über kleinen Schlitzfensterchen oder als Überdeckung von den Zwergportiken […].«[551]

Diese Äußerungen Stiers musste Böttichers Widerspruch reizen. Das ästhetische Urteil Stiers, das die Verbindung von Bogenform und Horizontalstrukturen aus formalen Gründen ausschließt, widerlegte Bötticher durch Beispiele aus der Baugeschichte.[552] Bestimmte Formen mit nationaler Gesinnung in Verbindung zu bringen, war für den Idealisten Bötticher kein Thema. Er schreibt:

»[...] Wir sind hierüber der Ansicht, dass es überhaupt gar nicht darauf ankomme ob eine Konstruktion national sei, um sie bei uns heimisch zu machen, sobald sie nur ein Fortschritt in der baulichen Struktur ist. Ist etwa die Überspannung gewaltiger Räume durch Eisenkonstruktionen etwas Antinazionales für uns bloß, weil sie Amerikaner, Engländer und Franzosen vor uns zuerst in Brauch genommen haben?«[553] Bötticher argumentierte mit den statisch-strukturellen Möglichkeiten von Architektur[554] und sah deshalb im Material Eisen neue, zukunftsweisende Perspektiven, welche Stier nicht zur Kenntnis genommen habe.[555] Er hatte nur Spott[556] für Stier übrig, welcher die zuvor aufgestellten Grundsätze durch ein Geschmacksurteil ersetzte, das Architekturformen nach Belieben gegen Langeweile verwende.[557]

Stier entwickelte Ideen, wie die Formen der einzelnen Stile wechselseitig übertragbar wären. Zunächst waren für Stier beim Betrachten der Detailformen »im griechischen, wie im germanischen Stil dieselben Elemente, dieselben Wortlaute«.[558] Die Detailformen der griechischen Baukunst habe sich aus der eingeschossigen, die der mittelalterlichen Architektur aus der mehrgeschossigen Bauweise entwickelt und folglich war nach Stier die griechische Detailform »ganz allgemein die angemessenste: für geringen Maßstab der Bauwerke, für breite Massenformen, für einen nahen Standpunkt des Beschauers [...]«,[559] wohingegen die mittelalterliche Detailform »ganz allgemein die angemessenste: für großen Maßstab der Bauwerke, für große Höhendimensionen derselben namentlich, für schlank gespaltene Massen, für entfernten Standpunkt von Seiten des Beschauers [...]«[560] sei. Ist das Gewölbe nicht zu hoch, so konnte sich Stier die Details des Gewölbes mit griechischen Formen vorstellen. Er bezog sich hierbei auf römische und italienische Gewölbeformen.[561]

Stier verwendete einen Eklektizismus, der den für Bötticher so wichtigen Zusammenhang von Konstruktion und Ornament negierte. Er erkannte im Gebälk des griechischen Stils eine »Krönungsform«,[562] deren Dreiteiligkeit von Kranzgesims, Fries und Architrav analog der Dreiteiligkeit der romanischen und der germanischen »Krönungsform« sei. Der Fries der griechischen Architektur wurde mit den Bogenbändern der romanischen Architektur in Verbindung gesetzt und als reine Schmuckform, ohne konstruktive Bezüge, erklärt.[563] Die »Krönungsform« war damit nach Stier an jedem Ort einsetzbar, an dem es ästhetisch opportun erschien.[564] Stier ging so weit, nicht in jedem Fall die gesamte Abfolge der einzelnen Glieder beizubehalten, sondern einzelne Elemente »sobald dies [...] schicklich erscheint oder durch die Gesammtkombinazion der Detailformen des Baues durch eigenthümliche Stützenform oder Öffnungsproporzionen selbst geboten wird«,[565] wegzulassen.

Stiers Vorliebe gehörte zu dieser Zeit der Renaissancearchitektur.[566] Den Begriff »Krönungsform« benutzte er, um die griechischen Architekturelemente vom Architravsystem abzulösen und als reine formale Elemente auf das konstruktive System des Bogenbaus zu übertragen.[567] Als historische Zeugen gleichen Vorgehens wurden von Stier die wichtigsten Renaissancearchitekten benannt.[568]

Das Ablösen der ornamentalen Form von der Konstruktion war für Stier in gleicher Weise bei der mittelalterlichen Architektur möglich. Es »eignet sich auch das Detail der mittelalterlichen Gewölbestile, um Architravsysteme damit eine ästhetische Ausbildung zu verleihen«.[569] Da Stier die römische Antike und Renaissanceformen bevorzugte, betrachtete er die Detailformen des Mittelalters als nicht empfehlenswert für die zeitgenössischen Bauaufgaben. Als Grund wurde von ihm der gestalterische Bruch von äußerer Formenwelt und innerer Einrichtung angegeben.[570]

Stiers freier ornamentaler Umgang kam einer Trennung von Böttichers »Kernform« und »Kunstform« gleich. Es war der enge Konnex des statischen-materiellen Gefüges mit der ornamentalen Form, der die Essenz von Böttichers Kunstlehre ausmachte und dieser Grundsatz wurde von Bötticher, mit zum Teil herablassendem Tonfall Stier gegenüber, vertreten.

Indem das Ornament die Statik und Materialität des Bauwerks nachzeichnet, wurde es für Bötticher im ethischen Sinne wahr. Dieser Wahrheitsanspruch ging verloren, wenn die »Kunstform« nicht mehr den inneren Begriff analog dem baulichen Glied wiedergab. Stiers Übertragung der griechischen »Kunstformen« auf eine völlig andere statisch-strukturelle Bauweise, der Gewölbe- und Bogenstruktur, war für Bötticher nur damit erklärbar, »dass er nicht im Entferntesten die materielle Nothwendigkeit, die bauliche statische Dienstverrichtung der Glieder des Gebälks ahne, dass er mithin von der Kunstfolge dieser Glieder, [...] noch weniger ein Verständnis haben könne.«[571]

Stiers Hinweis, man könnte die Gebälkform über der vollen Mauer als reine Krönungsform[572] benutzen sowie seine These, dass die Frieszone ersatzlos gestrichen werden könne, da sie konstruktiv nicht notwendig sei,[573] widerlegte Bötticher in einer detaillierten Analyse.[574] Die einzelnen Thesen miteinander zu vergleichen, würde den Rahmen dieser Arbeit überdehnen.

Stier hatte mit seinem Eklektizismus den größten Erfolg beim Wettbewerb um das Athenäum in München 1854, der Maximilianeumskonkurrenz, nicht ohne Grund, sollte doch mit diesem Wettbewerb ein neuer Baustil gefunden werden, welcher sich durch eine Synthese von historischen Stilen auszeichnete.[575] Als einziger Bewerber aus Berlin hatte Stier einen Entwurf bei einem Wettbewerb abgegeben, welcher vom Programm her gegen die Schinkel-Tradition gerichtet war.[576] Sein Beitrag war ein malerischer Eklektizismus, die konsequente Umsetzung seiner 1843 in der *Allgemeinen Bauzeitung* formulierten Gedanken.

Am Beispiel Stiers wird Böttichers Ablehnung und Unverständnis einer auf optischen Reizen gegründeten Architektur deutlich, die sich einem direkten Zugang durch den Intellekt verschließt und mehr an das assoziative Gefühl beim Betrachter appelliert. Was bei Schinkel noch zusammen war, das poetische Gefühl und die rationale Durchdringung der konstruktiven Formen, hatte sich bei Stier und Bötticher in die Extreme polarisiert.[577]

Stier forderte eine freiere und nicht durch ein Regelwerk festgelegte Architektursprache, die auch vor einem individuell entwickelten Eklektizismus nicht zurückschreckte. Seine Architektur zielte damit genau gegen die in Berlin gewachsene Tradition des tektonischen Ornaments.

6.3. Bötticher und Semper

Zeitgenossen haben Bötticher und Semper als Antipoden gesehen. Von Bötticher wurde als von dem Theoretiker einer idealistischen Architekturtheorie, von Semper als dem Vertreter einer materialistischen Auffassung gesprochen. Diese Klassifizierung verkürzte Sempers Architekturauffassung und wurde zudem dem Einfluss, den Böttichers Theorie auf ihn ausübte, nicht gerecht.

Oben wurde die Bedeutung Schinkels für Böttichers *Tektonik* dargestellt. Die idealistische Haltung, die sich mit dem vorne beschriebenen Terminus Schinkels, dem »Ideal der Zweckmäßigkeit«, umschreiben lässt, führte bei Bötticher zu einer Architektur, für welche die statischen Verhältnisse die essentiellen Prinzipien des Gebäudes vorgaben und bis zur äußeren Inkrustierung die Architekturglieder bestimmten.

Der Begriff »organisch« war für Bötticher und die Schinkelschule der zentrale Begriff, um einen engen Konnex von Konstruktion und Ornament zu bezeichnen.[578] Von daher ergaben sich für die Schinkelschule Schwierigkeiten im Umgang mit Renaissanceformen. Die Kombination von Bogen- und Architravformen galt als Scheinarchitektur, welche architektonische Bildmotive dekorativ einer Konstruktion vorblendete. Der Bruch, der die äußere Inkrustierung von der Konstruktion trennte, wurde als »unorganisch« empfunden.[579]

Beide, Bötticher und Semper, haben eine Kunstlehre entwickelt. Sempers Theorie sollte wie die Böttichers die künstlerischen Formen rational erklären und damit einem als willkürlich empfundenen Individualismus, wie ihn Wilhelm Stier vertrat, entgegenwirken. Zentral blieb, bei Semper wie bei Bötticher, die Frage, mit welchen »Kunstformen« die Architektur zu gestalten sei. Bötticher sah das zeitlose Wesen der Architektur in der Statik, seine »Kunstformen« waren analoges Sichtbarmachen des Kräfteflusses. Sein Essentialismus definierte Architektur nach der statisch-konstruktiven Struktur und deren tektonischer Bildsprache. Für Semper, dem Hauptvertreter der Neorenaissance und Theoretiker des *Stils*,[580] war ein Zusammenhang von tatsächlicher Konstruktion und Ornamentik nicht zwingend.[581] Architektur unterlag für Semper einer Vielzahl von kulturellen Einflüssen und hatte einen symbolischen Inhalt auszudrücken, der die »dienenden Strukturelemente zu dienstfähigen, zu symbolischen«[582] werden ließ. Wie weit die ideologischen Unterschiede von Sempers Architekturauffassung und der Schinkelschule auseinanderlagen, belegt eine Aussage von Rudolf Redtenbacher, der in den 1860er Jahren die Berliner Bauschule besuchte.[583] Redtenbacher schildert in seinem Aufsatz in der *Deutschen Bauzeitung*, dass Bötticher es nicht duldete, wenn Sempers Namen in seiner Gegenwart fiel. Die Ablehnung Sempers in der Berliner Bauschule ging sogar so weit, dass Sempers Hauptwerk *Der Stil* »auf lebhaften Widerspruch« stieß, als es um die Anschaffung des Werks für die Bibliothek des Architektenvereins ging.[584] Im Gegenzug hielt sich aber auch Semper mit spitzen Bemerkungen gegenüber Bötticher nicht zurück.[585]

Erst im Jahr 1877 fand in Venedig eine persönliche Begegnung zwischen Bötticher und Semper statt. Bötticher war auf seiner Reise über Italien nach Griechenland und logierte zufällig im gleichen Hotel wie Semper. Böttichers Frau, Clarissa Lohde-Bötticher, schilderte die Begegnung der verfeindeten Theoretiker.[586] Mit Überraschung stellten beide im Gespräch das große Maß an grundsätzlicher Übereinstimmung in ästhetischen Fragen fest. Über »die Erkenntnis des wahrhaft Schönen [...] fanden sich die Gegner immer zusammen«.[587] Streitpunkte bestanden in der Einschätzung des künstlerischen Werts der gotischen Architektur, die Semper im Gegensatz zu Bötticher ablehnte, und in Detailfragen zur Polychromie des Parthenon.[588] Dennoch ging die Übereinstimmung so weit, dass Semper es als seinen höchsten und wahrscheinlich letzten Lebenswunsch äußerte, er wolle zusammen mit Bötticher den klassischen Boden durchforschen.[589] Eine solche Übereinstimmung bei Menschen, die sich ein Leben lang als theoretische Gegner betrachteten, mutet doch etwas sonderbar an. Der besonderen Beziehung der beiden Theoretiker nachzugehen, lohnt sich deshalb immer noch, obwohl eine Reihe von kürzeren Abhandlungen über die Beziehung von Semper zu Bötticher bereits vorliegen.[590]

Was Semper Bötticher schuldet hat Wolfgang Herrmann aufgezeigt.[591] Einsichten, die Semper als seine eigenen ansah, entdeckte er im Londoner Exil in Böttichers *Tektonik*, die acht Jahre zuvor erschienen war.[592] Bötticher hatte die in der Polychromiedebatte, an der sich auch Semper beteiligte, gewonnene Einsicht vom bekleideten Bauglied in seine »Kunstform« einfließen lassen. Das für Semper so wesentliche Bekleidungsprinzip war mit Böttichers Begriff der »Kunstform« vorweggenommen worden. Die textile Technik, in der die architektonische Uridee der Wand für Semper steckte, war gleichfalls ein wichtiges Theorem von Böttichers *Tektonik*.

In seiner Schrift *Die vier Elemente der Baukunst*[593] beschreibt Semper die für ihn wesentlichen Elemente der Architektur. Als erstes und wichtigstes Element der Baukunst gilt ihm der Herd oder die Feuerstätte als »heiligem Brennpunkt, um den sich das Ganze ordnet und gestaltet«.[594] Die anderen Elemente der Baukunst dienten dem Feuer als Schutz. Es sind diese »das Dach, die Umfriedigung und der Erdaufwurf«.[595] Die Herstellung dieser drei Elemente bildeten für ihn die industriellen Urtechniken der Baukunst. Der Erdaufwurf oder Terrassenbau hat als Urtechnik die Technik des Maurers, die Stereotomie, die Herstellung des Daches, die des Zimmermanns. Semper bezeichnete sie später als Tektonik im antiken Sinne des Wortes.[596] Am bedeutungsvollsten für seine Theorie war für ihn die Erkenntnis, dass die Herstellung des Elements Wand und damit der räumlichen Umschließung eines Bauwerks, in der Urtechnik der Mattenflechter und Teppichwirker verborgen lag. Sempers Wand war ein nichttragendes, nur raumbildendes Element, strukturiert nach den handwerklich-ornamentalen Prinzipien von Teppichen. Ohne auf Bötticher Bezug zu nehmen, wundert sich Semper darüber, »dass in der ganzen Kunstliteratur«[597] kein ernsthafter Versuch unternommen wurde, den allgemeinen Einfluss der dekorativen Symbole der textilen Kunst auf die Baukunst nachzuweisen. Mit anderen Worten waren Sempers Matten jedoch die gespannten Teppiche von Böttichers Urbild der hieratischen Skene. Der Unterschied der beiden Theoretiker liegt daher häufig weniger im Detail, sondern in den jeweiligen Grundintentionen. Sempers Reflexionen sollten das Entstehen eines Stils erklären, aber keine neue Kunstlehre wie die Böttichers begründen.[598] Die Entstehung des Stils war für Semper eng an die technischen und materiellen Bedingungen der industriellen Urtechniken des Bauens und Kunsthandwerks gebunden.[599] Gebrauchszweck, materielle Beschaffenheit des Stoffs sowie die benutzten Werkzeuge[600] bedingten die äußere Gestalt eines technischen Produkts wie zum Beispiel die eines Raumabschlusses, hergestellt aus gespannten Teppichen. Das Zurückführen von Architektur auf diese materiellen Faktoren der Urtechniken, insbesondere auf die textile Technik, war der Ausgangspunkt für Sempers Architekturinterpretation.

Alle vier Elemente Sempers hatte Bötticher in seiner *Tektonik* bereits beschrieben. Bötticher interessierten dagegen weniger die materiell pragmatischen Gesichtspunkte dieser Techniken, sondern ihr ideeller Gehalt. Das Stylobat gab für Bötticher dem Tempel den Charakter eines feierlich aufgestellten Werks und diente keinem vordergründigen Zweck. Die Wände und die Decken von Böttichers Zeltidee bildeten eine Skene von höchster Idealität und waren nicht aus einer Schutzfunktion für das Feuer entstanden. Der Herd oder das Feuer war bei Bötticher das ideelle Moment des Profanbaus, er stand für die Integration des Einzelnen in Staat und Kosmos.[601]

Semper entwickelte dagegen die rein technische Seite der Urtechniken. Die unterschiedliche Auffassung führte dazu, dass die Zeitgenossen in Semper den Materialisten und in Bötticher den Idealisten sahen. Diese Bezeichnung kann jedoch, je nach gewählter Perspektive, auch umgedreht werden. Idealistische Momente sind bei Semper gleichermaßen vorhanden.

Um dies zu verdeutlichen, muss Sempers zentraler Ansatz zur Interpretation von Architektur, seine Bekleidungstheorie, kurz umrissen werden. Nicht die Realität des Stofflichen, die Ästhetik des Baumaterials, sei das Thema der Architektur, darin ist Semper mit Bötticher einer Meinung, sondern die Ideen, die sich mit der Bekleidung artikulieren. Als stärkstes Argument einer ursprünglichen Inkrustierung von Architektur diente Semper die mit allgemeiner Akzeptanz getragene Anschauung einer in allen architektonischen Werken der Antike vorhandenen Polychromie. Der farbige Überzug bewirkt ein Verschwinden des Stoffes. Die Farbe »ist das vollkommenste Mittel, die Realität zu beseitigen, denn sie ist selbst, indem sie den Stoff bekleidet, unstofflich [...]«[602]

War der Stoff unter der Inkrustierung verschwunden, so konnte diese eine eigene, symbolische Sprache vortragen. An dieser Stelle sind Sempers und Böttichers Anschauungen austauschbar. In der Symbolik, die in der Architektur zum Ausdruck kommt, lagen sie auseinander.

Semper interpretierte die Architektur evolutionär. Ein wichtiger Begriff für diesen evolutionären Prozess war Sempers Stoffwechseltheorie.[603] Die Inkrustierung der Wand führte Semper auf die, seiner Meinung nach, ursprüngliche Technik zurück, einen Raumabschluss mit Teppichen herzustellen. Semper sprach von dem »Mysterium der Transfiguration«,[604] das sich im Übergang dieser ursprünglichen Techniken in ein anderes Material ereigne. Diese »Transfiguration« ursprünglicher technischer Verfahren auf andere, sich ändernde Baumaterialien sicherte zugleich ihre Kontinuität. Semper verglich dieses Prinzip mit der Struktur der Sprache. Auch in der Sprache gibt es »Sprachwurzeln«, die »ihre Geltung immer behaupten und bei allen späteren Umgestaltungen und Erweiterungen der Begriffe, die sich an sie knüpfen, der Grundform nach wieder hervortreten [...].«[605] Semper sprach von den »Wurzeln der Kunstsymbolik«,[606] die eine allgemeine Verständlichkeit, auch bei neuen Begriffen, garantieren sollten. Was Semper in Bezug auf die Urtechniken annahm, galt für Bötticher bezüglich des tektonischen Ornaments. Auch dieses sollte durch seine »Volkstümlichkeit« eine allgemeine Verständlichkeit der architektonischen Kunstsprache garantieren.

Bötticher sah in seiner symbolischen Kunstsprache antiker Formen ein vollendetes, zeitloses Ideal. Ganz anders verhält es sich bei Semper. Die Kunstformen Sempers sind Ergebnis der jeweiligen Kulturen und damit historisch bedingt. Am deutlichsten wird dies an seinem Erklärungsmodell des dorischen Tempels. Für Bötticher war der dorische Tempel mit allen seinen Kunstformen eine Erfindung des dorischen Stammes, gleichsam die Entdeckung eines Ideals ohne formale Anleihen aus anderen Kulturen. Semper dagegen sah in den dorischen Formen ein Verschmelzen von Formen früherer Kulturen, die, aus ihrem Zusammenhang gerissen, »beispiellos zusammengewürfelt, verstümmelt, ohne alle Pietät misshandelt«[607] wurden, um durch »ihre Lösung aus allen früheren Verbänden«[608] frei zu werden und neue Verbindungen eingehen zu können.

Hans Prinzhorn bezeichnete es als die Lieblingsidee Sempers, die Vereinigung des assyrischen und ägyptischen Kunstprinzips in der griechischen Kunst zu denken.[609] Semper beschrieb das Prinzip der ägyptischen Architektur mit der »glänzenden Trennung der Kunstform von dem Strukturkerne«.[610] »Hier ist die Scheidung der beiden Elemente, deren innigstes Ineinanderaufgehen die hellenische Kunst charakterisiert, gleichsam die Trennung des Geistes von der Materie, in entschiedenster Weise erreicht.«[611] Die Mauern und die »mumisirten Säulen« sind »demselben Prinzipe gemäss, gleichsam in Teppiche total eingewickelt.«[612] »Dieser Strukturkern der Mauer ist durchaus nichts anderes als die Staffelei der skulpirten stuckbekleideten und polychromirten Wand, die ihrerseits als Raumabschluss und zugleich als mächtige Schreibtafel auftritt.«[613] Auffallend ist Sempers Verwendung von Böttichers Terminologie, um die ägyptische Architektur zu charakterisieren. Semper benutzte sie auch für die von ihm bezeichnete Antithese des pharaonischen Ägyptens, die chaldäo-assyrische Architektur des westlichen Asien.[614] In der chaldäo-assyrischen Baukunst war die Bekleidung für ihn zugleich konstruktives und ornamentales Prinzip.[615]

Entscheidend hierfür war das Verfahren der Herstellung, das Erzgussverfahren. Mit diesem Verfahren fiel, nachdem die innere Füllung herausgearbeitet war, die ornamentale Hülle tatsächlich mit dem konstruktiv tragenden Kern zusammen. In der assyrischen Baukunst war für Semper »das einzig Feste am Hause dessen Kruste und rein technische Proceduren, die mit dem Bekleiden und Inkrustieren verbunden sind, [...] in Gemeinschaft mit einigen statischen Momenten [...].«[616] Der mit dem Erzguss entstehende Hohlkörper war zugleich »Kernform« und »Kunstform« und damit die Antithese der ägyptischen Kunst, deren Bekleidung die Struktur verhüllte und ihr ein »antistruktives Sein« verlieh.[617]

In der Deutung der griechischen Tempelarchitektur hatte sich Semper deutlich gegenüber Böttichers Theorie abgegrenzt. Griechische Kunst war Semper die Vereinigung der ägyptischen und assyrischen Baukunst. Beschreibt Semper aber die Prinzipien der griechischen Kunst, so ist er ganz nahe an Böttichers Gedankengängen.[618]

Der hellenische Tempel, von Semper gedacht mit einer struktursymbolischen Inkrustation, die keinerlei statische Funktion ausübt, indem sie die konstruktiv-mechanischen Steinfugen überspielt und vergleichbar einem belebten Organismus ist, dem Qualität und Quantität des Stofflichen wichtigste Bedingung seiner Existenz sind, ist identisch mit dem Modell der »Kunstform«, das Bötticher für seine Interpretation benutzte. Polemisch ist deshalb Sempers Kritik an Bötticher zu werten, in der er Böttichers Termini »Kernschema« und »Kunstschema« als ägyptisierendes Modell bezeichnet.[619] Bötticher hatte immer die Einheit von »Kernform« und »Kunstform« betont.

11. Gottfried Semper, Gebälk des Parthenon in Athen. (Aus: Gottfried Semper, *Anwendung der Farben in der Architectur und Plastik*, Dresden 1836.)

Wolfgang Herrmann hat in seinem Aufsatz »Semper und Bötticher« beschrieben, dass Semper während seiner Lektüre von Böttichers *Tektonik* zahlreiche Exzerpte anfertigte.[620] Semper hatte die Prinzipien des tektonischen Ornaments in sein Gedankengebäude integriert.[621] Deutlich zeigt sich der Einfluss Böttichers in Sempers Aufsatz »Über die formelle Gesetzmäßigkeit des Schmuckes und dessen Bedeutung als Kunstsymbol«:[622] »Das Gleiche erreichte die gesamte hellenische Tektonik, deren Prinzip ganz identisch mit dem Prinzip der schaffenden Natur ist,

Kontext und Wirkung 95

nämlich den Begriff jedes Gebildes in seiner Form auszusprechen. Sie läßt den leblosen Stoff zu einem kunstvoll gegliederten idealen Organismus zusammentreten, verleiht jedem Gliede ein ideales Sein für sich, und lässt es zugleich sich als Organ des Ganzen, als fungierend aussprechen.«[623] Dieser Passus von Semper gibt fast wörtlich Textpassagen aus Böttichers *Tektonik* wieder.[624] Die begonnene, abstrakt philosophische Interpretation bricht danach unvermittelt ab und zeigt, dass hier ein Exzerpt verarbeitet wurde. Ein Beispiel wie nahe Semper nicht nur ideell, sondern konkret an Böttichers formalen Vorstellungen war, zeigt der Vergleich eines Details des dorischen Tempels nach Semper (Abb. 11)[625] mit Tafel 17 aus Böttichers Atlas. Semper hatte vor Bötticher eine Bemalung des dorischen Echinus angenommen.[626] Die auf der Tafel von Semper verwendeten Ornamente sind denen von Bötticher sehr verwandt. Auffällig ist die formale Nähe zu den von Bötticher später als Junktur bezeichneten Symbolen.

Den griechischen Tempel als etwas völlig Neues in seiner Struktur zu klassifizieren und ihn als eine Erfindung des dorischen Geistes auszuweisen, war für Bötticher zur unumstößlichen Einsicht geworden. Semper kam im *Stil* zum gleichen Ergebnis, verwies jedoch auf die Entwicklungsgeschichte der formalen Elemente.[627] Die Interpretation des griechischen Tempels war demnach bei Bötticher und Semper sehr ähnlich, sieht man von der Theorie des Entstehens der »Kunstform« ab. Die, von Clarissa Lohde-Bötticher berichtete, Übereinstimmung während der Begegnung der beiden Antipoden bezüglich der griechischen Architektur ließe sich damit erklären.

Worin lag nun das Trennende, das Semper und Bötticher in den Augen ihrer Zeitgenossen zu Antipoden werden ließ? Bötticher erkannte in den antiken Kunstformen ein zeitloses Ideal, das sich in Abhängigkeit von den strukturellen Bedingungen von Architektur stets modifizierte und erneuerte. Für Semper dagegen war die Antike eine vergangene Epoche, in der Struktur und Bekleidung auf ideale Weise zusammenspielten. Eine Inkrustierung des mechanischen Kerns hatte bei Semper nicht die von Bötticher geforderte, zwingend struktursymbolische Bedeutung, sondern erklärt sich bei ihm aus seiner Stoffwechseltheorie. Die griechische Architektur war damit für Semper zu einem Sonderfall und nicht wie bei Bötticher zum Maß für jede Art von Architektur geworden.

Aufschlussreich ist auch der jeweilige Idealismusbegriff. Bei Bötticher bestand das Ideal der Baukunst im Erfassen der struktursymbolischen statischen Ideen eines Bauwerks. Die ideale Form ergab sich aus dem stofflichen Faktor des Baumaterials sowie der funktionalen Struktur und deren Artikulation in der symbolischen Sprache der antiken Ornamentik. Jene idealisierte Struktur kam dem nahe, was Schinkel als das »Ideal der Zweckmäßigkeit« formulierte. Die Betonung lag bei Bötticher und der Schinkelschule zunächst auf der Wahrheit der Struktur und ihrer stringent entwickelten Artikulation durch die Ornamentik. Dies ist zugleich der Unterschied und die entscheidende Weiterentwicklung gegenüber dem »nackten Klassizismus« von Friedrich Gilly. Die Wirkung der Massen und »nackten Wände«, Hauptmotive der Revolutionsarchitektur, war im Klassizismus Böttichers und der Schinkelschule einem durchgebildeten Strukturalismus gewichen. Die *Tektonik* Böttichers formulierte ihr Ideal der Architektur in einer originären Zeltarchitektur und ihrer konsequenten Durchbildung. Form und Struktur entstanden bei Bötticher zugleich, sie sind organisch miteinander verbunden.[628]

Hier zeigt sich die Differenz zu Semper. Semper bezeichnete eine Architektur, deren Thema eine »durchgebildete Konstruktion« war, als »illustrirte und illuminirte Statik und Mechanik, reine Stoffkundgebung.«[629] Diese Art Architektur war für ihn Ausdruck einer »grob-materialistischen Anschauung«.[630] Hier wird deutlich wie der Materialismusvorwurf, der zunächst Semper traf, da er seine Architektur ganz aus den technischen Künsten ableitete, sich polemisch auf die gegnerische Position anwenden ließ. Zwar bezog sich Semper in diesem Abschnitt auf die mittelalterliche Architektur, der Satz lässt sich jedoch auch auf Böttichers tektonisches Ornament übertragen. Für Bötticher und die Schinkelschule galten die mittelalterliche und antike griechische Architektur als gleichermaßen wahre organische Architekturen, da sich in beiden Stilen Stoff und Form unmittelbar aus der statisch-konstruktiven Struktur bestimmten.[631] Diese Auffassung führte zu einer Ablehnung der Renaissancearchitektur,[632] denn diese löste die formale Sprache der Fassade von der konstruktiven Struktur und konnte damit auch nicht mehr als organisch bezeichnet werden.

Die Gegenposition zur Berliner Schule formulierte Gottfried Semper. Grundlegend bleibt bei ihm eine andere Auffassung über das Wesen der Kunst. Kunst war für Semper eine Betätigung, die es mit »dem Scheine, nicht mit dem Wesen der Dinge zu thun hat.«[633] Wie erklärt sich nun der Schein von dem Semper spricht? In der Architektur waren für Semper die technischen Künste, wie er sie mit den »vier Elementen der Baukunst« formulierte, die stilbestimmenden Momente.[634] Diese »technischen Produkte waren ein Resultat des Zweckes und der Materie.«[635] Materialist war Semper dann, wenn er die Wurzeln des Stils mit den primitiven Techniken erklären wollte.

Diese Urtechniken hatten für Semper mit ihrem Stoffwechsel eine Verwandlung erfahren.[636] Im *Stil* wird in diesem Zusammenhang besonders die textile Kunst der Teppichwirker hervorgehoben. Ursprünglich technische Formen wie zum Beispiel die Naht oder das Band traten in einem ganz anderen Werkstoff, dem Stein, in der Baukunst als Form auf. Entscheidend bei Semper ist nun, dass diese aus den ursprünglichen Techniken übernommenen Formen nicht an die tatsächliche konstruktive Struktur gebunden sind. Sempers Gedanke, einer aus den ursprünglichen Techniken gewonnenen Kunstsprache, ist dem Denken Schellings, wie er es in seiner *Philosophie der Kunst* zur Architektur entwickelte, ähnlich.[637] Auch bei Semper wird Architektur zur Nachahmung, die Urtechniken werden zur Potenz ihrer selbst. Die so entwickelte Kunstsprache wurde von Semper als autonom gedacht und begann sich als Folge vom konstruktiven Grund zu lösen.

Der Begriff des Scheins bei Semper kann so verstanden werden, dass sich die in der Bekleidung artikulierende Kunstsprache von ihrem mechanisch-konstruktiven Grund emanzipierte. Damit konnte die Fassade, wie von Semper in seiner bekannten Fußnote beschrieben,[638] zur Maskierung der Konstruktion mutieren. Dies, verbunden mit einem fast leichtsinnigen Unernst – Semper beschreibt die Stimmung, die beim Bekleiden und Maskieren wirkt als Faschingslaune – sollte architektonisches Gestalten sein? Die nachfolgende Einschränkung, dass das Maskieren nichts hilft, »wo hinter der Maske die Sache unrichtig ist, oder die Maske nichts taugt«,[639] kann den grundsätzlichen Sinn einer Maskierung, das Verbergen und Verstecken, das Spielerische des Scheinhaften, nicht aufheben.

Sempers Bekleidung überdeckte wie Bötticher tektonisches Ornament die mechanischen Eigenschaften der Konstruktion. Die mit dem Untergang des Stoffs entstehende Form,[640] er spricht in anderem Zusammenhang von der »Emanzipation der Form von dem Stofflichen und dem nackten Bedürfnis«,[641] sollte dem Künstler entsprechende Möglichkeiten eröffnen.[642] Das semantische Ornament war für ihn frei, insofern es dem Stoff nicht widersprach.

Semper erkannte in den Renaissanceformen die adäquaten formalen Mittel, einem zeitgemäßen Bauen einen entsprechenden Ausdruck zu verleihen. Mit der Renaissancearchitektur war durch den Verlust der engen Bindung an die Konstruktion eine autonome Sprache der Architektur entstanden, welche anpassungsfähig war, die neuen funktionalen Anforderungen an die Architektur zu leisten.[643] Die Kunstsprache der Renaissancearchitektur ließ aber zugleich eine Dichotomie von Form und Funktion entstehen. Die Bekleidung konnte die funktionalen Anforderungen zwar mitreflektieren, sie konnte aber auch als autonome Kunst jeden Gedanken an den Zweck und das Stoffliche der Kunst übergehen. Damit nähert sich eine solche Baukunst wieder dem an, was Kant als rein formale Ästhetik entwickelte.[644]

Die mit dem Stoffwechsel entstandenen symbolischen Formen sollten dem Stoff zwar nicht widersprechen,[645] als autonome Kunstsprache in Gestalt der Neorenaissance aber frei die neuen funktionalen und materiellen Anforderungen bewältigen. Semper sprach von den durch »das Mysterium der Transfiguration«[646] entstandenen Formen, welche in jeder Kultur zu unterschiedlichen baulichen Ausprägungen führten.

Die von Semper verwendete Neorenaissance operierte zwar mit den formalen Elementen der Renaissance, die spezifischen Anforderungen der Bauaufgabe führten Semper jedoch zu individuellen architektonischen Schöpfungen. Eine neue Sprache , »neue Grundformen der Architektur zu schaffen«, konnte für ihn nicht aus der Architektur selbst, sondern nur mit einer neuen »welthistorischen Idee«[647] entstehen. Damit erteilte Semper eine Absage an die von Schinkel und der Schinkelschule betriebenen Synthesen gotischer und antiker Prinzipien. Auch die Vorstellungen Bötticher, aus den materiellen Eigenschaften des Eisens einen neuen Stil zu entwickeln, war Sempers Auffassung fremd.

Wenn Semper in der Prolegomena des *Stils* seinen geistigen Standort beschreibt, so grenzt er sich gegen »die Materiellen« in gleicher Weise ab wie gegen »die Schematiker«, in denen er die Vertreter einer spekulativen Ästhetik erkannte. Die Materialismuskritik Sempers ist ein Angriff auf eine Architektur deren »Formenwelt ausschließlich aus stofflichen konstruktiven Bedingungen hervorgegangen«[648] war. Die Form hatte sich für Semper vom Stoff zu emanzipieren, um die Idee frei realisieren zu können.[649] In dieser Hinsicht war Bötticher für Semper ein Materialist, war doch für Bötticher der Stoff und dessen materielle Eigenschaften ein unmittelbarer Faktor der architektonischen Idee.[650]

Noch entschiedener setzte sich Semper von einer spekulativen Ästhetik ab und damit von Böttichers idealistischem Versuch des tektonischen Ornaments. Im Gegensatz zum Künstler ginge es dem Kunstphilosophen[651] ausschließlich um die »Idee«, was den Kunstgenuss zur »Verstandesübung«, zum »philosophischen Ergötzen« werden ließe.[652] Seine Polemik gegen die spekulative Ästhetik, welche im »Herauspräparieren des Begriffskerns« und in der »Idee« das Schöne

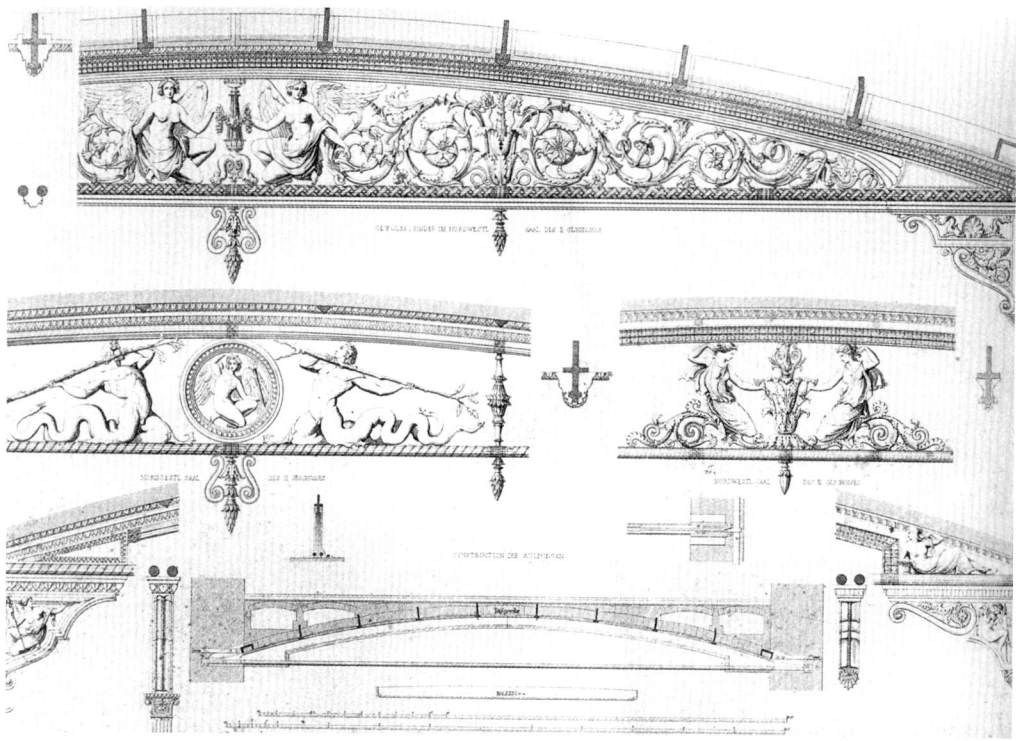

zergliedern wolle,[653] bezeichnete er als ein »auf reine Willkür begründetes schematisch-puritanisches Kunstregiment«.[654] Die Kritik der spekulativen Ästhetik, deren Anhänger er abwertend als »Schematiker« bezeichnete, konnte als Kritik an Böttichers streng gefügtem System der Architektur gelesen werden.

Baukunst war für Semper komplexen Einflussfaktoren unterworfen, deren Hauptmotive er im *Stil* darzustellen versuchte. Sie war für ihn ein vom Künstler spielerisch entwickeltes Produkt[655] und nicht ein rationales System wie Böttichers *Tektonik*.

Sempers Stoffwechsel- und Bekleidungstheorie sollte die klassische Sprache bewahren und zugleich von der konstruktiven Fessel befreien, um sie für zeitgenössische Bauaufgaben einsetzen zu können. Seine Architekturauffassung hatte insofern einen konservativen Charakter, als ihm die Bewahrung der traditionellen Ikonographie ein wesentliches Anliegen war. Damit leistete er aber gerade der Tendenz Vorschub, die im 19. Jahrhundert zur Dichotomie von Fassade und Konstruktion führte. Böttichers Beharren auf der Wahrheit der Konstruktion und einer daraus begründeten Semantik des Ornaments erschien dagegen dem aufstrebenden, nach Selbstdarstellung suchenden Zeitalter als zu unflexibel, um den neuen repräsentativen Ansprüchen gerecht zu werden.

Semper und nicht Bötticher war also der Theoretiker des Historismus. Mit Sempers *Stil* ließ sich eine von der Konstruktion autonome Fassadenarchitektur ableiten. Seine Theorie hat zwar einzelne Elemente, die an die Grundsätze der Moderne denken lässt, ihr genetischer Charakter der künstlerischen Formen schließt jedoch den modernen Essentialismus aus. Die »Materialisten« im Sinne Sempers, Bötticher und Schinkelschule, waren dagegen mit ihren ästhetischen Vorstellungen schon ganz nahe an einer konstruktiv orientierten Moderne.[656]

7. Wirkungslinien

Die Berliner Bauakademie orientierte sich seit ihrer Gründung am ersten Oktober 1799 an der fünf Jahre früher gegründeten Pariser École Polytechnique.[657] Das Profil einer vor allem technischen Ausbildung unterschied die Bauakademie von der Akademie der Künste. Ziel der Ausbildung an der Bauakademie war es, Bautechniker für den Staatsdienst auszubilden. Die wirtschaftliche Entwicklung Preußens forderte eine gründliche technische Ausbildung, um dem gestiegenen Bedarf an Staatsbauten einen entsprechenden Apparat von Baubeamten zur Verfügung zu stellen.[658] Künstlerische Lehrfächer waren traditionell an der Akademie der Künste angesiedelt.[659] Erst mit der Berufung von Wilhelm Stier 1828 erhielt die Ausbildung der Baueleven eine im Lehrplan verankerte ästhetische Ausbildung.[660]

12. Friedrich August Stüler, Bogensehnenträger.
13. Friedrich August Stüler, Neues Museum, Berlin. Bogensehnenträger als »Kernform«.
14. Friedrich August Stüler, Neues Museum, Berlin. Bogensehnenträger als »Kunstform«.
(Aus: Werner Lorenz, »Stülers Neues Museum – Inkunabel preußischer Konstruktionskunst im Zeichen der Industriealisierung«, in: *Berlins Museen Geschichte und Zukunft*, München und Berlin 1994, S. 99–128.)

Charakteristisch für die Ausbildung an der Bauakademie war die Verbindung in der Lehre von künstlerischen und konstruktiven Aspekten. Bötttichers tektonische Entwurfsmethodik gründete auf dieser Verbindung von Konstruktion und Gestalt und die Stringenz, die er bei formalen Entscheidungen einforderte, rationalisierte die hellenische Renaissance der Berliner Schule. Ab der Jahrhundertmitte wurde der innerhalb der Bauakademie schwelende Konflikt zwischen Wilhelm Stiers romantisch-malerischen Auffassung und Bötttichers strenger Entwurfsgrammatik verstärkt durch den zunehmenden Einfluss der Neorenaissance. Einem gestiegenen Repräsentationsbedürfnis war die an der École des Beaux-Arts gelehrte französische und italienische Renaissance scheinbar besser verwendbar, als die zur Sprödigkeit neigenden hellenischen Formen. Die Frage nach der Wahrheit in der Architektur kam dagegen der strengen tektonischen Richtung einem Ausschluss der Neorenaissance gleich. Das Spezifische der Berliner Schule war die Integration von Konstruktion und künstlerischer Form, welches mit der Neorenaissance und ihrer freien Fassadenarchitektur offenbar aufgegeben wurde. Dem vordergründigen Konflikt nach dem richtigen Stil lag eine theoretische Fragestellung nach der »richtigen« oder »wahren« Architektur zugrunde.

Bötttichers Wirkung bezog sich vor allem auf die Architekten, die einen strengen hellenischen Stil, inspiriert von den späten Werken Schinkels, vertraten. Diese Gruppe von Architekten war entweder in der Lehre und Forschung tätig oder war nach der Ausbildung an der Bauakademie in die Beamtenlaufbahn eingetreten. Bötttichers *Tektonik* kann folglich so gelesen werden, dass er, in Anknüpfung an Schinkels Bedeutung, das theoretische Fundament für eine preußische Staatsarchitektur, die »Werke der höheren Baukunst«, schaffen wollte. Die *Tektonik* bot als normatives System hierfür eine straffe Systematik.

Die Planungsaufträge unter Friedrich Wilhelm IV. für bedeutende öffentliche Bauaufgaben wie der des Neuen Museums oder der Nationalgalerie wurden bevorzugt an die an der Bauakademie geschulten Architekten übertragen. Damit behielt sich Friedrich Wilhelm IV. die entscheidende Einflussnahme auf den architektonischen Entwurf vor. Alfred Woltmann bezeichnete den Hellenismus der Schinkelschule kritisch als eine Baukunst vom »rein bureaukratischen Standpunkt«, er sprach von einem »Sparsystem, das sich im Betonen der trivialen Zweckmäßigkeit, im Kargen mit Platz und Mitteln geltend macht.«[661] Stülers[662] Neues Museum attestiert Woltmann einen »Mangel an Sinn für das Große«, es wirke »nicht wie ein Palast der Kunst, sondern im günstigsten Falle wie ein anständiges Schulhaus.«[663]

Es war jedoch die Innovationsleistung von Stülers Neuem Museum, die Integration von künstlerischer Form und neuer Technik, die dem Bauwerk seine baukünstlerische Bedeutung verlieh. Mit den dort realisierten Eisenträgern und deren Inkrustierung schien Bötttichers Vision eines neuen Stiles, wie er sie in seiner Schinkelrede 1846 vortrug, Realität geworden zu sein. Bei den Bogensehnenträgern (siehe Abb. 12) erhielten die auf Druck beanspruchten Bauglieder Metallgussglieder, die zugbeanspruchten Stäbe des Untergurts wurden dagegen aus Schmiedeeisen hergestellt. Die »Kernform« wurde also konsequent nach der Statik ausgerichtet. Die noch sprachlose »Kernform« wurde dann mit Zink- oder Messingapplikationen überzogen, so dass die konstruktive Form verschwand und die analogen Sinnbilder des tektonischen Ornaments eine neue Idee von Architektur vortrugen.[664]

Auf Abb. 13 ist der rohe Zustand der »Kernform«, auf Abb. 14 ist die mit tektonischem Ornament überhöhte »Kunstform« dargestellt. Die »absolute Festigkeit« wurde von Stüler tektonisch als »Torus« interpretiert. Obwohl die Zugkräfte direkt ins Mauerwerk geleitet werden, hat Stüler dem Träger eine Konsole beigegeben und damit den unmittelbaren Zusammenhang von »Kernform« und »Kunstform« verwischt. Als wahr im Sinne Bötttichers kann Stülers Detail deshalb nicht bezeichnet werden.

Es war die Verbindung konstruktiver Aspekte mit dem traditionellen Ornament, die Bötttichers Theorie an der Bauakademie als zukunftsfähig erscheinen ließ. Probleme, wie sie Stüler im Fall des Neuen Museums hatte, konnten mit Bötttichers tektonischer Theorie freier angegangen werden, ohne auf die traditionelle Ikonographie verzichten zu müssen. Das tektonische Entwerfen negierte die kanonischen Proportionsregeln ebenso wie die Bindung an bestimmte Materialien. Für Bötttichers Schüler war die *Tektonik* kein trockenes Lehrgebäude, sondern eine Möglichkeit, Architektur zukunftsoffen und zugleich rational zu betrachten.

Julius Kohte beschrieb in einem Vortrag, den er zu Bötttichers 100. Geburtstag im Architektenverein hielt, dass Bötttichers Bedeutung als Lehrer mehr in den Zeichenübungen, die er abhielt, als in der Vermittlung einer Architekturtheorie lag.[665] Obwohl beides nicht zu trennen ist, interessierte sich Kohte vor allem für die Naturstudien Bötttichers. Ihre Affinität zum Jugendstilornament weckten neues Interesse an Bötttcher und ließen seine als überholt geltenden Thesen zur griechischen Architektur zurücktreten.

Kontext und Wirkung 99

Böttichers Bedeutung als Lehrer an der Bauakademie bestand in beidem, in der Vermittlung seiner *Tektonik* und deren Umsetzung im Ornamentzeichnen. Die tektonische Formenlehre war jedoch für den, der keinen Unterricht bei Bötticher erhielt, schon fast ein kryptisches Buch. Zu wissenschaftlich gehalten, konnte es nicht die nötige Breitenwirkung in Architektenkreisen erzielen.[666] Größerer Popularität der tektonischen Formenlehre verhalf erst Ludwig Lohde.[667] Er unterrichtete ab 1851/52 bauliche Kunstformen nach Bötticher, war ein Vertreter der Schinkelschule und Apologet von Böttichers Theorie. Mit der von Lohde verfassten, ganz der *Tektonik* verpflichteten, Einführung zu Johann Matthäus Mauchs[668] Vorlagewerk *Die architektonischen Ordnungen der Griechen und Römer und der neueren Meister*[669] wurde die komplexe Theorie Böttichers auf die wesentlichen Gedanken reduziert und durch die klare Sprache Lohdes einem breiteren Publikum zugänglich. Mauchs Werk war ein Standardwerk. Lohde beließ die alte Einleitung und die Erklärungen zu den baulichen Formen und fügte diesen einen Nachtrag an. Er bezeichnet darin Mauchs Erklärungen der ornamentalen Formen als »ästhetisirendes Umhertappen und Suchen nach dem Grunde der Erscheinungen«, das in den »Herleitungen der »sogenannten architektonischen Glieder«[...] nirgends das Richtige getroffen« habe.[670] Lohde ging so weit, Mauchs Erklärungen der baulichen Kunstformen Schinkel zuzuschreiben, an deren Stelle jetzt, mit Böttichers *Tektonik*, »eine Erkenntnis ihres innersten Wesens«[671] getreten sei. Im Unterschied zu Böttichers Text sind Lohdes Ausführungen, ohne den wissenschaftlichen und philosophischen Tonfall, vor allem anwendungsbezogen. Mit seiner Einführung wurde den bauenden Architekten und Unternehmern die Ideen der *Tektonik* in leicht verständlicher Weise vorgetragen, was, zusammen mit Mauchs bekanntem Vorlagewerk, Böttichers Theorie eine entsprechende Breitenwirkung verlieh.

Die Verbindung von Mauchs Stichen und Böttichers Theorie war dennoch nicht ohne Probleme. Die Stiche sind vermaßt und bestechen durch ihre klare und präzise Darstellung. Sie entsprechen einem Klassizismus, wie ihn Schinkel geprägt hatte. Die »Kunstform« Böttichers und deren analoge Sprache ist jedoch in Mauchs Stichwerk in der Prägnanz und Ausschließlichkeit, wie sie Bötticher in seiner *Tektonik* forderte, nicht erkennbar.

Seit 1858 unterrichtete August Hermann Spielberg an der Bauakademie und an der Technischen Hochschule. Spielberg war von Böttichers tektonischem Ornament beeinflusst und trug über seine Lehrtätigkeit die tektonische Auffassung in die jüngere Generation. Er übernahm den Lehrstuhl für Formen antiker Baukunst und Ornamentik 1861, wurde 1866 Professor und, nach Böttichers Rücktritt 1875, auch für das Entwerfen farbiger Dekorationen.[672]

Neben Spielberg lehrte Johann Eduard Jacobsthal seit 1866 an der Bauakademie nach Böttichers Lehre.[673] Er trat 1873 Böttichers Lehrstuhl für Ornamentik an und publizierte eine umfangreiche Sammlung von ornamentalen Vorlageblättern,[674] ganz im Sinne von Böttichers tektonischen »Kunstformen«. Die abgebildeten Beispiele (Abb. 15, 16, 17) zeigen, wie stark der Einfluss von Bötticher auf Jacobsthal war. Das dorische Kapitell (Abb. 15) von Jacobsthal gleicht dem Kapitell Böttichers fast bis ins Detail (Tafel 4, Ziffer 1,3). Gleiches gilt für die antiken Flechtbänder (Abb. 16 und Tafel 5, Ziffer 22, 25, 26) und die Doldenanalogie der Kanneluren (Abb. 17 und Tafel 14, Ziffer 11).

Jacobsthals Rede, die er als Rektor der Technischen Hochschule am 26. Januar 1890 zum Geburtstag von Wilhelm II. hielt, war den baukünstlerischen Prinzipien Schinkels und Böttichers gewidmet.[675] Jacobsthal sprach von der »erlösenden Gewalt der Tektonik«,[676] welche die »äusserliche, dogmatische Aneignung der antiken Formenwelt«,[677] durch eine Wesenserkenntnis der Formen ersetzt habe. Er erkannte die Parallelen in Böttichers und Viollet-le-Ducs Architekturauffassungen, deren Affinität in einer intellektualisierten Sicht auf die Architektur[678] bestand und in einem aus der Statik abgeleiteten Verständnis baulicher Strukturen. Jacobsthal ging jedoch über ein rein tektonisches Verständnis hinaus, indem er psychologische Kriterien wie die »Augenbewegung« beim Betrachten einer Form hinzufügte. So interpretierte er das für Bötticher so wichtige Symbol des Kymas am Kapitell der Säule als Auslaufen und Zurückgehen einer »Augenbewegung«. Gegen eine rein optische Auffassung von Architektur, die an keine statischen noch konstruktiven Funktionen gebunden bleibt und allein in der »Bewegung der Linien« und der »Häufung der Formen«[679] Gestaltung entwickelte, grenzte sich Jacobsthal jedoch ab. Er sah in psychologischen Erklärungsversuchen nur eine Ergänzung für die Fälle, in denen eine tektonische Argumentation in Erklärungsnot geriet. Wie eng Jacobsthal an die Ornamentik Böttichers anknüpfte, zeigt seine 1874 vorgelegte, großformatige Ornamentsammlung.[680] Das dorische Kapitell oder die Zeichnung einer Dolde sowie seine Flechbandornamentik wurden darin »wörtlich« von Bötticher übernommen. Die tektonisch geführte Argumentation Jacobsthals in seiner Funktion als Rektor der Technischen Hochschule zeigt den Einfluss, den Böttichers Theorie auch 1890 noch ausübte.

Bötticher hatte keine Gebäude entworfen, sondern ein theoretisches Konzept und die entspre-

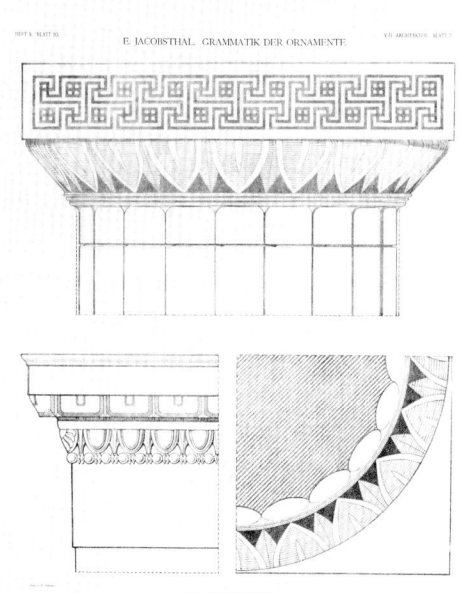

15–17. Johann Eduard Jacosthal, ornamentale Vorlageblätter.
(Aus: Johann Eduard Jacosthal, *Die Grammatik der Ornamente. Nach den Grundsätzen von K. Boetticher Tektonik der Hellenen bearbeitet und mit Unterstützung des kgl. Preuß. Ministers für Handel herausgegeben*, Berlin 1874.)

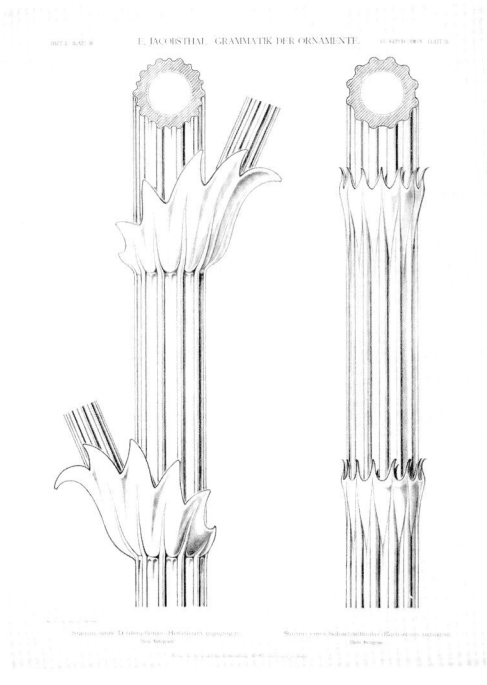

chenden ornamentalen Formen entwickelt. In der Umsetzung von Bötticpers Theorie auf konkrete Bauaufgaben haben sich dann die Stilmomente herausgebildet, welche charakteristisch waren für die tektonische Richtung der Berliner Schule.

Die zentrale Frage bestand darin, wie sich ein anhand eines idealen Skelettbaus entwickeltes, formales Prinzip in der Baupraxis realisieren ließ. Die Bauaufgaben bestanden nicht darin, Tempel zu errichten, sondern für öffentliche Gebäude und Wohnbauten die richtigen gestalterischen Antworten zu finden. Ein Gebäude wie die von Schinkel entworfene Bauakademie, welches sich zum Skelett aufzulösen beginnt und darin einen hohen Grad an Kongruenz von innerer konstruktiver Struktur und baulich sichtbarer Form erreicht, kommt dem nahe, was Bötticher mit dem Begriff der »totalen Form« umschrieb. Erst wenn eine organische Klarheit der Struktur bestand, konnte das tektonische Ornament seine analogen Sinnbilder entwickeln. Die wenigsten Gebäude hatten jedoch diese strukturelle Klarheit. Es wurden fast ausschließlich Wandbauten realisiert, deren spezifisches Problem, das Verhältnis der Öffnung zur verbleibenden Wandfläche, die Gestaltung bestimmte. Tragende Wände sind nach Bötticher undifferenzierte Gebilde, da sich die tragenden von den raumverschließenden Elementen noch nicht getrennt haben. Bei den Bauten der tektonischen Schule sind die Wände daher glatt und straff gehalten.

Tektonisch gliedert sich ein Haus in einen Sockel, vergleichbar dem Stylobat des Tempels, dem Mauerkubus, welcher die Geschosse aufnimmt, und dem Dach mit Kranzgesims. Wie die Basis der ionischen Säule mit dem Stylobat so wurde der Hauskörper mit Heftsymbolen an den Sockel angeknüpft. Der Sockel konnte aber auch, wenn als oberer Abschluss ein Kyma verwendet wurde, mit dem anschließenden Hauskörper in Konflikt treten und dessen aufliegende Masse symbolisieren. Der flächig gehaltene Kubus des folgenden Hauskörpers war völlig »nackt«, die Geschossdecken wurden nicht thematisiert. Werksteinstrukturen durch eingeritzte Putzfugen wurden grundsätzlich abgelehnt, handelte es sich bei diesem Motiv doch um die »artes mechanicae«, um Themen, die sich von den Renaissancepalästen ableiteten und nicht um tektonische »Kunstformen«.

Beim Übergang vom Hauskörper zum Dachstuhl und beim überkragenden Dach selbst bot es sich dagegen an, tektonische Themen zur Gestaltung einzusetzen. Ein Diazoma beendete oben als Schmuckband den Hauskörper. Ein Kyma an dieser Stelle symbolisierte als Konfliktsymbol das lastende Dach auf den tragenden Außenwänden. Häufig wird das letzte Geschoss in eine Skelettarchitektur aufgelöst. Ähnlich dem Triglyphen- und Metopenfries wird eine freistehende umlaufende Pfeilerreihe gebildet, deren Zwischenräume mit Fenstern oder, in Analogie zu gespannten Teppichen, mit Bildtafeln und sich frei entfaltendem pflanzlichem Ornament ausgefüllt sind. Das folgende Kranzgesims war reich an ornamentaler Gestaltung, da hier eine Vielzahl tektonischer Themen eingesetzt werden konnte. Das vorkragende Dach wurde als »freischwebend« charakterisiert, die Sima als unbelastete »freie Endigung«. Eine Kassettierung der Dachuntersicht ergab sich durch die Differenzierung in tragende Stroterenstränge und aufliegenden nichttragenden Deckplatten.

Dort, wo die Wand von größeren Öffnungen durchbrochen wurde und Träger und Stützen die Wand abstützen, wurden Zug- und Druckkräfte freigelegt und die Architekturglieder mit den entsprechenden tektonischen Symbolen belegt. An den Hauptbaukörper angefügte Skelettarchitekturen wie Exedren, Altane, Balkone und Wintergärten wurden als tektonisch durchgestaltete Skelettarchitekturen entwickelt.

Einer von Böttichers besten Schülern war Martin Philipp Gropius.[681] Die Bauten von Gropius folgen den typischen tektonischen Gestaltungsprinzipien. Sie zeichnen sich durch die Verwendung des von Schinkel wieder eingeführten Sichtziegelmauerwerks in Verbindung mit Terrakottaplatten für die ornamental behandelten Bauteile aus. Mit dem Sichtziegel war eine farbige Architektur vorgegeben. Gropius steigerte die Farbigkeit seiner Häuser, indem er die Terrakotten teilweise farbig glasieren ließ und der Holzkonstruktion seiner Dachuntersichten ein farbiges Ornament verlieh.

Ziegelmauerwerk ist zwar auch »artes mechanicae«, es war jedoch nicht als »Kunstform« gedacht, sondern stellt den neutralen Hintergrund dar, vor dem sich das tektonische Ornament abheben konnte. Typisches Beispiel für diese Mauerwerkskuben mit tektonischen Motiven ist der Entwurf für das Wohnhaus Achenbach in der Lennéstrasse. Das Haus weist die charakteristische Dreiteilung in Sockel, Mittelteil und Dachzone auf. Eine Taenia schließt mit darunterliegendem Kyma die Sockelzone ab,[682] auf der der Kubus des Hauses lastet. Dem Kubus selbst ist in der Mittelzone ein auf Konsolen ruhender, erkerartiger Portikus vorgelagert. Die Pfeiler des Portikus haben Gropius und Schmieden mit farbigen Majolikaplatten verkleiden lassen. Die Dachzone ist dagegen wieder ganz tektonisch gestaltet. Ein als Triglyphen- und Metopenfries ausgebildetes

Kontext und Wirkung

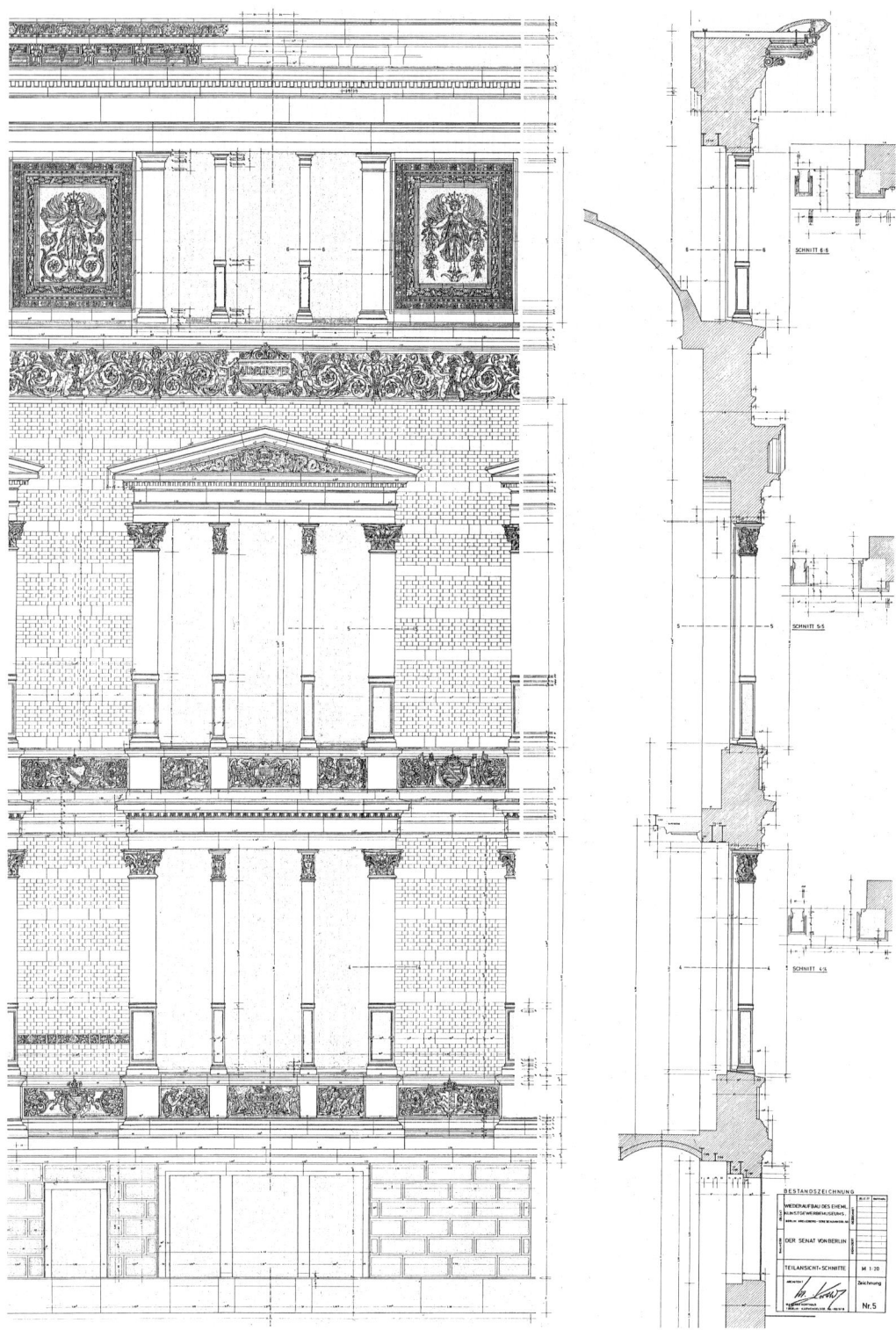

Geschoss stellt mit dem folgenden Kranzgesims den Abschluss des Hauskörpers dar. In alternierendem Rhythmus wechseln sich hier Terrakottaplatten mit einer frei sich entwickelnden Ornamentik und den als Fenster ausgeführten Metopenfelder ab.

Die gleiche Dreiteilung der Fassade weist das Kunstgewerbemuseum von Gropius auf. Auf der Höhe der Brüstungen umgürten Bänder, »Diazomas«, das Gebäude. Ein »Diazoma« schließt oben den Ziegelkubus ab. Das Dachgeschoss ist mit seiner Pfeilerstruktur als leichter Aufbau behandelt. Die Öffnungen sind tektonisch analog farbigen Teppichen, »Parapetamata«, zu einem Teil als Mosaiken ausgebildet (siehe Abb. 18). Ein Lehrbeispiel tektonischer Ornamentik ist das weit auskragende Dachgesims (siehe Abb. 19, 20). Hier ist die »Kernform« zu einem Stahlgerüst geschrumpft, das einzig und allein die Funktion besitzt, die stark ornamentierten Terrakotten zu halten.

18. Martin Gropius, Martin-Gropius-Bau, Berlin. Fassadenausschnitt und Schnitt. Bauaufnahme von Manfred Korthals, Berlin.
19. Martin Gropius, Martin-Gropius-Bau, Berlin. »Kunstform« der Terrakottagesimsecke.
20. Martin Gropius, Martin-Gropius-Bau, Berlin. »Kernform« der Terrakottagesimsecke als Stahlkonstruktion.

Abb. 19 und 20 aus: *Berlin Baut, 5. Der Martin-Gropius-Bau*, Berlin 1988.

Wie der freien ornamentalen Zeichnung mit Bötticher Theorie Sinn und Form verliehen wurde, hat Gustav Ebe beschrieben: »Was eine pralle, schwellende Linie im Gegensatz zu einer schlaffen, kraftlosen bedeutete, das lernte man erst bei Bötticher. Unter seiner Hand gewannen die Linien geistigen Ausdruck und eigenes Leben: Die Sima bäumte sich stolz auf, das Kyma schwoll kraftvoll dem Druck entgegen, und vollends an den sich mit unendlicher Grazie suchenden und fliehenden, pfeilspitzengleich abschnellenden Blattteilen der Palmetten, nicht minder an den sich elastisch straff um einen Kern zusammen rollenden Ringen der ionischen Volute konnte der Meister selbst kaum genug thun.«[683] Im Anschluss berichtet Gustav Ebe, dass Strack[684] »in der Ornamentik zum großen Theile, Gropius mindestens in der ersten Hälfte seiner Schaffenszeit so ziemlich ganz von Bötticher abhängig war, und wir anderen jüngeren Berliner Zeitgenossen haben wohl alle zur Zeit etwas ›geböttichert‹ [...].«[685]

Das tektonische Ornament zwang zu einer Reduktion der formalen Mittel. Ornament war ein struktureller Bedeutungsträger und konnte nur in begründeten Fällen eingesetzt werden. Die aus Böttichers Lehre abgeleitete Architektur hatte deshalb einen zur Sprödigkeit neigenden Charakter. Durch den Einsatz polychromer Elemente wie den als Mosaik und Majolika ausgeführten Metopenfeldern beim Kunstgewerbemuseum von Gropius konnte zwar eine gewisse Prächtigkeit erreicht werden, in der Wirkung entstand aber nicht die repräsentative Monumentalität, welche Bauten der Neorenaissance gelang.

Auf theoretischem Gebiet hatte Böttichers *Tektonik* erst mit Redtenbachers *Tektonik*[686] ein Nachfolgewerk, das einen vergleichbaren Ansatzpunkt der Interpretation wählte. Redtenbachers Tektonikbegriff ist jedoch viel umfassender als der Böttichers. Er ist nicht mehr nur auf die künstlerische Gestaltung von Architektur und Geräte beschränkt, sondern umfasst alle menschlichen Produkte. So gehören für Redtenbacher Maschinen wie zum Beispiel eine Lokomotive gleichfalls zum Gebiet der Tektonik. Wie vorne beschrieben, hatte Redtenbacher an der Bauakademie bei Bötticher Unterricht erhalten. Der Einfluss der Berliner Tektoniker lässt sich bei Redtenbacher am deutlichsten an seinem Zweckbegriff nachvollziehen. Er fordert »die vollständige Uebereinstimmung von Form und Zweck« als »unerlässliche Bedingung aller Schönheit in der Tektonik«.[687] Ästhetischer Sinn ist nach Redtenbacher dort erkennbar, wo diese Übereinstimmung von Zweck und Form mit der »absoluten Reinheit der äusseren Erscheinung«[688] auftritt. Hier wird die mit der idealistischen Tradition entwickelte Zweck-Form Beziehung weitergeführt. Redtenbachers Umschreibung der idealen Form lautet, alles wegzulassen, was nicht dem inneren Wesen eines Gegenstandes entspricht und das hinzuzutun, was die Reinheit der Form verlangt.[689] Sie erinnert damit an Böttichers Begriff der »Kunstform«, mit dem entscheidenden Unterschied, dass Redtenbacher keine tektonischen Analogien fordert.[690]

Redtenbachers *Tektonik* ist als allgemeine Formenlehre breit angelegt. Ihr fehlt die Prägnanz von Böttichers Werk. Seine tektonischen Faktoren wie Form und Zweck, Form und Stoff führten jedoch ohne die tektonischen »Kunstformen« eine von der Konstruktion her bestimmte Architekturauffassung weiter.[691] Anders als Bötticher glaubte Redtenbacher nicht mehr an die Überlegenheit des griechischen Ornaments; er verwendete die einzelnen Stile gleichbedeutend nebeneinander.

8. Ausblick

Die Frage nach den objektiven Prinzipien architektonischer Formfindung sollte mit Böttichers architekturphilosophischem Ansatz eine grundsätzliche Antwort erhalten. Formfindung unterlag für Bötticher strukturellen Gesetzen. Erst mit dem Erkennen dieser Strukturen konnte die Architektur eine ideelle Aussage erhalten.

Logische Strukturen sind entwickelte Verweisungszusammenhänge von Begriffsinhalten. Welche logischen Strukturen der Begriff der Architektur enthält, wird in der Nennung der sie beeinflussenden Faktoren deutlich. Ohne Anspruch auf Vollständigkeit sind dies: Raum, Tragwerk, Funktion, Geometrie, Konstruktion, Material, baulicher Kontext, Klima, Ökonomie, Ökologie, Proportion usw.

Jeder dieser Begriffe lässt sich in eine Vielzahl von Unterbegriffen aufteilen. Es gibt den offenen und den geschlossenen Raum, den engen und den weiten Raum, den hohen und den niedrigen Raum sowie eine Vielzahl weiterer Differenzierungen zum Thema Raum.

Für Bötticher bestand das Wesen der Architektur nicht in diesen Faktoren, sondern einzig im Begriff der Tektonik. Tektonik im Sinne Böttichers umfasst alles, was es an Aussagen zu einer abstrakten Raumidee in Abhängigkeit zur Konstruktion, den Materialeigenschaften und der formalen Ausprägung geben kann.

Durch die Reduktion auf den Begriffsinhalt der Tektonik wurde architektonisches Gestalten auf die primären Einflussfaktoren der Konstruktion zurückgeführt. Der Begriff der nutzungsspezifischen Funktion, des Klimas und der Ökonomie sind keine essentiell tektonische Begriffe. Sie betreffen zwar das Bauen, ihr Inhalt ist jedoch mit keiner tektonischen Aussage verbunden.

Architektur gleichgesetzt mit Tektonik war bei Bötticher künstlerische Architektur. Sein Kunstverständnis war ethisch motiviert, im Kunstwerk sollte Wahrheit sichtbar werden. Im hegelschen Sinne forderte Bötticher »das sinnliche Scheinen der Idee«, die Wirklichkeit des Begriffsinhalts. Das geforderte Ideal sollte sich in seiner Form vom Wesenskern her bestimmen. Wie eine durchgebildete griechische Skulptur beschrieb Bötticher den baulichen Organismus. Die Glieder sind Abbilder ihrer statisch-materiellen Funktion, sie sind eine plastische Darstellung ihres inneren Begriffs im Raum.[692] Die Darstellung der ideellen Gestalt verstand Bötticher als die konkretisierte Emanation des inneren Zweckes eines Baugliedes. Er suchte den optimierten architektonischen Körper. Um Teile dieses Körpers in ihrer ideellen Struktur zu formen, musste ihre Funktion pointiert dargestellt werden. Bötticher sprach in diesem Zusammenhang vom Freiwerden der Momente eines Systems.

Er unterschied dabei zwei prinzipiell unterschiedliche statisch-konstruktive Systeme. Den Urtyp des Skelettbaus mit Stützen und horizontalen Trägern sah er in der idealisierten Zeltarchitektur des griechischen Tempels. Eine essentiell andere konstruktive Weise war das Überwölben von Räumen. Bötticher unterstrich die Wichtigkeit, die von ihm als tektonisch gleichwertig eingestufte Prinzipien klar zu entwickeln und die Unterschiede zu thematisieren. Ein Verschmelzen beider Bauweisen, von dem sich Schinkel und Stüler einen neuen Baustil erhofften, ist bei Bötticher nur insofern ein Thema, als die Integration des Eisens in ein neues Deckensystem neue Wege eröffnen konnte.[693]

Die Idee einer ursprünglichen Zeltarchitektur ist bei Bötticher ein zur Architektur der Moderne verweisendes Prinzip. Mit der Zeltanalogie ließ sich der Prototyp einer Skelettarchitektur formulieren. Die Ideen des tragenden Skeletts, der Stütze und des Trägers und, getrennt davon, die der umschließenden vertikalen und horizontalen Wandelemente, umreißen präzise das, was später bei Mies van der Rohe als »Haut- und Knochenarchitektur« bezeichnet wird. Entscheidend bleibt dabei der Unterschied zu einem Theoretiker wie Abbe Laugier und dessen Konzeption der Urhütte. Diese war eine primitive Urform der Architektur, welche als symbolisches Bild für die Interpretation benutzt wurde. Böttichers Vorstellungen dagegen stellen eine Verwissenschaftlichung der Konstruktion dar. Er forderte das mit allen Möglichkeiten der Statik ausdifferenzierte konstruktive System. Sein Ideal der Form hing damit unmittelbar an den Möglichkeiten des Stoffes. Der Begriff der Stütze realisiert sich in ihrem Zweck, der Stützfähigkeit. Zugleich ist das stabförmige Element der Stütze eine optimierte Form der Lastabtragung der Decke, »ihr Auflager ist, mechanisch gefasst, auf ein Minimum des Festen reduziert. Dies ist die höchste Stufe dieses Begriffes des Schwebenden, welche für eine Raumdekke tektonisch real erreicht werden kann.«[694]

Diese Worte Böttichers erscheinen wie eine Vorwegnahme moderner Skelettarchitekturen. Sein Begriff der Tektonik tendierte damit weniger dazu, die von Schopenhauer als ausschließliches ästhetisches Thema entwickelten Massenanziehungskräfte sichtbar zu machen, sondern bestand in seiner Konsequenz darin, die Massen zu reduzieren und, im Falle der Eisenarchitektur, verschwindend gering werden zu lassen. Das Eisen nahm dem Bauwerk seine Massen, es wirkte entmaterialisierend. Damit ging bei Schopenhauer die zentrale Aussage der Baukunst verloren: Sie ist nicht mehr Ausdruck sich anziehender und gegeneinander strebender Massen, sondern sie verliert geradezu ihre Erdenschwere. Die geringen Dimensionen der eisernen Bauglieder waren zudem für die tektonischen Aussagen der analogen »Kunstformen« nur bedingt geeignet. Mit dem Schwinden der Dimensionen verlor auch das tektonische Ornament seinen Bildgrund. Der Wand als vorgehängter Schale kam die tektonische Idee der Umschließung des Raumes zu, in keiner Weise aber Masse zu zeigen. Mit der Vorstellung, dass Architektur vor allem in der Darstellung der wirkenden Kräfte besteht, war Böttichers Denken nahe an dem Schopenhauers. War aber für Schopenhauer eine nicht zu steigernde Idealität im griechischen Tempel verwirklicht, so bestand für Bötticher die Möglichkeit, durch entsprechende technische Innovationen dieses Ideal zu überbieten.

In Konflikt mit diesen progressiven Gedanken steht bei Bötticher der Begriff der »Kunstform«. Erst mit der »Kunstform« erhält bei Bötticher Architektur ihre künstlerische Aussage. Das Material an sich war für ihn sprachlos, es benötigte eine künstlerische Interpretation, um die tektonischen Ideen erlebbar werden zu lassen. Die negative Beurteilung des Stoffs bezüglich seiner ästhetischen Funktion hatte ihre Wurzeln in der Wertung der »artes mechanicae«. Stoffnegation bedeutet die Negation der visuellen Qualität des Materials, des Herstellprozesses sowie der technischen

Fügung der einzelnen Bauelemente zur Hervorbringung einer baulichen Gestalt. Die »artes mechanicae« waren für Bötticher als künstlerische Ausdrucksträger disqualifiziert. Rein handwerkliche Aspekte des Bauens hatten bei ihm nichts mit Baukunst zu tun. Auch das Material hatte, für sich betrachtet, keinen künstlerischen Wert. Die »Kunstform« hatte den Steinschnitt, die notwendigen Fügungen des »toten Material,« zu überspielen und durch Überzug eines anderen Materials, im Falle der griechischen Architektur mit Stuck und Farbe, zu überdecken. Die »artes mechanicae« lassen sich dennoch nicht von den architektonischen Ausdrucksmöglichkeiten ausschließen. Klassische Beispiele dafür bietet die Steintektonik. Die Idee der Druckkräfte wird mit den Keilsteinen des Gewölbes erfahren, ganz ohne Analogien. Die Schichtung schwerer Steinmassen wie bei den Renaissancepalästen in Florenz drückt durch die Größe und Bearbeitung der Steinblöcke lastende Schwere aus. Die Erfahrung dieser »Massenkräfte« ist viel konkreter als Böttichers intellektualisierte »Kunstform«. Die »artes mechanicae« einer Steinrustika verkörpert eine rohe Kraft, eine Massenwirkung mit unmittelbar ergreifendem Gestus, die in der architektonischen Begegnung eine unmittelbare Erfahrung bewirkt. Im Gegensatz dazu wirkt Böttichers Ideal der Architektur vor allem indirekt. Es ist ein sublimiertes Ideal, ausgedrückt in einer künstlerischen Sprache, die sich erst in der analytischen Betrachtung ganz erschließt.

Böttichers Vorstellungen einer architektonischen Kunstsprache wurde angeregt durch das Erlebnis der sinnlichen Schönheit antiker Skulpturen. Architektur und Skulptur verkörperten für Bötticher dieselbe Idealität. Die perfekte Körperlichkeit der griechischen Skulptur enthielt zugleich das Prinzip der baulichen Form des Tempels. Das rohe Material konnte keine Erklärung dieser Schönheit liefern. Erst mit dem Begriff der »Kunstform« gab sich für Bötticher das Rätsel der Schönheit preis. Zugleich bedeutete die Entdeckung der »Kunstform« für Bötticher die Entdeckung eines allgemeinen Gesetzes architektonischer Schönheit, welches für jede Art von Architektur gelten kann. Die von den Griechen entwickelten analogen »Kunstformen« waren für ihn eine tektonische Grammatik, mit der sich ein hoher Kunstanspruch realisieren ließ.

Von den Fesseln der vitruvianischen Theorie befreit, hatte das Ornament mit Böttichers Architekturtheorie eine neue Semantik erhalten. Flechtbänder, Kanneluren, Kymatien und Mäander wurden zu sprechenden Formen. Sie waren nicht nur Schmuck oder Dekoration, sondern essentiell notwendig für ein Werk der Kunst. Als Bedeutungsträger bildeten sie einen wesentlichen Teil des architektonischen Organismus. Das System der Junkturen verwies zudem auf die vielfältigen Verflechtungen der baulichen Elemente.

Die Architekturtheorie seit Vitruv versuchte sich durch Proportionsstudien und Regeln in der Nachahmung eines vermeintlichen antiken Kanons. Bei Bötticher hatten die Architekturformen ein dynamisches Moment gewonnen. Das Interpretationsmodell der *Tektonik* hatte die griechische Architektur von jeder starren Proportion befreit. Das Ornament befand sich in Abhängigkeit vom konstruktiven Gefüge und war zugleich dessen Ausdruck.

Die Aufgabe der Forschung bestand nach Bötticher darin, die Prinzipien der Statik konsequent konstruktiv umzusetzen. Im Eisen sah Bötticher ein Potential, mit dessen Entwicklung ein Freiwerden der »absoluten Festigkeit« zu ähnlichen Ergebnissen führen könnte, wie das Freiwerden der »rückwirkenden Festigkeit« für die Architektur der gotischen Kathedrale.

Obwohl Bötticher stets betonte, dass die Konstruktion zugleich das tektonische Ornament mit hervorbringt, löste sich in der zweiten Jahrhunderthälfte die formale Sprache der Architektur von ihrem statisch-strukturellen Faktor. Allein die Formulierung der Begriffe eines tragenden Kerns und einer diesen umhüllenden, dekorativen Hülle trug dazu bei, später beide getrennt zu betrachten. Das Ornament verselbstständigte sich und wurde zur applizierten Dekoration. Es entstand eine Scheinarchitektur, die langfristig in einer durch Rationalität bestimmten Kultur verschwinden musste. Bötticher hat deshalb immer die Einheit von »Kernform« und »Kunstform« betont, wissend, dass mit der Preisgabe dieser Verbindung die Ornamentik ihre zwingende Begründung verlor.

Der dekorativen Hülle kam die Aufgabe zu, »Wahrheit« sichtbar zu machen. Diese Forderung Böttichers nach Wahrhaftigkeit beinhaltete zugleich das Eingeständnis, dass eine »nackte Architektur« stumm bleiben müsse, da keine »Kunstform« von ihrem inneren Wesen berichtete. Böttichers *Tektonik* kommt damit zu dem paradoxen Ergebnis, dass die reine Konstruktion in ihrer Unverhülltheit ohne Aussage bleibt.

Einen ethischen Anspruch, wie ihn Kant formulierte, der für die Architektur ein vom Menschen abgeleitetes Ideal, die Idee des »Sittlich-Guten«, einforderte, sah Bötticher im Objekt selbst gegeben. Architektur entwickelt mit der *Tektonik* ihr Ideal aus sich selbst heraus. Sie benötigt keine Vergleichsbilder des menschlichen Seelenlebens, sie stellt keine Charaktere dar, sondern sie soll das darstellen, was sie essentiell ist. Wenn diese Ideen oder Prinzipien der Architektur zur Anschauung kamen, dann verlieh Bötticher der Architektur das Prädikat ethisch.

Das Wesen, das die »Kunstform« sichtbar werden lässt, ist identisch mit der Wirklichkeit, der Funktion der einzelnen Bauglieder. Der so von Bötticher mit der idealistischen Theorie entwickelte Funktionalismusbegriff reicht in seiner Problemstellung bis in die Antike zurück und verweist in seiner ethischen Dimension auf den Funktionalismusbegriff der Moderne.

Ein Hauptargument gegen die Verwendung der griechischen Formen bestand darin, dass deren konstruktive Vorgaben eine Anwendung für zeitgenössische Bauaufgaben ausschloss. Mit Böttichers tektonischem Ornament wurde die Form an das Baumaterial gebunden und damit von den tradierten Proportionsregeln befreit. Bötticher war der Kunstgriff gelungen, die neuen funktionalen Anforderungen an ein Bauwerk in ein flexibles System einer tradierten ornamentalen Sprache zu integrieren.

Konfrontiert man Böttichers theoretisches Konzept mit dem heutigen Anspruch an künstlerisch gestaltete Architektur, so scheint Böttichers Begriff der »Kunstform« kein Maßstab mehr zu sein. Die Negation der Materialqualitäten und das Herabstufen mechanischer Fügungen zu den »artes mechanicae« wirken befremdlich. Heutige Bauten beziehen ihre Qualitäten häufig aus dem Oberflächenreiz des Materials und dessen richtiger Fügung. Sie sind quasi ästhetisierte »artes mechanicae«. Das Ästhetisieren des Materials ist jedoch in den wenigsten Fällen identisch mit der »Kernform«. In der Regel handelt es sich um die Bekleidung einer tragenden Struktur, deren Materialqualitäten im Verborgenen bleiben. Die Bekleidung des Kerns wird in der zeitgenössischen Architektur als reine Bekleidung thematisiert, die keine ästhetische Verbindung mehr mit der tragenden Struktur aufweist. Ein frühes Beispiel einer Bekleidung, die nur Bekleidung zu sein vorgibt, ist Otto Wagners Postsparkasse in Wien. Die Marmorplättchen der äußeren Schale sollten wie Schuppen mit Bolzen dem Kern angeheftet erscheinen. Tatsächlich sind die Bolzen reines Dekor, da die Platten im Mörtel verlegt wurden. Eine tektonische Idee im Sinne Böttichers ist hier nicht mehr vorhanden.

Die Frage, welche Aussage die bekleidende Hülle in Bezug zum tragenden Kern trifft, stellt sich jedoch mit unverminderter Schärfe.

Eine analoge Sprache mit tektonischen »Kunstformen« kann nach dem Verlust des klassischen architektonischen Vokabulars heute kein Thema mehr sein. Versuche der postmodernen Architektur in den 80er Jahren die Hülle von Bauten für tektonische Aussagen zu nutzen, um Architektur mit narrativen Elementen zum Sprechen zu bringen, sind im Versuch stecken geblieben. Eine analoge Kunstsprache im Sinne Böttichers ist dort nicht zu finden. Tektonische Motive sind einer tragenden Struktur vorgelagert, von der sie sich völlig gelöst haben. Dünne Natursteinverkleidungen mit offenen Fugen zur Hinterlüftung ergeben eine papierene »artes mechanicae«, die tektonische Aussage der Schwere wird hier zur Karikatur verzerrt. In anderer Form war mit der postmodernen Architektur ein Problem des 19. Jahrhunderts, das des Eklektizismus, wieder aufgetaucht. Eine rein formale Architektur, deren Bezug zum Essentiellen des Bauen, der Tragstruktur, keine Rolle mehr spielte, musste sich zwangsläufig im Bereich des Scheines bewegen.

Im Gegensatz zur postmodernen Architektur bekämpfte die Moderne den Schein einer vom strukturellen Gerüst abgelösten sprechenden Architektur und forderte das Sein, die Wahrheit der architektonischen Aussage. Eine Bekleidung sollte nur Bekleidung sein, eine Stütze dem Material und seiner werkgemäßen Bearbeitung entsprechend eingesetzt werden. Wahrheit war für die Moderne auch in der industriellen »Kernform« enthalten, deren Struktur sich aus einer ökonomischen und funktionalen Zweckmäßigkeit ableiten ließ. Dies führte zu einer Abstraktion und Einfachheit der Form mit dem Ziel der Industrialisierung der Bauelemente. Diese Abstraktion der Form beinhaltet einen Widerspruch zur optimalen statischen Form. Die optimierte statische Form entspricht nicht einfachen kubischen Formen der Bauglieder, sondern nähert sich freien, biomorphen Gebilden. Die Einfachheit der Form steht somit konträr zu den analog dem Kraftfluss entwickelten Baugliedern. Eine zusätzliche Differenzierung und Auflösung in mehrere Materialien lässt zudem komplexe Strukturen entstehen. In Böttichers Terminologie ausgedrückt, findet in diesem Fall eine Differenzierung der »Kernform« statt. Nur in dieser Differenzierung hatte sich Bötticher eine mögliche Entwicklung der Architektur vorgestellt.

Ein frühes Beispiel einer innovativen, das Material, die Statik und Form integrierenden Bauweise ist die Jahrhunderthalle Breslau von Max Berg (1911–13). Die Schalenbauten der 60er Jahre von Felix Candela oder die Bauten für den Olympiapark in München von Behnisch und Partner und Frei Otto (1967–72) sind weitere Beispiele einer organisch mit statisch-konstruktiven Faktoren entwickelten formalen Sprache.[695] Wenn heute einige Bauten ihre Form mit Hilfe computergestützter Fertigungsprozesse direkt in der Umsetzung der optimalen statischen Form erhalten, so kann darin durchaus ein Verschmelzung von Böttichers »Kernform« und »Kunstform« gesehen werden.

21. Ludwig Mies van der Rohe, Neue Nationalgalerie, Berlin. (Photo: Oswald W. Grube.)

Mit Böttichers Theorie lassen sich also völlig unklassische, moderne Architekturen interpretieren. So wie sich Bötticher immer für die mittelalterliche Architektur, wegen ihrer statisch-konstruktiven Durchdringung von Material und Form, ausgesprochen hatte, wäre er einer modernen, aus der Statik abgeleiteten Architektur positiv gegenübergestanden. Welche Architektur spiegelt jedoch beides, klassischen Geist und eine organisch-konstruktive Form?

Als Beispiel ließe sich ein »klassisches« Bauwerk der Moderne benennen, die Nationalgalerie von Mies van der Rohe. So wie Stülers Neues Museum Böttichers Ideen eine bauliche Form verlieh, so kann in der Neuen Nationalgalerie eine innovative Adaption tektonischen Gedankenguts gesehen werden (siehe Abb. 21). Wie ein Tempel steht die Galerie auf einem Sockel, der sie in Böttichers Terminologie ein »feierlich Aufgestelltes« sein lässt. Das Stylobat dient dem Bauwerk wie dem dorischen Tempel als große Bildtafel, aus der die kannelierten Stützen emporschießen. In den kreuzförmig verschweißten T-Profilen mit ihren Schattenkanten findet sich die Rhabdosis der griechischen Säule wieder. Dem Kräfteverlauf folgt die Stütze von Mies durch ihre konische Außenform. Sie ist die konkret gewordene Form der »Idee der Stützfähigkeit«.

Der bauchige Echinus mit Kyma, den Bötticher als Konfliktsymbol sah, ist bei Mies zu einer kreisförmigen Kopfplatte geworden, die, in der Mitte optisch eingeschnürt, die Last auf den Punkt konzentriert. Das weiche organische Motiv der griechischen Form wurde beim Stützenkopf von Mies ins Gegenteil verkehrt. Die gelenkig ausgebildeten Stützenköpfe sind Ausdruck der extremen Härte des Materials Stahl. Der Konflikt zwischen dem lastgebenden und lastaufnehmenden Bauglied war damit in einer neuen Weise ausgedrückt: er ereignet sich auf kleinstem Raum, ohne dass er dadurch an Wirkung verliert.

Auf den Stützen liegt »frei schwebend« die als Kassette ausgebildete Dachplatte. Der Raumabschluss ist analog dem Tempel deutlich zurückgesetzt, so dass wie beim griechischen Tempel ganz das Thema von Stütze und Last im Vordergrund steht. Das Hyperoon des griechischen Tempels mit seiner Abfolge von Architrav, dem Fries und dem Kranzgesims ist im Fall der Nationalgalerie zu einem einzigen Element verschmolzen. Dennoch erinnern einzelne Elemente an den griechischen Tempel. Die Kassetten des Daches, das Stroterengeflecht, besitzen eine Analogie zum griechischen Pteron und entfernt haben die Aussteifungsbleche in der Ansicht des Daches etwas mit der Abfolge der Triglyphen und Metopen im Fries zu tun. Wenn auch die Anzahl der Elemente reduziert ist, so ist das tektonische Thema, das sich mit der Nationalgalerie darstellt, nicht weniger kräftig. Es tritt ohne die von Bötticher für unverzichtbar gehaltenen analogen »Kunstformen« auf und zeigt eine »nackte«, ornamentfreie Tektonik in einer völlig neuen Architektursprache. Der »Kern« selbst ist hier zur »Kunstform« geworden, ohne dass er an die »artes mechanicae« denken lässt. Die abstrakten Stahlprofile der Nationalgalerie sind reine Form und haben nichts mit dem Produktionsprozess oder der Fügung der Elemente zu tun.

Tatsächlich handelt es sich bei der *Tektonik* Böttichers um ein intellektuelles Spiel von Form und Inhalt. Die Idee der tektonischen Form hat Bötticher zu einer komplexen Formensprache entwickelt, die, indem die unmittelbare Erfahrung von Materialqualitäten ausgeklammert bleibt, die so offensiv geforderte Darstellung der Wirklichkeit zu einer aus Analogien abgeleiteten, indirekten Erfahrung werden lässt. Unmittelbarer ästhetischer Reiz kann jedoch tektonischer Gestaltung im Sinne Böttichers nicht abgesprochen werden. Die ornamentierten und farbigen Bauglieder der tektonischen Schule vermitteln durch ihre strukturelle Klarheit und reduzierten Formensprache eine strenge Eleganz. Obwohl Bötticher für eine Gehaltsästhetik steht, kann das konkrete Ergebnis, interpretiert mit der Ästhetik Kants, den vordergründigen Zweck in der Betrachtung vergessen lassen. Der Genuss in der Betrachtung der tektonischen Formen bewirkt durchaus das »freie Spiel der Einbildungskraft« Kants.

Böttichers Einfordern der »Kunstform« bedeutete die Negation einer nur ökonomischen, zweckrationalen Baukunst und enthält die tiefe Überzeugung des 19. Jahrhunderts von der Notwendigkeit der Kunst. Zugleich hatte diese Kunst ihre Selbstverständlichkeit verloren und musste immer neu begründet werden.

Schon Kant hatte den entscheidenden Moment der Kunst darin beschrieben, dass ihr Feld jenseits vom Zweckdenken beginnt. Der idealistische Gedanke, dass die künstlerische Form auch etwas mitzuteilen hat über das Bauwerk und seine Funktion und darüber hinaus eine ethische Implikation besitzt, hat sich als entscheidende Maxime der Moderne erhalten. Böttichers feingesponnene Entwurfssystematik enthält in ihrem Kern genau dies: Eine Verbindung von Form und Inhalt, deren absolute Übereinstimmung als conditio sine qua non eingefordert wird. Die künstlerische Form erwächst nach Bötticher im Augenblick der Kongruenz und erfüllt damit ihre ethische Funktion.

Anmerkungen

1 Karl Bötticher, *Die Tektonik der Hellenen*, 2 Bde., Potsdam 1844–1852, Atlas, erw. Atlas 1862; 2. Auflage 2 Bde. und Atlas, Berlin 1869–1881. Wenn nicht anders vermerkt, sind die Zitate der 1. Ausgabe entnommen.

2 Clarissa Lohde-Bötticher, *Aus dem Leben Karl Boettichers*, Gotha 1890, S. 30ff; Julius Kohte, »Nekrolog für Karl Bötticher«, *Biographisches Jahrbuch für Altertumskunde*, Berlin 1890, S. 73.

3 Cornelius Gurlitt, »Karl Bötticher«, *Deutsche Bauzeitung*, Nr. 64, 1890, S. 384–387, S. 393–395.

4 Ebd.

5 Richard Streiter, *Karl Böttichers Tektonik der Hellenen als ästhetische und kunstgeschichtliche Theorie. Eine Kritik*. Leipzig und Hamburg 1896.

6 Wichtige Artikel sind: Ernst Curtius, »Die Tektonik der Hellenen von Karl Bötticher«, *Kunstblatt*, Nr. 11, 1845, S. 41–43, Nr. 12, 1845, S. 45/46, Nr. 13, S. 49–51, Nr. 14, 1845, S. 56/57; Ludwig Lohde, »Die Tektonik der Hellenen von Karl Bötticher. Zweite neu bearbeitete Auflage. Erste Lieferung (mit Tafeln I–XIV) Berlin 1869«, *Zeitschrift für Bauwesen*, Berlin 1870, S. 279–286; Rudolf Redtenbacher, »Anmerkungen zu Bötticher's Tektonik«, *Deutsche Bauzeitung*, 1881, Nr. 67, S. 374–379, Nr. 69, S. 384 bis 388, Nr. 73, S. 407–410, Nr. 77, S. 428–431; Hermann Blankenstein, »Karl Bötticher, sein Leben und Wirken«, *Centralblatt der Bauverwaltung*, 1889, S. 315–317, 326–329; Gustav Ebe, »Karl Bötticher als Ornamentiker«, *Deutsche Bauzeitung*, 1890, S. 553–556; Cornelius Gurlitt, »Karl Bötticher«, *Deutsche Bauzeitung*, Nr. 64, 1890, S. 384–87, Nr. 66, 1890, S. 393–95; Julius Kohte, »Zum Gedächtnis Heinrich Stracks und Karl Böttichers«, Vortrag, gehalten im Architekten-Verein zu Berlin, *Wochenschrift des Architektenvereins zu Berlin*, 1907, Nr. 1, S. 1–4, Nr. 3, S. 3, 10–12, Nr. 4, S. 4, 14.

7 Werner Oechslin, *Stilhülse und Kern*, Zürich 1994.

8 Wolfgang Herrmann, »Semper und Bötticher«, in: *Gottfried Semper. Theoretischer Nachlass an der ETH Zürich*, Katalog und Kommentar, Basel, Boston und Stuttgart 1981, S. 26–40.

9 Herrmann, Wolfgang, *In what style should we build?*, Santa Monica 1992.

10 Eva Börsch-Supan, *Berliner Baukunst nach Schinkel 1840–1870*, München 1977 (*Studien zur Kunst des neunzehnten Jahrhunderts*, Bd. 25).

11 Ebd., S. 101.

12 Heinz Quitsch, »Tektonik und Bekleidungstheorie. Zu einer architekturtheoretischen Fragestellung in der ersten Hälfte des 19. Jahrhunderts«, in: *Mythos Bauakademie*, Berlin 1997, S. 61–74.

13 Ebd., S. 73.

14 Heinz Quitsch, »Semper und Bötticher, Zur Beziehung von Architekturtheorie und Ästhetik in der Mitte des 19. Jahrhunderts«, in: *Stilstreit und Einheitskunstwerk, Internationales Historismus-Symposium, Bad Muskau*, 20. bis 22. Juni 1997, Dresden 1998, S. 170–184.

15 Manfred Klinkott, »Die Tektonik der Hellenen als Sprachlehre und Fessel der klassizistischen Baukunst«, in: Hans Kollhoff (Hrsg.), *Über Tektonik in der Baukunst*, Braunschweig und Wiesbaden 1993, S. 38–54.

16 Mitchell Schwarzer, *German Architectural Theory and the Search for Modern Identity*, Cambridge, New York und Melbourne 1995.

17 Ebd., S. 184.

18 Ebd.

19 Mitchell Schwarzer, »Ontology and Representation in Karl Bötticher's Theory of Tectonics«, *Journal of the Society of Architectural Historians*, Nr. 52, 1993, S. 267–280.

20 Clarissa Lohde-Bötticher, *Aus dem Leben Karl Böttichers*, Gotha 1890.

21 Ebd., S. 14/15. Für den Fabrikanten Karl Gropius hatte er die damals in Frankreich bereits im Einsatz befindliche Doppelwebemaschine erfunden. Ebd., S. 24/25.

22 Ebd., S. 10/11.

23 Böttichers Musterentwürfe von Seidentapeten für das königliche Schloss in Berlin gewannen auf der Industrieausstellung in London 1851 die goldene Medaille. Ebd., S. 24.

24 Die erste Gesamtausgabe der *Vorbilder für Fabrikanten und Handwerker* wurde von der Königl. Technischen Deputation für Gewerbe 1830 herausgegeben; die erweiterte Ausgabe erschien 1837, eine zweite Auflage 1863.

25 Clarissa Lohde-Bötticher, *Aus dem Leben Karl Böttichers*, S. 18.

26 Zu den *Vorbildern für Fabrikanten und Handwerker* siehe: Barbara Mundt, »Ein Institut für den technischen Fortschritt fördert den klassizistischen Stil im Kunstgewerbe«, in: *Berlin und die Antike*, Willmuth Arenhövel und Christa Schreiber (Hrsg.), Berlin 1979, S. 456–458.

27 Clarissa Lohde-Bötticher, *Aus dem Leben Karl Böttichers*, S. 20.

28 Ebd., S. 18.

29 Ein ausführliches Werkverzeichnis findet sich in: Wolfgang Herrmann, *In what style should we build?*, Santa Monica 1992, S. 178–181.

30 *Ornament-Schule. Ein Studien-Cursus für die Zeichnung und Erfindung des Ornamentes nach dem von der antiken Kunst gegebenen Karakterisirungsprinzipe architectonischer Formen. Als Lehrbuch für Kunst- und Gewerbe-Schulen wie auch für das Selbststudium bearbeitet und dem Herrn Königl. Ober-Bau-Director Herrn Schinkel zugeeignet*, Berlin 1838.

31 Barbara Mundt, S. 458.

32 Clarissa Lohde-Bötticher, *Aus dem Leben Karl Böttichers*, S. 19.

33 Ebd., S. 19.

34 Ebd., S. 20.

35 Julius Kohte, »Karl Bötticher«, *Jahrbuch für Altertumskunde 1890*, Berlin 1890, S. 72.

36 Clarissa Lohde-Bötticher, *Aus dem Leben Karl Böttichers*, S. 41/42.

37 Ebd., S. 42.

38 Karl Bötticher, *Der Baumkultus der Hellenen. Nach den gottesdienstlichen Gebräuchen und den überlieferten Bildwerken dargestellt*, Berlin 1856.

39 Adolf Borbein, »Klassische Archäologie in Berlin«, in: *Berlin und die Antike*, S. 111.

40 Gertrud Platz-Horster, »Zur Geschichte der Berliner Gipssammlung«, in: *Berlin und die Antike*, Berlin 1979, S. 278–283.

41 Julius Kohte, »Karl Bötticher«, in: *Jahrbuch für Altertumskunde 1890*, Berlin 1890, S. 77/78.

42 Karl Bötticher, »Meine Untersuchungen auf der Akropolis von Athen im Frühjahr 1862«, *Zeitschrift für Bauwesen*, 1863, Nr. 4–6, S. 195–224, Nr. 7–10, S. 405–470, Nr. 11–12, S. 557–608, und in: Karl Bötticher, »Ergänzungen zu den letzten Untersuchungen auf der Akropolis in Athen«, *Philologus*, 1864, Nr. 2, S. 41–72, 1865, Nr. 22, S. 69–98, 221 bis 284, 385–436, 576–577, 755–757, 1867, Nr. 24, S. 227–242, 1868, Nr. 25, S. 13–42, 193–221, 1878, Supplement Nr. 3, S. 285–448.

43 Clarissa Lohde-Bötticher, *Aus dem Leben Karl Böttichers*, S. 93–95.

44 Karl Bötticher, »Tektonische Untersuchungen auf der Akropolis von Athen im Frühjahr 1878, betreffend die Thymele des Niketempels und die Südhalle der Propyläen«, *Zeitschrift für Bauwesen*, 1880, Nr. 30, S. 71–88, 209–228.

45 Karl Bötticher, *Tektonik*, Einleitung, S. 4.

46 Ebd., S. 6, Note 1.

47 Siehe hierzu die Ausführungen im Kapitel 3.2.3: Analogien aus der Frühform des Kultes.

48 Siehe hierzu Ludwig Lohdes Kommentar zur zweiten Auflage der *Tektonik* in: *Zeitschrift für Bauwesen*, Jg. XX, 1870, S. 280ff.

49 Ebd., S. 280.

50 Ernst Curtius, »Literatur der Archäologie, Die Tektonik der Hellenen von Karl Bötticher«, *Kunstblatt*, Nr. 11, 6. Februar 1845, S. 41. E. Curtius bezieht sich auf: Karl Otfried Müller, *Handbuch der Archäologie der Kunst*, Leipzig, 1830. »Hieraus geht eine Reihe von Künsten hervor, welche Geräthe, Gefäße, Wohnungen und Versammlungsorte der Menschen zwar einerseits nach ihrer Zweckbestimmung, aber andererseits in Gemäßheit von Gefühlen und Kunstideen gestalten und ausbilden. Wir nennen diese Reihe gemischter Thätigkeiten Tektonik; ihr Gipfel ist die Architektonik, welche am meisten vom Bedürfniß sich emporschwingen und zu einer machtvollen Darstellung tiefer Empfindungen werden kann«. Ebd., S. 10.

Eine Abhandlung über die Etymologie des Begriffs Tektonik findet sich in: Kenneth Frampton, *Grundlagen der Architektur*, in: John M. Cava (Hrsg.), *Studien zur Kultur des Tektonischen*, München und Stuttgart, 1993.

»Der Begriff Tektonik stammt vom griechischen *tekton*, das »Zimmermann« oder »Erbauer« bedeutet [...]. Die poetische Konnotation des Wortes taucht zum ersten Mal bei Sappho auf, in deren Werk der *tekton*, der Zimmermann, die Rolle des Dichters übernimmt [...]. Im 5. Jahrhundert v. Chr. erfährt diese Bedeutung insofern eine weitere Wandlung, als der Begriff nicht mehr auf etwas Spezifisches und Materielles (wie das Zimmererhandwerk) hindeutet, sondern auf eine breitere, allgemeine Auffassung von Machen, die auch die Vorstellung von Poesie miteinbezieht [...]. Daß der Begriff letzten Endes viel mehr in eine ästhetische als in eine technische Kategorie tendierte, hob Adolf Heinrich Borbein in seiner 1982 erschienenen philologischen Abhandlung hervor [...].« Ebd., S. 3.

»Das Tektonische wird zur Kunst der Verbindungen. Hier schließt der Begriff Kunst auch techne ein und weist also auf das Tektonische als Zusammensetzung nicht nur von Bauteilen, sondern auch von Objekten, ja auf Kunstwerke im engeren Sinne hin [...].« Adolf Heinrich Borbein, »Tektonik, Zur Geschichte eines Begriffs der Archäologie«, in:

Archiv für Begriffsgeschichte, Bd. XXVI, Heft 1, 1982.
[51] Karl Bötticher, *Tektonik*, Einleitung, S. 3.
[52] Ernst, Curtius, »Literatur der Archäologie. Die Tektonik von Karl Bötticher«, *Kunstblatt*, Nr. 11, 1845, S. 42.
[53] Ebd., S. 42.
[54] Der erste Band enthielt die »Dorika«, erschienen 1872, die »Ionika« und »Korinthiaka« erschienen 1873. Der zweite Band, »Der Tempel in seiner räumlichen Anordnung und Ausstattung«, erschien 1881.
[55] »Dieweil ich aber weiss was lieb und theuer Ihm gewesen hier, will ich auch das Ihm darbringen was noch erheiterte Seine letzte lichte Stunde-Frucht aus dem Garten jener Kunst, der er ein Pfleger war.« Karl Bötticher, *Tektonik*, »Weihe«.
[56] Karl Otfried Müller, *Handbuch der Archäologie der Kunst*, Breslau 1830.
[57] Ebd., Einleitung zur Theorie der Kunst, S. 1–23.
[58] Karl Bötticher, *Tektonik*, S. IX.
[59] Ebd., S. XIII.
[60] Ebd., Einleitung, S. 28–37.
[61] Ebd., S. 38–65.
[62] Ebd., S. 65–76.
[63] Ebd., S. 76–78.
[64] Ebd., S. 79–87.
[65] Ebd., Dorika, S. 105–107.
[66] Ebd., S. 122.
[67] Ebd., S. XI.
[68] Ebd., S. 8.
[69] In seiner zweiten, überarbeiteten Ausgabe der *Tektonik* bezeichnet Bötticher die »Kernform« als »Werkform«. Der gewählte Begriff macht die Akzentverschiebung deutlich. Der Begriff »Kernform« wirkt abstrakt und bedeutet »nur« den notwendigen statischen Querschnitt, »Werkform« dagegen assoziiert die materialtechnischen Eigenschaften und die Fügungsprinzipien.
[70] Ebd., S. XV.
[71] Ebd., S. XVI.
[72] »Sie entsteht mit demselben Augenblicke in welchem das mechanische Schema des Gliedes konzipiert wird: der Gedanke an beide ist Eins, sie werden beide miteinander geboren.« Ebd., S. XV.
[73] Zur Problematik von Kernform und Kunstform siehe auch: Mitchell Schwarzer, »Ontology and Representation in Karl Bötticher's Theory of Tectonics«, *Journal of the Society of Architectural Historians*, Nr. 52, 1993, S. 267–280. Schwarzer stellt Böttichers Theorie in Zusammenhang mit Theorien zur Ästhetik von I. Kant, J. G. Sulzer, K. Ph. Moritz, Fr. Schiller, Fr. Schelling, G. W. Fr. Hegel, J. G. Herder, Chr. H. Weisse, K. W. Solger, und W. v. Humboldt. Zu diesem Thema siehe auch den Abschnitt über Böttichers philosophische Ästhetik in dieser Untersuchung. Schwarzer zeigt die zweifache Ausrichtung von Böttichers Tektonik. Der ontologische Aspekt des Bauens, die Probleme des Materials und der Konstruktion werden bei Bötticher stark thematisiert. »His efforts to penetrate to the essence of architecture's mechanical nature in stone encouraged a growth of interest in the science of mechanical nature itself.« (S. 278.)
Das Problem lag nach Schwarzer nun darin, eine spezifische «Kunstform», die ihre Wurzeln in der griechischen Antike hatte, mit einer Kernform (Werkform), die sich der neuesten Technologie bediente, zusammenzubringen. »The imitation of changing mechanical qualities by coincident historical and ahistorical symbols, Bötticher's reasoning for a historically-moderated realism in architecture, inverted its own position as a legible explanatory system.« (S. 278/279.)
[74] »Die Pflanze in allen ihren Theilen ist schon fertig in ihrem Keime, es liegen alle späterhin zur Erscheinung kommenden Theile in diesem vorgebildet, sie bedürfen nur einer gewissen Zeit ehe der lebendige Organismus alles dies fertig entfaltet. Dies ist aber beim tektonischen Gliede nicht so.« Karl Bötticher, *Tektonik*, 2. Exkurs, S. 34.
[75] Dass natürliche Konstruktionen durchaus abstrakt logischen Prinzipien folgen können, haben die Konstruktionen von Frei Otto gezeigt.
[76] In der zweiten Ausgabe der *Tektonik* bezeichnet Bötticher die konstruktive Urform als »intellectuelles Urbild« (S. 19), vergleichbar der »Urform des Keimes« in der Biologie. Der Begriff »intellectuelles Urbild« lässt an die platonische Auffassung der Idee denken. Wie sich während des Entwurfsprozesses während des Skizzierens plötzlich eine stimmige Idee abzeichnet, so benötigt das Schauen der platonischen Idee auch eine entsprechende intellektuelle Anstrengung, bis sie erkannt wird. Der Vergleich mit Plato ist berechtigt, da Bötticher eine philosophische Dissertation mit dem Titel *Eros und Erkenntnis bei Plato in ihrer gegenseitigen Förderung und Ergänzung* verfasste (Berlin 1894).
[77] »Der ganze Bau ist als solcher nirgends in der Natur vorgebildet, er ist ein Gedachtes, ein frei erfundener Organismus. Der Stein, der als todte Masse im Gebirge gelegen, soll denselben darstellen; er wird durch die tektonische Form zu einem höheren Seyn, zu einer organischen Dienstverrichtung berufen.« Ernst Curtius, »Literatur der Archäologie. Die Tektonik von Karl Bötticher«, *Kunstblatt*, Nr. 12, 1845, S. 46.
[78] Karl Bötticher, *Tektonik*, Einleitung, S. 17.
[79] Ebd., S. XIV.
[80] »An den Gebilden der organischen Natur, besonders [...] den Vegetabilien, weiset sich im Ausdrucksprinzipe eine wunderbare Übereinstimmung mit den antiken tektonischen Gebilden in Hinsicht auf Organisation und Ausdruck von Funktion durch Form aus. Jeder besonders fungirende Theil am Vegetabil ist in Form und Lineamenten ununterbrochen bis zur Abzweigung eines anderen Theiles entwickelt; erst kurz vor dem Beginne dieses folgenden, je nachdem er bedeutender oder unbedeutender in der Funkzion erscheint, treten Knotungen, Schwellungen, neue Ansätze oder neue Abzweigung anzeigend auf, [...].« Karl Bötticher, »Entwicklung der Formen der Hellenischen Tektonik«, *Allgemeine Bauzeitung* (Wien), 1840, S. 320.
[81] Ebd.
[82] Karl Bötticher, *Tektonik*, Einleitung, S. 7.
[83] »Alle tektonische Gliedercharakteristik im Hellenischen Baue überhaupt ist nur aus der mechanischen Wesenheit der Gliederung hervorgegangen, ist nur da um diese lebenvoll zu versinnlichen. Ist daher schon im Schema des Mechanismus durch Gründung eines Gliedes auf das andere statisch ein inniger Zusammenhang aller Glieder bewirkt, so wird sich folgerecht dies in der dekorativen Charakteristik durch die Wahl entsprechender Symbole völlig der Anschauung darbieten müssen.« Ebd., 6. Exkurs, S. 75.
[84] »Das Prinzip nach welchem die Hellenische Tektonik ihre Körper erbildet, ist ganz identisch mit dem Bildungsprinzip der lebendigen Natur: Begriff, Wesenheit und Funktion jedes Körpers durch folgerechte Form zu erledigen, und dabei diese Form in den Aeußerlichkeiten so zu entwickeln, dass sie die Funktion ganz offenkundig verräth«. Ebd., Einleitung, S. 6.
[85] Bötticher geht vom Skelettbau aus. Wandelemente sind für ihn keine aus einzelnen Steinen hergestellte Konstruktionen, sondern flächige Raumabschlüsse. Das Zeigen der mechanischen Eigenschaften der Konstruktion durch Hervorheben der Fugenschnitte wird deshalb von ihm abgelehnt. Ebd., 6. Exkurs, S. 96/97.
[86] Ebd., Einleitung, S. 18.
[87] Ebd.
[88] Ebd., Viertes Buch, S. 2.
[89] Ebd.
[90] Karl Bötticher, »Das Prinzip der hellenischen und germanischen Bauweise«, *Allgemeine Bauzeitung* (Wien), 1846, S. 116.
[91] Die Begriffe relative und rückwirkende Festigkeit stammen nicht von Bötticher, sondern wurden bereits von H. Hübsch benutzt. »[...] dem Widerstande den das Material gegen das Zerdrücken oder Zerknicken äußert (rückwirkende Festigkeit) [...] Widerstand gegen das Zerbrechen (relative Festigkeit). Heinrich Hübsch, *In welchem Style sollen wir bauen?*, Karlsruhe 1828, S. 7.
[92] Auf die Kunstgeschichte übertragen, ergibt sich daraus ein radikaler Ansatz: »Aber nur das Geschlecht welches hat die Mühen der Forschung und die Pein der Materie zu tragen, kann durch dieses Beides zur Lust ihrer Besiegung, zur Wonne eines Neugeschaffenen gelangen; wenn es aber energielos solche Pein meidet und nur einem sinnlichen Genusse fröhnend sich auf der Lust des Überlieferten träge bettet, so ist ihm in Wahrheit nur der Schemen schöpferischer Wonne übrig die das vergangene Geschlecht kraftthätig abgenossen hat, es bleiben ihm nur noch die Schlacken aus denen der Gehalt des edlen Metalles längst ausgeschmolzen ist«. Karl Bötticher, »Das Prinzip der hellenischen und germanischen Bauweise«, *Allgemeine Bauzeitung* (Wien), 1846, S. 117.
[93] »[...] sondern es soll nur an Stelle derjenigen Theile auf welchen die Existenz des ganzen Deckensystems beruht, ein anderes Material treten, durch welches es möglich wird die bauliche Funktion derselben durch andere Glieder in denen ein anderes Kraftprinzip wirkt zu ersetzen. Dabei ist es gleichviel ob jene auszuschließende Glieder nun Widerlager, oder ob sie deckentragende Glieder, Rippen, Gurte und dergleichen seien. Ein solches Material aber ist in der That das Eisen mit dessen Nutzung in diesem Sinne unser Jahrhundert bereits begonnen hat. Es ist das Eisen bestimmt mit der steigenden Prüfung und Erkenntniß seiner statischen Eigenschaften in der Bauweise der kommenden Zeit als Grundlage des Deckensystems zu dienen und dassebe, statisch gefasst, einmal so weit über das hellenische und mittelalterliche zu erheben als das Bogen-Deckensystem das Mittelalter über das monolithe Steinbalkensystem der alten Welt erhob.« Ebd., S. 119. Der Text, in dem Bötticher seine

Theorie einer zukünftigen Eisenarchitektur ausbreitet, wurde beim Schinkelfest am 13. März 1846 vorgetragen.
94 Karl Bötticher, *Tektonik*, 1. Exkurs, S. 2.
95 Dass der richtige Einsatz des Materials auch zur Schönheit eines Bauwerks wesentlich beiträgt, war für Bötticher evident. »Die Weise nun wie für die Natur des betreffenden Baumaterials das geistig konzipierte Werk in einzelne Theile so gegliedert worden ist, dass jeder derselben für sich den Begriff seiner raumbildenden Wesenheit im entsprechenden Schema erledigt. [...] karakterisirt das Schema der struktiven Organisation, den Baustil des Werkes; gleichsam das Prinzip seiner Kosmogenie. In diesem liegt das mechanisch struktive Kriterion der Architektonik eines Volksstammes [...].« Ebd., Einleitung, S. 17.
96 »Denn das ist der zweite Hauptgedanke, welcher des Verfassers ganze Untersuchung leitet, ein Gedanke, den ich für den fruchtbarsten halten möchte. Der ganze Tempelbau ist aus statischen Gesetzen hervorgegangen, jedes Glied hat seine bestimmte bauliche Verrichtung, ist deshalb zur Existenz des Ganzen nothwendig; seine Form ist nichts, als die zweckmäßigste Erledigung, die Consequenz seines construktiven Zwecks.« Ernst Curtius, *Kunstblatt*, Nr. 12, 1845, S. 45.
97 »Wie nun bei allem Menschlichen in derselben Kraft, welche zur Vollkommenheit führt, auch schon wieder der Keim des Untergangs liegt, so verliert die Architektur, indem sie sich von einer Seite durch regelmäßiges Fortschreiten, Verzierung und Zierlichkeit in allen Theilen immer mehr ausbildet, von der anderen Seite allmälig jene wahrhaft rührende Schlichtheit und Unbefangenheit der früheren Gebäude, welche immer nur das vorstellen wollen, was sie sind, und nicht mehr [...]. Der Untergang der Kunst wird nicht wenig dadurch beschleunigt, dass ganz unabhängig von derselben die technostatische Erfahrung immer zunimmt, und also die gewagten Zusammenstellungen von Formen, so weit sie die Sucht zu variiren auch immer treiben mag, um so leichter ausgeführt werden können.« Heinrich Hübsch, *In welchem Style sollen wir bauen?*, S. 11/12.
98 »Wir sehen, wie die Decke, seitdem sie als erstes Moment eines baulichen Organismus eingetreten ist, als unterscheidendes Kriterion durchgeht; die Entwicklungsstufen ihrer Construction sind die verschiedenen Stufen der Baukunst«. E. Curtius, *Kunstblatt*, 1845, S. 45.
99 Karl Bötticher, *Tektonik*, 6. Exkurs, S. 101.
100 Ebd.
101 Ebd., 4. Exkurs, S. 52, 55.
102 Ebd., S. 55, Fußnote.
103 Ebd., S. 58.
104 »Aus dem Begriffe der räumlichen Wesenheit geht im Allgemeinen das Schema des Planes, die Disposition der einzelnen Raumtheile hervor. Die hinzutretende Bedingung: dasselbe zu einem in sich geschlossenen überdeckten Höhenraume – Aufbaue – zu entwickeln, bestimmt die Anordnung der umschließenden oder abtheilenden Wände und freistehenden Stützen. Das Schema jedes dieser Plan- und Aufbau bildenden Theile, mögen sie nun geschlossene Wände – Mauer – oder geöffnete Wände – Stützenstellungen, Fenster und Thüröffnungen – sein, wird im Speziellen bestimmt durch die Möglichkeit und das Schema in welchem aus dem betreffenden Baumateriale die, sowohl über den Planraum als über die Wandöffnungen, auszuspannende Deckung hergestellt werden könne. Das Moment der Deckung wirkt mithin auf alle Raumbildenden Theile mächtig zurück und bedingt deren besonderen Habitus.« Ebd., Einleitung, S. 17.
105 Böttichers prinzipielle Trennung in Balken- und Gewölbekonstruktionen bei der Überdeckung eines Raumes wurde vor ihm von Aloys Hirt und Heinrich Hübsch in gleicher Weise durchgeführt.
»Es giebt zwey Arten die Zwischenweiten und die inneren Räume eines Baues zu überdecken, die wagerechte, und die gebogene [...].« Aloys Hirt, *Die Baukunst nach den Grundsätzen der Alten*, Berlin 1809, S. 162.
»[...] so dass man aussprechen möchte, es gäbe wesentlich genommen nur zwei Original-Style – entweder mit horinzontaler geradliniger oder mit gewölbter bogenförmiger Steinüberdeckung«. Heinrich Hübsch, *In welchem Style sollen wir bauen?*, S. 8.
In diesem Zusammenhang ist Hübschs Beurteilung der römischen Architektur interessant:
» [...] und so ist denn die ganze römische Architectur nichts anderes, als ein Streit zwischen diesen heterogenen Constructionsarten, der Bogenstellung und der griechischen Säulenstellung«. Ebd., S. 21.
106 Karl Bötticher, *Tektonik*, 1. Exkurs, S. 11.
107 Ebd., S. 6.
108 Das »vornehmste Kriterion eines Baustyles« lag für Bötticher in der Deckengliederung. Karl Bötticher, *Tektonik*, 1. Exkurs, S. 2.
109 Karl Bötticher, »Das Prinzip der hellenischen und germanischen Bauweise«, S. 116.
110 Ebd.
111 Böttichers Darstellung der mittelalterlichen Architektur erinnert an die von Heinrich Hübsch in seinem programmatischen Werk, *In welchem Style sollen wir bauen?*. Hübsch argumentierte nicht romantisch, sondern sah in der Architektur des Mittelalters den Gebrauch technostatischer Prinzipien. Er erkannte die »unbestreitbaren Vorzüge des Spitzbogen-Stils – der bis ins kleinste Detail durchgeführten, organisch nach der Gewölb-Construction vollendeten Ausbildung [...]«. Heinrich Hübsch, *In welchem Style sollen wir bauen?*, S. 42.
Eine weitere Analyse der technischen Prinzipien mittelalterlicher Architektur findet sich in Eduard Metzgers Aufsatz: »Ueber die Einwirkung natürlicher und struktiver Gesetze auf Formgestaltung des Bauwerks«, *Allgemeine Bauzeitung* (Wien), Nr. 24, 1837, S. 195–197.
Die Diskussion wurde weitergeführt von Rudolf Wiegmann mit seinem Aufsatz: »Ueber den Ursprung des Spitzbogenstils« in: *Allgemeine Bauzeitung* (Wien), 1842, S. 37–61.
112 Karl Friedrich Schinkel, *Das Architektonische Lehrbuch*, herausgegeben von Goerd Peschken, München und Berlin 1979, Abb. 35–52.
113 Einen Böttichers Untersuchungen vergleichbaren Aufsatz lieferte Rudolf Wiegmann: »Ueber den Ursprung des Spitzbogenstils«, *Allgemeine Bauzeitung* (Wien), 1842, S. 44–51. Wiegmann leitet darin den Spitzbogen von der Kettenlinie ab (S. 48).
114 Karl Bötticher, *Tektonik*, 1. Exkurs, S. 3.
115 Ebd., S. 9.
116 Ebd.
117 Ebd.
118 Ebd., S. 11.
119 Ebd.
120 Ebd.
121 Ebd., Note 3.
122 Ebd., S. 10.
123 Ebd.
124 Ebd.
125 Ebd., S. 12.
126 »Um diese Ungleichheiten zu vermitteln, alle kontinuirlich strebende Massen aufzuheben und in Momente zu verwandeln, und auf diese Momente alle Lastung gleichmäßig zu vertheilen, organisirt man – des Halbkreisbogens wegen – alle Stütz- und Strebepunkte nach gleichen Abständen, oder in den Ecken von Quadraten, spannt außer jenen Stirn- und Deckengurten von Stützpunkt zu Stützpunkt noch diagonale in den Scheiteln sich kreuzende Bogengurte, welche eine um etwas größere Spannhöhe als jene haben. Sodann wölbt man die so gebildeten dreiseitigen Öffnungen durch dünne Kappen zu. Diese Kappen heben ihre Spannung gegen einander auf den Kreuzgurten von selbst auf, sie lassen nur die lothrechte Lastung übrig, die sich indessen nach dem Scheitel der Kreuzgurte immer mehr verringert weil die Kappen immer schaler zulaufen«. Karl Bötticher, *Tektonik*, 1. Exkurs, S. 13.
127 »die Leichtigkeit der Decke hat sich dabei ebenfalls gesteigert durch die Verkleinerung und Verdünnung der Kappen, die durch das Hinzutreten des neuen Gliedes, des Kreuzbogengurtes, bewirkt worden ist«. Ebd., S. 14.
128 Ebd.
129 Ebd., S. 14/15.
130 »Diese strebende Verstärkung kann entweder von außen vorgelegt oder auch in das Innere des Raumes, in die verschließende Wand, hineingezogen werden«, ebd., S. 13.
131 Ebd., S. 15.
132 Ebd.
133 Ebd., S. 16/17.
134 Karl Bötticher, »Das Prinzip der hellenischen und germanischen Bauweise«, *Allgemeine Bauzeitung* (Wien), 1846, S. 119.
135 »Also, wie die Form einer Thiertatze ihre besondere Bestimmung offenbart, wie die statische Tragfähigkeit eines Doldenstengels auf seiner Oberfläche sich anzeigt, also erkennt auch das Auge an der Form und Farbe charakterisirten Oberfläche der hellenischen Bauglieder den inneren statischen Mechanismus.« Ernst Curtius, *Kunstblatt*, S. 46.
136 Karl Bötticher, *Tektonik*, Dorika, S. 203, siehe hierzu das Kapitel 3.2.3.: Analogien aus der Frühform des Kultes.
137 Die Polychromiedebatte begann mit J.I. Hittorffs Schrift über den Empedoklestempel in Süditalien. Fortgeführt wurde die Diskussion von Franz Kugler und Gottfried Semper. J.I. Hittorff, »De l'architecture polychrome chez les Grecs, ou restitution complète du Temple d'Émpédocle, dans l'acropôle de Sélinonte«, in: *Annales de l'Institut de Correspondance archéologique*, 2, 1830; Gottfried Semper, *Vorläufige Bemerkungen über bemalte Architektur und Plastik bei den Alten*, Altona 1834; Franz Kugler, *Über die Polychromie der griechischen Architektur und Sculptur und ihre Grenzen*, Berlin 1835.
138 Karl Bötticher, *Tektonik*, 2. Exkurs, S. 29.

139 In der zweiten Ausgabe nennt Bötticher die Analogien auch »Paradeigmata«. Diese »Paradeigmata« sind der »urbildlichen Idee« der »Werkform« analog einzusetzen. Sie bewirken, dass die unterschiedlichen Materialien zu einem »vollkommen homogenen [...] Gebilde« sich vereinigen. (S. 33)
140 Als Beispiel für die Notwendigkeit der Analogie nennt Bötticher griechische mythologische Figuren. Auch diese sind, um Begriffe sichtbar darzustellen, mit entsprechenden Analogien belegt (z. B. der apollinische Greif als Löwe mit Adlerflügeln [S. 34]). Bei den Alten, so Bötticher, war Flora und Fauna bedeutungsgeladen. »Jeder Gottheit waren immer bestimmte Gewächse, vor allem Bäume geheiligt [...]« (S. 49). Er verweist auf sein Werk, *Der Baumkultus der Hellenen,* Berlin 1856, das sich ausschließlich mit diesem Thema beschäftigt.
141 Karl Bötticher, *Tektonik*, 2. Exkurs, S. 29. Bötticher schreibt: »Nicht kann es also hierbei Absicht sein den Stein als todten Stein zu charakterisiren, sondern umgekehrt den Anschein der nichtssagenden Materie, die todte Wesenheit des Steines zu verlöschen, und an deren Statt die eines dynamisch fungirenden Objektes zu setzen. Hieraus erklärt sich die Umhüllung jedes Gliedes mit solchen Attributionen, so wie den Charakter des Steines ganz und gar verwischenden Färbung derselben.«
142 »Eben so wenig aber als die Materie in Betracht gezogen wird aus welcher das tektonische Glied erbildet ist, eben so wenig kann auch der Stoff in Betracht gezogen werden in welchem das Analogon des Gliedes existirt; wollte man den Begriff vom Stoffe des letzteren festhalten, so wäre alle Kunst eine Korruption, und man würde lächeln müssen wenn man sähe dass die Hellenen auf ein Kymation, auf einen Akanthoskrater, ein schweres Steingebälk, ein Steindach gelegt hätten, oder einen Säulenstamm aus Marmor durch eine Spira von Strängen, Riemen, geflochtenen Bändern, Laubwülsten, an seine Krepis, an seinen Trochilus hätten knüpfen wollen.« Ebd., 2. Exkurs, S. 30.
143 Karl Bötticher, *Tektonik*, Einleitung, S. 4/5.
144 Ebd., S. 15, Note 1.
145 Ebd.
146 »Indem aber die Kunst jedes Glied in seiner statischen Lebensthätigkeit zu einem idealen erheben will, so liegt darin die Folge, dass sie sich alsdann auch hierfür eine dem analoge Ausdrucksweise, eine ideale Formensprache erschaffe.« Ebd., 2. Exkurs, S. 28.

»Wir bemerken dass alle Symbole der Antike jedes Mal dem Analogon entlehnt sind, welches das reinste Sein für seinen Begriff gewonnen hat, mithin auch für den welchen man am tektonischen Gliede versinnlichen will; es ist daher das Analogon als ein Ideal seines Wesens vorhanden, es überträgt sich diese ursprüngliche Idealität mithin auch auf die tektonischen Gebilde.« Ebd., 2. Exkurs, S. 35.

Bötticher beschreibt einen geflochtenen Gurt oder einen Lederriem als Ideale von materieller Kohärenz. Das Ideal der »Stützfähigkeit«, der Stengel des Herakleum, erhielt die Säule als Dekor.
147 Ebd., Einleitung, S. 14, § 5 und 2. Exkurs, S. 36, Note 1.
148 »Nur durch ein solches Verfahren, mittelst bekannter Analogien aus der umgebenden Welt zu reden, kann sich die Tektonik eine Formensprache bilden welche volksthümlich, vom Geschlechte durchweg begriffen und verstanden wird.« Ebd., Einleitung, S. 15.
149 Ebd., 2. Exkurs, S. 36.
150 »Es ist natürlicher Weise nicht möglich gerade nur nach einem einzigen Analogon das totale Kernschema eines Strukturtheiles zu bilden, sondern es werden oft verschiedene Objekte Analogien hierzu liefern die zum ganzen Ausdrucke vereinigt werden müssen.« Ebd., Einleitung, S. 16, Ziffer 2.
151 »Das Kymation zeigte sich in der griechischen Baukunst da angewendet, wo das Bauglied als ein belastet endendes charakterisirt mit dem ihm folgenden in Conflict gerieth; es wurde daher als Conflictsymbol und als eine Anzeige rückwirkender Festigkeit erkannt.« Ludwig Lohde, »Die Tektonik der Hellenen von Karl Bötticher«, *Zeitschrift für Bauwesen*, 1870, S. 281.

»Hier kommen besonders zwei Begriffe vor, die darzustellen sind, der des frei und des unfrei Endenden. Ein unbelasteter freier Abschluss kann nicht prägnanter dargestellt werden, als durch eine aufgerichtete Blätterkrone. Dieselbe niedergebeugt bezeichnet den Conflikt eines lastenden und eines belasteten Gliedes; den Grad der Belastung bildet die mehr oder weniger überwallende Profilbewegung des Blattkranzes. Dies statische Conflictsymbol ist dem Verfasser das Kyma oder Kymation, das er in einer früher nicht geahnten Bedeutung geltend macht.« E. Curtius, *Kunstblatt*, 1845, S. 46.
152 Karl Bötticher, *Tektonik*, Einleitung, S. 28.
153 Karl Bötticher, *Tektonik*, 2. überarbeitete Ausgabe, S. 69.
154 Karl Bötticher, *Tektonik*, Einleitung, S. 31.
155 Ebd.
156 Ebd., S. 28.
157 Ebd., S. 21, Note 1.
158 Ebd., S. 28.
159 J. I. Hittorff, »De l'architecture polychrome chez les Grecs, ou restitution complète du Temple d'Empédocle, dans l'acropôle de Sélinonte«, in: *Annales de l'Institut de Correspondance archéologique*, 2, 1830, S. 268.
160 Hans Georg Niemeyer, »Der Bauforscher und Archäologe Hittorff«, in: *Jakob Ignaz Hittorff. Ein Architekt aus Köln im Paris des 19. Jahrhundert,* Ausstellungskatalog des Wallraf-Richartz-Museum Köln, Köln 1987, S. 54.
161 Gottfried Semper, »*Vorläufige Bemerkungen über bemalte Architektur und Plastik bei den Alten*«, Altona 1834.
162 Zu Böttichers Farbgebung hat sich Gustav Ebe geäußert: »Eigentlich war das Hauptelement der Boetticher'schen Farbengebung die Stimmung und zwar nach anderem Gefühl; denn die von ihm beliebte, feine Brechung der Töne war sicher der griechischen Polychromie fremd. Wenn es erlaubt ist, hier den Vergleich mit einem Dichtwerk heranzuziehen, so möchte man sagen: Boetticher gab in seinen farbigen Dekorationen, wie Goethe in seiner Iphigenia, die griechisch klassische Gestalt wider, aber mit einer romantischen Seele. [...] Bekanntlich mischte Boetticher für die Arbeiten seiner Schüler stets alle Farbentöne selbst und stimmte dieselben in unendlicher Feinheit zu einander. In diesem Punkte konnte es ihm Niemand nachthun und sein eigentliches Geheimnis, die Töne trotz aller Brechungen immer ›schön‹ zu halten, blieb unergründet.« Gustav Ebe, »Karl Boetticher als Ornamentiker«, *Deutsche Bauzeitung*, 1890, S. 553.
163 Karl Bötticher, *Tektonik*, Einleitung, S. 30.
164 »Im Gegensatz zu diesen Kymatien als Conflictsymbolen zeigten sich die Anthemien, jene Blumenfächer und Kelche, die gewöhnlich mit dem Namen Palmetten und Lotusblumen bezeichnet werden, zur Anzeige einer freien, einer unbelasteten Endung eines Baugliedes [...]« Ludwig Lohde, *Zeitschrift für Bauwesen*, 1870, S. 281.

Lohdes Besprechung der Tektonik erschien nach den ersten 10 Druckbogen der 2. Auflage der *Tektonik*. Er beschreibt auf S. 283 Böttichers Begriff der Lysis: »Bötticher übertrug nun diesen Terminus auf die öfter mit sculpirten Anthemien verzierte Kehle über dem Kymation des ionischen Episylions, die das letztere krönt und von den oberen Theilen des Gebälks abschneidet. Jetzt wendet unser Autor auch diesen Terminus auf die kleine Kehle über dem Kymation der Thür- und Fenstereinfassungen an, durch welche diese von der Wand ganz abgelöst und ausser Zusammenhang von ihr gesetzt werden.«
165 Bötticher bezeichnet das Kyma als »das allgemein wahrste [...] was man sich nur denken kann [...]« Karl Bötticher, *Tektonik*, Einleitung, S. 31.
166 Karl Bötticher, *Tektonik*, Einleitung, S. 41. »Die einfachsten Symbole welche man dem Kernschema einer solchen Stütze anfügt oder womit man dasselbe umkleidet, sind Rinnen, Furchen, Stängelchen, – *striae*, ῥάβδοι – die mit der Richtung der Axe des Stammes mitgehend, diese Bewegung äußerlich scharf versinnlichen. An allen Vegetabilien, an denen Blüthe, Frucht oder Samen eine große Lebensthätigkeit im aufstrebenden Stängel äußert und eine besonders mächtige Stängelbildung hervorruft, z. Bsp. bei den Dolden (Heracleum), finden sich solche Furchen und Saftröhren in der schärfsten Zeichnung ausgeprägt [...]« Ebd., S. 38.
167 Die Geometrie der Säule ist am geeignetsten gegen Ausknicken. Sie ist deshalb die zweckmäßigste Form. Siehe hierzu: Karl Bötticher, *Tektonik*, Jonika, S. 30. Zum Thema der Rhabdosis siehe: Ebd., S. 31 ff.
168 »Die Heftbänder vertreten unter den tektonischen Formen die Stelle der Kopula in der Rede. Die Wesenheit des betreffenden Symbols welches sie anknüpfen ist nicht in ihnen ausgesprochen, sondern nur der Grad seiner Mächtigkeit und Bedeutung.« Ebd., Einleitung, S. 65.
169 Ebd., S. 67.
170 Ebd., S. 68/69.
171 »Das Band und der Riemengurt, die Taenia und der Torus waren aber vermöge ihrer Textur auch zum Ausdrucke der absoluten Festigkeit des Baumaterials geeignet, und da die relative Festigkeit desselben aus der rückwirkenden und absoluten Festigkeit zusammen resultirt, so erhalten die schwebend ausgespannten Träger der Decke, die Epistylien, Balken und Stroteren an ihrem oberen Saume das Kymation an ihrer Unterfläche das Mäanderband oder den Torus als Ornament.« Ludwig Lohde, *Zeitschrift für Bauwesen*, 1870, S. 281 ff.
172 Karl Bötticher, *Tektonik*, 6. Exkurs, S. 87–89.
173 Ebd., Einleitung, S. 71.
174 Ebd.
175 Ebd., Vorwort, S. XXI.

[176] Ebd. Bötticher weist in der oben zitierten Rede sogar auf ein Verbot der »Kunstform« bei Privathäusern hin. Ebd., Dorika, S. 203.
[177] Ebd., Vorwort, S. XXI.
[178] »Von allen den künstlerisch charakterisirten Theilen des Baues die oben erwähnt worden sind, das Schema des Aetos, des Uraniskos, des Krepidoma u.s.w., von allen den Formen die wir Kunstform. κόσμος, ornamentum, begreifen, durfte dem Hause ursprünglich nichts verliehen werden.« Karl Bötticher, *Andeutungen über das Heilige und Profane in der Baukunst der Hellenen*, Gedächtnissschrift zur Geburtstagsfeier Schinkels am 13. März, Berlin 1846, S. 15.
[179] Ebd., S. 17.
[180] » Es hat noch in der geringsten Hütte der Armen der Heerd den Begriff der Hestia mesomphalos so wie im grossen Kosmos. Wie im All der Natur sie das Zusammenhaltende ist, so hält sie das Leben im Hause, das ganze Haus zusammen; und so wie der Kosmos aufhöre und zerfallen würde wenn die ewige Hestia einmal verging, so zerfällt Staat, Stadt und Haus wenn das Feuer derselben hier erlöscht«. Ebd., S. 18.
[181] Karl Bötticher, *Tektonik*, Dorika, S. 127, Note 3.
[182] Ebd., Vorwort, S. XIX, siehe auch 6. Exkurs, S. 77: Hier bezeichnet Bötticher das Hieron als »ideales Steinzelt«.
[183] Ebd., 6. Exkurs, S. 101. Das 14. Kapitel des 6. Exkurses (Abhandlung der Zeltanalogie) kann als Vorwegnahme der wesentlichen Prinzipien der modernen Architektur gelesen werden.
[184] Ebd., 6. Exkurs, S. 85, Note 7.
[185] Ebd., Einleitung, S. 81, Anmerkung 3: »Die gewebten πετάσματα, παραπετάσματα, *velaria*, Sonnentücher, Vorhänge, der alten Welt sind bekannt. Man kann wohl schließen daß die παραπετάσματα als lothrecht hängende, auch eine diesem Begriffe entsprechende Karakteristik hatten, nicht aber durch Sterne, mit denen der Begriff des Uebergebreiteten verbunden ist, bezeichnet waren [...].«
[186] Karl Bötticher, *Tektonik*, Einleitung, S. 81.
[187] Ebd., S. 81/82.
[188] Ebd., S. 80.
[189] Ebd., Dorika, S. 170/171.
[190] Ebd., S. 187.
[191] Ebd., S. 195.
[192] Rudolf Redtenbacher setzte sich in seiner Rezension der 2. Auflage der Tektonik zwar kritisch mit Bötticher auseinander, trägt aber den Gedanken, dass sich die Formen des Tempels aus der Zeltarchitektur ableiten, mit: »[...] so lange die Völker wanderten werden sie nur Wander-Tempelzelte gehabt haben, welche zwar nach einem bestimmten Prinzip gestaltet, aber unter sich verschieden waren. Von dem Moment an, da man Steintempel baute, welche den Gesammt-Typus der Stiftshütten beibehielten, wenn man so die fest stehenden Zelte bezeichnen darf, werden die Tempel gemeinsamen Gesammt-Charakter, [...] und erst viel später, als vielleicht eine Verwilderung der Formen einzureissen drohte, konnte ein strenger Kanon für den Tempelbau in Kraft treten [...]. Nicht alle Kunstformen aber sind rein symbolische, manche beruhen auf traditioneller Ueberlieferung; sie sind eine Art von Hieroglyphen und wollen das Bild eines ursprünglich Dagewesenen fixiren, für das Vergängliche ein unvergängliches Bild setzen. So die Kränze und Guirlanden der Ornamentik; so ist die Wand des dorischen Tempels als Reminiszens an den ehemals das Zelt verschliessenden Teppich ohne Basis und Kapitäl, also als nicht tragend, im attisch-jonischen Tempel aber mit Basis und Kapitäl, somit als in die Länge gezogener tragender Pfeiler gestaltet, gleichsam als hätte das dorische Tempelzelt aushängenden Teppichen zwischen Säulen oder Zeltstangen bestanden, welche das Gebälk in die Höhe und schwebend hielten, das jonische aber aus steifen spanischen Wänden, welche die Decke trugen.« Rudolf Redtenbacher, »Randbemerkungen zu Bötticher's Tektonik«, *Deutsche Bauzeitung*, Nr. 73, 1881, S. 24–30.
[193] Karl Bötticher, *Tektonik*, 5. Exkurs, S. 60.
[194] Bötticher beschreibt die Konstruktion eines Sparrendaches, das in der Mitte keinen Pfosten benötigt und die Lasten nur in die seitlichen Wände oder Stützen abgibt. Das Auflager der Dachflügel ist das auskragende Geison, wodurch das Dach als frei in der Luft schwebend erscheint.
[195] Ebd.
[196] Ebd., S. 62.
[197] Karl Bötticher, *Tektonik*, Einleitung, S. 77.
[198] Ebd.
[199] Ebd.
[200] siehe hierzu v. a. *Tektonik*, 3. Exkurs, S. 47/48.
[201] Karl Bötticher, *Tektonik*, Dorika, S. 123.
[202] »Plinthus ist übrigens dasselbe was Abakus und überhaupt jeder Stein von rechtwinklichten Seitenflächen; daher auch die Blöcke der Wand, ja sogar die Balken so heißen.« Ebd., S. 126.
[203] Ebd.
[204] Ebd., Einleitung, S. 78.
[205] Ebd., 3. Exkurs, S. 48.
[206] Die Bandornamentik des Abakus der Säule verweist nicht nur auf den Architrav, sondern auch auf die Decke des Pteron. Für die Decke sind die kassettenartigen Bänder, die von Bötticher als Stroteren bezeichneten, tragenden Glieder der Deckenfelder charakteristisch. Diese Stroteren werden durch ein Mäanderband als Band oder Zugelement analog interpretiert. Siehe auch ebd., Dorika, S. 139.
[207] Ebd., Einleitung, S. 78.
[208] Ebd.
[209] Ebd.
[210] »[...] die Dorische Tempelbaukunst [...], in völligem Einklange mit dem Dorischen Staatsleben, der Dorischen Tonart, der Dorischen Tonart, den Dorischen Festtänzen und Liedern. Erst gegen Ende der Periode entfaltet sich neben ihr die reichere und fröhlichere Ionische, welche eben so dem weicheren, beweglicherem, und dem Einflusse orientalischer Sitte und Kunst offener stehenden Sinne des Ionischen Stammes entspricht.« K. O. Müller, *Handbuch der Archäologie der Kunst*, Leipzig 1830, S. 25.
[211] »[...] alle geistigen Bewegungen und Äußerungen des Hellenischen Bewusstsein durchaus in so innigem Konnexe stehn, dass wenn irgend eine derselben vollkommen durchdrungen und erkannt ist, man die anderen alle a priori bestimmen kann [...].« Karl Bötticher, *Tektonik*, Dorika, S. 102.
[212] Ebd., S. 115.
[213] Zu Böttichers spekulativem Entwurf des altdorischen Tempels siehe das Kapitel: interpretatorische Ansätze zum Element der Triglyphe.
[214] Ebd., S. 103.
[215] Ebd., S. 107.
[216] Ebd., S. 105/106.
[217] Ebd., Jonika, S. 33.
[218] Ebd.
[219] Ebd., Dorika, S. 107.
[220] Beiden Stilen liegen nach Bötticher die »gleichen Gattungen von Strukturtheilen in ganz gleichem Kernschema jedes Theiles« zugrunde. Ebd., S. 104.
[221] »War daher das Vorhandensein einer Junkturform zwischen zwei Gliedern ein eigenthümliches Kennzeichen im Dorischen, so sind die Abwesenheit von Junkturen und die trennenden Kymatia an ihrem Orte für die Jonische Weise bezeichnend; es finden sich nur zwei Junkturen in ihrem ganzen Formenkreise, nämlich am Kapitelle und an der Spira der Säule.« Ebd., Jonika, S. 10.
[222] »Er [der Trochilus] ist die eigentliche Junktur in der Spira welche die begriffliche Verbindung der für sich abgeschlossenen Säule mit ihrer besonderen Sohle, oder wie im Attischen, mit dem großen Stylobate anzeigt.« Ebd., S. 13.
[223] Ebd., Einleitung, S. 62.
[224] »Endlich wird der auf diesem Stylobate aufsetzende mächtige Säulenstamm durch einen proportional entsprechend starken Torus mit dem Trochilus und Plinthus zu einer Formeneinheit verbunden.« Ebd., Jonika, S. 12.
[225] »Nur diesen eben erklärten dekorativen Zweck hat einzig und allein die Spira jeder Hellenischen Säule überhaupt; von irgend einer statischen Beihülfe welche die Stabilität des Stammes vermehren sollte enthält sie nicht die mindeste Spur [...].« Ebd., S. 11.

Bötticher reagierte hier auf eine Rezension seiner ersten Veröffentlichung der Grundgedanken seiner Architekturtheorie in der *Allgemeinen Bauzeitung* 1840 durch J. Gärtner. Gärtner misst in seiner Kritik der ionischen und attisch-ionischen Basis nicht nur eine dekorative Funktion, sondern auch eine statische bei. J. Gärtner, »Bemerkungen zu dem Aufsatze von C. Bötticher« (Entwicklung der hellenischen Tektonik), *Allgemeine Bauzeitung* (Wien), *Literatur und Anzeigenblatt für das Baufach*, 10, 1844, S. 170.
[226] Karl Bötticher, *Tektonik*, Jonika, S. 19.
[227] Ebd., S. 18.
[228] Ebd., S. 18/19.
[229] »In demselben Gedankengang also in welchem die Spira der Säule unten durch einen dem Plinthus beigegebenen Trochilus nur als Säule aufnehmend angedeutet wurde, bezeichnet man den Abakus des Kapitelles oben, und mit ihm die ganze Säule, durch Beigabe der involtirten Fascia als Epistyl aufnehmend.« Ebd., S. 21.

»Ist es an den betreffenden Orten evident erwiesen dass die statische Eigenschaft des Epistylion, die relative Festigkeit, nur dadurch versinnlicht werden konnte dass man dieses tragende Glied als mächtiges Band charakterisierte, so wird das Kapitell der Säule [...] eine Vorform empfangen welche dem Epistylbande entlehnt ist [...]. Der Unterschied des Jonischen vom Dorischen Kapitele ist mithin nur der, dass das involutirte Band auf das Epistylion geht, während am Dorischen Abacus das Mäanderband auf die gesamte Decke hinweist.« Ebd., S. 36.

230 Ebd., S. 21.
231 Ernst Guhl, »Versuch über das Ionische Kapitäl«, *Journal für die Baukunst*, 21. Bd., 1845, S. 187 bis 245. Guhl stellt drei Möglichkeiten der Deutung der ionischen Volute vor: die symbolische, die struktive und die ästhetische Betrachtung. Die symbolische Deutung der Volute verweist auf die religiöse Funktion des Tempels. Gherado de Rossi sah in ihr ursprüngliche Kränze, Guirlanden und Vegetabilien, welche als Dankopfer und zum »Schmucke des Tempels verwendet worden seien«. (Guhl, S. 1959.)

W. Wilkens, Stackelberg und O. Müller erkannten in der Volute die Form von Widderhörnern als Zeichen der Opfertiere (Guhl, S. 195–205.) Die struktive Deutung interpretierte die Volute als Span oder Rinde, der sich durch die Sonnenhitze nach innen gerollt hatte. Diese Auffassung vertraten A. Hirt und Rosenthal (Guhl, S. 207–208). J. H. Wolff nahm dagegen ein Polster aus Binsen, Schliff oder Stroh an, zum Schutze des aufliegenden Abakus (Guhl, S. 209–211).

Die ästhetische Deutung, die Kugler (Guhl, S. 216) sowie Rosenthal (Guhl, S. 223) und Guhl vertraten, betrachtete die Volute streng klassizistisch, als Ausdruck der wirkenden Massenkräfte.
232 Ernst Guhl, »Versuch über das Ionische Kapitäl«, S. 226.
233 Ebd., S. 224.
234 Ebd., S. 229.
235 Ebd., S. 229.
236 Die spiralartig geformte Schnecke der Volute interpretierte Guhl nicht tektonisch, sondern betrachte sie als eine aus der Geometrie des kreisrunden Umrisses hervorgegangene, rein dekrorative Zierde. Ebd., S. 241.
237 Als Beispiel Böttichers Interpretation des attischionischen Kapitells: »Gleich wie in der Spira ist auch in der Form des Kapiteles dieser Kunstweise das dem Dorischen hingewandte Streben ausgedrückt [...]. Die involutirte Fascia mit ihrem Abakus trägt ebenfalls den unterscheidenden Charakter des Attischen Jonicismus; denn nicht nur erscheint diese wichtige Junktur in einem mächtigern und vorragenden Formenverhältnisse als im Jonischen und verleiht so der Säule eine alterthümliche Gravität, sondern es ist auch der allgemeine Bezug auf die Decke wie im Dorischen dadurch angeklungen dass noch ein Element, ein geflochtener Torus unter ihr abgezweigt ist, welcher nicht der Entwicklung der Fascia oder den zwei Seiten des Epistylion nachgehend gezeichnet ist, sondern gleich einer Spira dem Kymation folgt und dieses umkreist, mithin sich der Entwicklung des Mäanderbandes an dem (quadraten) Abakus des Dorischen Kapitelles annähert.« Karl Bötticher, *Tektonik*, Jonika, S. 26.
238 Bötticher führt als Beispiel das Erechteion auf der Akropolis an. Dadurch, dass das Erechteion in seiner Deckenkonstruktion keine Balken und Kreuzbalken besitzt, sondern die Decktafeln oder Kalymmatien sich hinter dem Geison befinden, entfällt die Notwendigkeit eines Frieses. Ebd., S. 69.
239 Ebd., S. 57, S. 69.
240 Ebd., S. 58.
241 Ebd., S. 12/13.
242 Ebd., S. 25.
243 Ebd., S. 26.
244 Karl Bötticher, *Tektonik*, Korinthiaka, S. 104.
245 Ebd., S. 104.
246 »[...] der Korinthischen Weise die in jedem eklektischen Bildungsprocesse begründete Erscheinung, daß mit ihm zugleich der unlösbare Widerspruch aller einzelnen in ganz neue Anordnung zusammengebrachten Elemente unter sich einzieht; denn wo nicht nur die Kunstformen, sondern wo ganze Gliedersysteme zweier Kunstweisen die als die schroffsten Extreme einander so gegenüber stehen wie die Dorische und Jonische Weise, [...] so heist das in Wahrheit Spruch und Widerspruch mit einander paaren und aus Bejahung und Verneinung ein Werk zusammenfügen.« Ebd., S. 104.
247 Ebd., S. 111.
248 Ebd., S. 112.
249 Ebd., S. 111.
250 »Jedes Geräth zerfällt eben so wie der Bau in einzelne Theile, von denen jeder einen besonderen singulären Zweck des Ganzen erfüllen, dem analog geformt und mit dem Ganzen organisch verknüpft sein muß. Es ist mithin je nach Begriff, Wesenheit und Funktion sowohl die Totalität wie jeder einzelne Theil derselben durch entsprechende Form der Körperlichkeit erledigt [...]« Ebd., Einleitung, S. 42.
251 Am Fuß eines gusseisernen Kandelaber (siehe Tafel 14, Ziffer 7–8) zeigt Bötticher wie eine Tiertatze sich in ein auslaufendes Blattornament verwandelt, um dann zu einem »aufsteigenden Thema« zu werden.
252 Zu den verwendeten Stichwerken: siehe die Quellenangabe im Tafelteil dieses Buches, S. 39.
253 Bötticher berichtet in seiner Untersuchung über das Theseion folgendermaßen: »Zur Genugthuung in Bezug auf die Restitution der Charakteristik des Echinus der dorischen Säule als mächtiges Kyma oder Kymation, wie sie in der Tektonik angenommen aber vielfach angezweifelt ist, gelang es mir dieselbe an den Säulen dieses Gebäudes wieder aufzufinden und damit alle Zweifel für immer zu beseitigen. [...] Endlich fand sich an zweien Echini die vollendete Zeichnung der Blattschemata des Kymation in demselben Schema als sie in der Tektonik gegeben ist. [...] Die Blätterschemata an beiden Beispielen sind weder erhöht noch umrissen, sondern nur in ihren von Farbe bedekkt gewesenen Flächen heller und glätter als der Grund zwischen ihnen vorhanden. Von Pigment dagegen ist hier kein Rest mehr sichtbar.« Karl Bötticher, »Die Untersuchungen auf der Akropolis von Athen«, *Zeitschrift für Bauwesen*, 1863/1864, S. 579/580.
254 »Im Gegensatz zum Wulst des minoisch-mykenischen Normalkapitells nimmt der Echinus des dorischen Kapitells keine plastische Dekoration auf. Eine Gliederung des Echinus durch Bemalung ist in keinem Fall gesichert.« In Fußnote 274: »Boetticher [...] glaubte am Echinus des Theseionkapitells ein gemaltes Kymation zu erkennen. Diese Beobachtung wurde schon früh bestritten [...] und hat sich später nicht bestätigen lassen.« Burkhardt Wesenberg, *Kapitelle und Basen, Beobachtungen zur Entstehung der griechischen Säulenformen*, Düsseldorf, 1971, S. 58.
255 Schon früh von J. Gärtner: »Ein Pflanzenblatt an und für sich, und noch mehr ein gebogenes, überfallendes, ist in der Wirklichkeit eine schlechte Stütze; wie sollten wohl die Griechen darauf gekommen sein, ein solches, noch dazu oft sehr fein ausgezacktes als symbolische Darstellung des Stützens zu gebrauchen, und im Gegentheil die stark und kräftig gearbeitete, gerade aufstrebende Palmette auf dem Gesims als Symbol des Endigens aller Kraftäußerung, aller Funktion?« J. Gärtner, »Bemerkungen zu dem Aufsatze von C. Bötticher«, *Allgemeine Bauzeitung* (Wien), *Literatur und Anzeigenblatt für das Baufach*. 10, 1844, S. 171/172.

Von Rudolf Redtenbacher: »[...] Der Name Kyma und Kymation bezieht sich also blos auf die bauchige, wulstige Form des betreffenden Architekturtheils [...] nur die äußere Form des Profils, die bei einigen besonderen Kymatien allerdings an umgebogene Wellenkämme erinnert, giebt den Namen her. Von einem Konflikt zwischen zwei Architekturgliedern ist dabei nicht die Rede.« Rudolf Redtenbacher, »Randbemerkungen zu Bötticher's Tektonik«, *Deutsche Bauzeitung*, Nr. 73, 1881, S. 407.

An anderer Stelle äußerte sich Redtenbacher allerdings anders: »Dass die dorische Säule eine innere Verwandtschaft mit der ägyptischen hat, wird wohl kaum im Ernst bestritten werden können, nur unterscheidet sie sich wesentlich von dieser durch die Form des Echinuscapitäls, in welchem der Gedanke, die Last des Gebälks durch ein besonderes polsterartiges Unterlager aufzunehmen, durch die ursprüngliche Bemalung von Blättern, deren Spitzen nach unten gebogen waren, ausgedrückt gewesen zu sein scheint.« Rudolf Redtenbacher, *Die Architektonik der modernen Baukunst*, Berlin 1883, S. 109.

Richard Streiter kritisiert Böttichers Gedanken zum Kyma mehrfach. Die von Bötticher gebrauchte tektonische Analogie wird in Frage gestellt. »Gegen diese Anschauung [...] ist einzuwenden, dass es dem natürlichen ästhetischen Empfinden widerstrebt, Blattreihen, die bei geringstem Druck zu Staub zerrieben werden, als Stützen mächtiger Lasten zu denken, sie dabei nur leicht umgebogen zu sehen [...]. Die »gleichsam angelegte« und umgebogene Blattreihe soll erst die Form (die Querschnittslinie) des Profils bestimmen. Wie soll man sich nun aber die »Kernform« der Kymatien denken? Für den Echinus des dorischen Kapitells z. B., welchen Bötticher als Kyma erklärt, würde man sich als Kernform eine Kelchform ähnlich der des korinthischen Kapitells vorstellen müssen. Zerstört aber eine solche Vorstellung nicht vollständig den kraftvollen Eindruck, den das mächtige Echinusprofil unmittelbar und ohne »Blattkranz« hervorruft?« Richard Streiter, *Karl Böttichers Tektonik der Hellenen als ästhetische und kunstgeschichtliche Theorie*, Hamburg und Leipzig, 1896, S. 80.

Streiter weist dann nach, dass das Kyma an den überlieferten Monumenten nicht in der von Bötticher geforderten Weise gebraucht wurde. »Diese Meinung wird widerlegt durch die Terrakottafunde von Olympia, Selinus u.s.w., die, wie Puchstein wohl richtig bemerkt, den Schluss zulassen, dass die ältesten dorischen Bauwerke überhaupt der Kymatien entbehren. Auch an diesen sehr altertümlichen Terrakottaverkleidungen von Steingeisa kommt das Kyma nicht nur als belastetes Glied, sondern als oberstes, frei endendes Glied hoher Simen vor.« Ebd., S. 83.

Auch die Pflanzenornamentik des Kyma wird von Streiter angezweifelt. Er sieht im Kyma ein geometrisches Flächenmuster, welches Naturformen nur assoziiert. »Eine bewusste Nachbildung von Blättern, also ein Pflanzenornament, vermag ich aber in der Bemalung der Terrakottakymatien nicht zu erblicken, vielmehr halte ich dieses Schema für ein geometrisches Flächenmuster, das infolge der Abrundung der Streifen auf dem Überschlag des Profils allerdings an eine Blattreihe gemahnt, das aber nicht als »stilisierter Blattkranz« ursprünglich gedacht war.« Ebd., S. 86.

[256] Werner Müller und Gunther Vogel, *dtv-Atlas zur Baukunst*, Bd. 1, München 1974, S. 159–163. Nikolaus Pevsner/ Hugh Honour/ John Fleming, *Lexikon der Weltarchitektur*, *Digitale Bibliothek*, Berlin 2000, Stichwort: Kyma.

[257] Meyers Konversationlexikon bringt noch im Jahr 1905 unter dem Begriff Kymation die von Böticher vertretene, tektonische Deutung. »Kyma, Kymation [...] tektonische Bezeichnung für die architektonischen Profilglieder, durch die das Stützen symbolisiert wird. Je nachdem der Begriff des stärkeren oder leichteren Tragens ausgesprochen werden soll, ist das Kyma anders profiliert. Man unterscheidet das leicht stützende dorische Kyma [...], wie es im dorischen Gebälk, am dorischen Wandpfeiler (der Ante) vorkommt, von dem schwertragenden Echinuskyma [...] des dorischen Säulenkapitells, aus dem sich dann das sogen. ionische oder Eierstabkyma [...] entwickelt; zwischen beiden etwa steht das lesbische K. auch Herzblattstab genannt [...]. Abgesehen davon, dass schon die Profilform das elastische Tragen ausspricht, wird der tektonische Begriff insbs. durch die Ornamentierung des K. gegeben und bewiesen [...].« *Meyers Großes Konversations-Lexikon*, sechste, gänzlich neubearbeitete und vermehrte Auflage, 11. Bd, Leipzig und Wien, 1905, S. 902/903.

[258] »Was den aufgemalten Mäander an den Seitenflächen des Abakus betrifft, der nach Böttichers Meinung nie gefehlt habe, so ist zunächst die Thatsache festzustellen, dass von einer solchen Bemalung nirgends die geringste Spur sich gefunden hat.« Richard Streiter, *Karl Böttichers Tektonik der Hellenen*, S. 60.

[259] »Es scheint vielmehr natürlicher, anzunehmen, dass der eckige Mäander ebenso wie die ›Meereswelle‹ (der sogenannte ›laufende Hund‹), wie Zickzacklinien, Spiralen, Punktreihen mit Strichen wechselnd oder von Linien eingefasst, als einfaches Linienspiel zeichnerisch erfunden wurden, dass sie zur Befriedigung des primitiven Schmucktriebes auf irgend welche Gegenstände, sei es mittelst Farbe, sei es durch Einritzen aufgetragen wurden. Diese schmückenden Linienzüge und Reihungen einfachster Elemente (Punkte, Striche) wurden ebenso wie an textilen Erzeugnissen, an Gefässen und anderen kunsthandwerklichen Gegenständen, so auch an Architekturteilen angebracht, ohne dass die ›Tektonen‹ bestimmte ›Begriffe damit verbanden‹«. Richard Streiter, *Karl Böttichers Tektonik der Hellenen*, S. 61.

[260] »Böttichers Erklärung des Volutenpolsters des jonischen Kapitells als Junktur und die Behauptung, die hellenischen Tektonen hätten diese eigenartige Kunstform lediglich aus dem Junkturbegriff heraus frei »erbildet«, ist so hinfällig, als eine Widerlegung überflüssig erscheint. Die kunstwissenschaftliche Forschung hat längst das hohe Alter und den aller Wahrscheinlichkeit nach orientalischen Ursprung des Volutenknaufs nachgewiesen.« Ebd., S. 75.

[261] Adolf Göller, »Was ist Wahrheit in der Architektur«, in: *Zur Aesthetik der Architektur*, *Vorträge und Studien*, Stuttgart 1887, S. 105.

[262] Heinz Quitsch, »Semper und Bötticher. Zur Beziehung von Architekturtheorie und Ästhetik in der Mitte des 19. Jahrhunderts«, in: *Stilstreit und Einheitskunstwerk Internationales Historismus*. Symposium Bad Muskau, 20. bis 22. Juni 1997, Dresden 1998, S. 178.

[263] Karl Bötticher, *Tektonik*, 2. Exkurs, S. 29.

[264] Ebd., Einleitung, S. 23, Note 1.

[265] Ebd.

[266] Ebd., Vorwort, S. XV.

[267] Ebd.

[268] Ulrich Schütte, *»Ordnung« und »Verzierung«, Untersuchung zur deutschsprachigen Architekturtheorie des 18. Jahrhunderts*, Inaugural-Dissertation an der Ruprecht-Karl-Universität, Heidelberg, 1979, S. 73.

[269] Die Säulenordnungen konnten durch die Verwendung musikalischer Proportionen das Bauwerk in Einklang mit kosmischen Gesetzen setzen. Die seit Vitruv gängige Analogie, die einzelnen Säulenarten anthropomorph zu interpretieren, erlaubte es, einem Gebäude seiner Nutzung und seinem Besitzer gemäßen Charakter zu verleihen.

[270] Rudolf Wittkower, *Grundlagen der Architektur im Zeitalter des Humanismus*, München 1969, Originalausgabe: *Architectural Principles in the Age of Humanism*, London 1949.

[271] Siehe hierzu das Kapitel: Bötticher und Semper.

[272] Leon Battista Alberti, *Zehn Bücher über die Baukunst*, übersetzt von Max Theuer, Darmstadt 1975, S. 510.

[273] Zur Rolle des Dekors bei Alberti siehe: Sokratis Georgiadis, »Verpöntes Ornament«, *Der Architekt*, Nr. 5, 2002, S. 38–42. Georgiadis erkennt die Geringschätzung des Ornaments schon bei Alberti. Absolute Schönheit sei für den Menschen nicht erreichbar und deshalb bedürfe Architektur des ornamentalen Korrektivs. Zum Vergleich von Albertis und Böttichers Kunsttheorie siehe: Frank-Lothar Kroll, *Das Ornament in der Kunsttheorie des 19. Jahrhunderts*, (Studien zur Kunstgeschichte, Bd. 42), Hildesheim, Zürich und New York 1987, S. 22/23.

[274] »Bei der Theorie der »freien« und »mechanischen Künste« handelt es sich letztlich um eine Theorie der Kunstproduktion. Thema war die Art und Weise des Zugangs zur Wirklichkeit, Kriterium die Scheidung von Hand- und Kopfarbeit.« Ulrich Schütte, »*Ordnung« und »Verzierung«*, S. 27.

[275] Zu den artes liberales, den Sieben Freien Künsten zählen: Grammatik, Rhetorik, Dialektik (Trivium), Arithmetik, Geometrie, Astronomie und Musik (Quadrivium). Sie gehörten zum Grundwissen der Antike und des Mittelalters.

[276] Stieglitz rechnete dagegen die Architektur noch 1792 zu den mechanischen Künsten. Siehe hierzu: Ulrich Schütte, *»Ordnung« und »Verzierung«*, S. 29.

[277] Johann Joachim Winckelmann, *Anmerkungen über die Baukunst der Alten*, in: Studien zur deutschen Kunstgeschichte, Bd. 337, Dresden 1762.

[278] »Das Wesentliche begreift in sich, vornehmlich theils die Materialien, und die Art zu bauen, theils die Form der Gebäude und die nöthigen Theile derselben«. (S. 1.) Schon an diesem Satz zeigt sich die unscharfe Trennung von Material, Form und funktionalen Anforderungen. Ähnlich den Traktaten von Palladio und Alberti beschäftigte sich Winkelmann mit den stofflichen Faktoren des Bauens. Er gibt im ersten Kapitel einen kurzen Abriss über Materialien wie Ziegel, Steine und Mörtel, fährt im Unterkapitel »von der Art zu bauen« mit der Beschreibung von Gewölbekonstruktionen, Zyklopenmauerwerk, etc. fort und beschreibt im dritten Teil des ersten Kapitels unterschiedliche Gebäudetypologien »von der Form der Gebäude und von den Theilen derselben.« (S. 18 ff.) Er macht Angaben zur griechischen Tempelarchitektur, zu Rundbauten, beschreibt die Säulenordnungen und gibt Detailbeschreibungen zu antiken Wohngebäuden. Im zweiten Kapitel, »Von der Zierlichkeit in der Baukunst« setzt sich Winckelmann mit dem architektonischen Dekor auseinander. »Auf das Wesentliche in der Baukunst ist die Zierlichkeit derselben gefolget [...] in Schriften und an Gebäuden dienet sie dem Geiste und dem Auge zur Abwechslung, und wenn die Zierde in der Baukunst sich mit Einfalt gesellet, entsteht Schönheit.« (S. 50.)

[279] Ebd.

[280] Ebd., S. 51.

[281] Heinrich Hübsch, *In welchem Style sollen wir bauen?*, Karlsruhe, 1828.

[282] Ebd., S. 7.

[283] »Wenn wir demnach einen Stil gewinnen wollen, [...] so muß derselbe nicht aus einer früheren, sondern aus der gegenwärtigen Beschaffenheit der natürlichen Bildungsmomente hervorgehen: also erstens aus unserem gewöhnlichen Baumateriale, zweitens aus dem heutigen Standpunkte der technostatischen Erfahrung, drittens aus der Art der Beschützung, welche die Gebäude in unserem Clima für sich selbst der Dauerhaftigkeit wegen ansprechen, und viertens aus der allgemeineren Eigenschaft unserer Bedürfnisse, die in dem Clima, vielleicht auch zum Theil der Cultur begründet sind.« Heinrich Hübsch, *In welchem Style sollen wir bauen?*, S. 13.

[284] Ebd., S. 19.

[285] Ebd., S. 22/23, S. 26, S. 27.

[286] Ebd., S. 28.

[287] Ebd., S. 20/21, S. 25.

[288] »Hiernach ist die Haupteigenschaft, welche den neuen Styl von dem griechischen unterscheidet: statt der Horizontal-Überdeckung im Steinbau Gewölb-Überdeckung, oder statt der antiken Säulenstellung mit horizontalem Gebälke eine Bogenstellung.« Ebd., S. 27.

[289] Eduard Metzger, »Über die Einwirkung natürlicher und struktiver Gesetze auf Formgestaltung des Bauwerk«, *Allgemeine Bauzeitung* (Wien), 1837, Nr. 21, S. 169–172, Nr. 22, S. 177–180, Nr. 23, S. 187–190, Nr. 24, S. 193–197, Nr. 25, S. 201–208, Nr. 26, S. 209–215.

[290] Ebd., Nr. 21, S. 171.

[291] Ebd., Nr. 21, S. 170.

[292] Ebd., Nr. 23, S. 189.

[293] »Für struktive Bedingungen geben die unverwechselten Begriffe von Stützen, Trägern und Füllungsräumen [...] zur äußeren Formgestaltung einen sicheren Wink. Daraus werden aber vernunftgemäße Motive für Schmuck und Dekorazion er-

wachsen, deren eines zum Ausdruck des andern dient. Weit entfernt, den Wink der mannigfaltigen Natur, dieser alten Lehrmeisterin, missverstehen zu wollen, kann man ihren tieferen Sinne bildlich näher kommen, wenn aus dem reichhaltigen Stoff, welchen sie in den Pflanzenformen bietet, das Schickliche der Plastik einverleibt wird. So benütze man auch stets dieselben; symbolische Andeutungen im Übereinkommen mit Volksbegriffen bestimmten die Auswahl, und der Schmuck wurde Bildersprache.« Ebd., Nr. 21, S. 171.

[294] Ebd., Nr. 26, S. 212.

[295] »Nur das Naturgesetz wird aber dem Haschen und der Manie zu Neuschaffen entgegentretend, sichere Bahn öffnen. Lächerlich ist es, von neuen Stylarten in der Architektur zu reden, so lange kein neuer Baustoff oder Material die Bestehende, zwecklich aus demselben Hervorgegangene, verdrängt. Ein des Wesens und der Wirkung der Baukunst Unkundiger wird aber allein von Beschränktheit architektonischer Erfindungen sprechen, wenn er nicht in vorstehendem Sinne urtheilt!«. Ebd., Nr. 23, S. 189.

[296] Über den Einfluss der vitruvianischen Architekturtheorie siehe: Georg Germann, *Einführung in die Geschichte der Architekturtheorie*, Darmstadt 1980.

[297] Hanno-Walther Kruft, *Geschichte der Architekturtheorie*, München 1985, S. 149/150.

[298] Michael Brix, Monika Steinhauer, »Die Geschichte im Dienste der Baukunst, Zur historischen Architektur-Diskussion in Deutschland«, in: *Geschichte allein ist zeitgemäß: Historismus in Deutschland*, Gießen 1978, S. 255.

[299] August Rode, *Des Marcus Vitruvius Pollio Baukunst*. Aus der römischen Urschrift übersetzt, 2 Bde., Leipzig 1796.

[300] Zur Vitruv Rezeption siehe: Klaus Jan Philipp, *Um 1800. Architekturtheorie und Architekturkritik in Deutschland zwischen 1790 und 1810*, Stuttgart und London 1997, S. 55 ff.

[301] James Stuart und Nicholas Revett, *The Antiquities of Athen*, Bd. I, London 1762, Bd. II, London 1787, Bd. III, London 1794, Bd. IV, London 1816, deutsche Ausgabe: Darmstadt und Leipzig 1829 bis 1833; Robert Wood, *The Ruins of Balbec otherwise Heliopolis in Coelosyria*, London 1757.

[302] Schinkel lehnte sich in seiner romantischen Phase gegen die normative Lehre Hirts auf. Er forderte eine monumentale, an das sittliche Gefühl appellierende Architektur und kritisierte die streng aus der Holzkonstruktion abgeleitete Formensprache Hirts. Schinkels romantische Architekturauffassung wurde dann später von Wilhelm Stier an der Bauakademie vertreten.

[303] Hirt lehnt sich im Aufbau seines Werks strukturell an Vitruv an. In 22 Abschnitten werden die Grundbegriffe der vitruvianischen Lehre in geringen Abwandlungen und die antike Bautechnik reflektiert. Die anthropomorphe Charakterisierung der einzelnen Säulenordnungen sowie die Modul- und Proportionslehre Vitruvs wurden von Hirt übernommen.

[304] »Jeder Bau machet einen in seiner Art eigenen Eindruck auf das Sehorgan. Das Starke und Massive erwecket Ernst, das Leichte und Schlanke giebt Heiterkeit, das Geräumige mit gehöriger Höhe machet frey, das Niedrige hingegen beklommen, u.s.w. [...] Der Architekt muß also das Auge zu befriedigen trachten. Er muß den Schein mit in den Kalkül bringen, und bey jeder Bauanlage die Raum- und Construktionsverhältnisse darnach einrichten; sonst wird der Bau weder nach dem Ganzen, noch nach seinen Theilen die Wirkung auf das Gefühl machen, die er der Absicht gemäß erregen sollte. Soviel im Allgemeinen, um anzudeuten, wie wesentlich viel ein wohlverstandenes Verhältnismaß zum Wohlgefallen und Charakter eines Baues beytragen und worauf es beruhe.«

»In den vier verschiedenen Bauarten der Alten, wovon wir in der Folge umständlich handeln werden, sind gleichsam die Grade und Modificationen des Stils erschöpft. In der toskanischen [...] stellet sich dem Auge das Ursprüngliche, das Dürftige, das Einfache, das Schmucklose, oder wenigstens das nur mit geringer und gemeiner Zierde Versehene dar; in der dorischen zeichnet sich das Ernste und Männliche bestimmter; sie ist für den Schmuck empfänglicher, doch für den, welcher sich für ihren männlichen Charakter ziemt. In der ionischen Bauart ist das Feine, das Gefällige und Anmuthige, und in der korinthischen das Schlanke, das Prachtvolle und Reiche der Hauptcharakter.«

Aloys Hirt, *Die Baukunst nach den Grundsätzen der Alten*, Berlin 1809, S. 14–16.

[305] Zur Charaktertheorie siehe: Klaus Jan Philipp, *Um 1800*, S. 39.

[306] »[...] Überhaupt kann das architektonische Schöne in diesem höheren Sinne nicht als ein Isoliertes, oder als ein von der Festigkeit und der Bestimmung eines Baues Getrenntes angesehen werden; sondern so wie die Schönheit ihre Begründung theils in der Festigkeit, theils in der Bestimmung der Gebäude hat, so muß anderseits die Schönheit wieder wesentlich dahin zielen, die Dauerhaftigkeit und die Bestimmung herauszuheben, und sie dem Auge fühlbarer zu machen. Diese so engverbundenen Erfordernisse begründen zusammen das Wesen der Baukunst.« Aloys Hirt, *Baukunst*, S. 22/23.

[307] »Eine andere Frage ist es, ob jede Art von Bau Anspruch auf Wohlgefälligkeit oder Schönheit machen könne. Auch diese bejahend zu beantworten tragen wir nicht das mindeste Bedenken. Jeder, auch der gemeinste und geringste Bau ist ein Werk der Kunst und die Hütte, die Scheune, der Kerker können in ihrer Art und nach ihrer Bestimmung eben so schön seyn, als der Palast, der Tempel, das Theater es in ihrer Art sind. Der Unterschied liegt bloß in den verschiedenen Abstufungen des Schönen, wovon der Grund in der abweichenden Bestimmung der Gebäude gegeben ist.« Ebd., S. 22.

[308] Karl Bötticher, *Tektonik*, Einleitung, S. 6/7, Note 2.

[309] Aloys Hirt, *Baukunst*, S. 52.

[310] Ebd., S. 42/43.

[311] siehe hierzu: Karl Bötticher, *Tektonik*, Jonika, S. 32.

[312] »Daher beruht auch bei den Hellenischen Werken die statische Anordnung aller Glieder, der lebensvolle Anschein eines organischen Zusammenhanges, das Ebenmaß aller charakterisirenden Formen nicht in gebundenen Verhältnissen, nicht in einem konventionellen Kanon, sondern in dem analogen Ausdrucke der inneren statischen Lebensthätigkeit jedes Gliedes, in einer organischen Junktur aller.« Karl Bötticher, *Tektonik*, 2. Exkurs, S. 39.

[313] »Betrachten wir nun die Baukunst unter diesen drey Gesichtspunkten; so ergiebt sich, dass erstlich alles Wesentliche, wo die Baukunst ihrer Natur gemäß hinstrebt, vorhanden und erfunden ist. Es giebt kein Material und keine Constructionsweise, wovon wir nicht vielfätige Versuche und Muster vor uns hätten.« Aloys Hirt, *Baukunst*, S. 24.

[314] J. H. Wolff, *Beiträge zur Ästhetik der Baukunst oder die Grundgesetze der plastischen Form, nachgewiesen an den Hauptheilen der Griechischen Architektur*, Leipzig und Darmstadt 1834.

[315] Richard Streiter, *Karl Bötticher Tektonik*, S. 19 bis 22.

[316] J.H. Wolff, *Beiträge zur Ästhetik*, S. 4/5.

[317] Ebd., S. 5.

[318] Ebd., S. 9.

[319] »Viel strenger und entschiedener aber muß die Architektur die Gesetze der Schwerkraft aussprechen; nicht blos der Zweckmäßigkeit, sondern der schönen Form wegen, weil sie keine von innen wirkende und bewegende Kraft, sondern vor Allen nur die Wirkungen des Gesetzes der Schwere durch ihre Massen auszudrücken hat.« Ebd., S. 11/12.

[320] Ebd., S. 10.

[321] »Eine besondere Art dieser Gleichheit aber ist für die Baukunst von vorzüglicher Wichtigkeit, die Übereinstimmung nämlich der Höhe mit der Breite. In dieser scheint nämlich das Gleichgewicht zwischen der emporstrebenden und anziehenden Kraft, zwischen dem Tragenden und dem von ihm Getragenen ausgedrückt. So tritt hier zu der Befriedigung des uns angeborenen mathematischen Gefühls für die Gleichheit noch die des statischen Sinnes für das Gleichgewicht hinzu, und bildet vereinigt eine architectonische Befriedigung.« Ebd., S. 14.

[322] Ebd., S. 18

[323] So wird von Wolff das Quadrat als Gleichgewichtsfigur benutzt, um die Säulenabstände zu bestimmen. Wolff zeichnet eine diagonale Linie unter 45 Grad von der Mitte der Säule auf Höhe der Oberkante des Stylobats bis zur Mitte einer benachbarten Säule an die Unterkante des Architraves. Je nach Säulenabstand befinden sich dann innerhalb dieser Diagonalen keine, eine, oder zwei Säulen.

[324] Ebd., S. 54.

[325] Ebd., S. 65.

[326] Ebd., S. 63.

[327] Ebd., S. 70.

[328] Ebd., S. 70.

[329] Ebd.

[330] Ebd.

[331] Ebd., S. 86/87.

[332] Ebd., S. 20

[333] Ebd.

»Die allgemein architectonische Form verlangt nämlich, wie in der Einleitung entwickelt wurde, dass keine Art von Vorsprung unvorbereitet und ohne eine Art von Gegensatz erscheine; das Zurückweichen der Linie von unten nach oben hin und die darauf folgende Ausladung bedingen sich daher gegenseitig.« Ebd., S. 57.

[334] Ebd., S. 95.

[335] Ebd., S. 98.

[336] »Der Mensch will sich eine Unterkunft schaffen, die ihn schützt, ohne ihn unter sich zu begraben. Einige im Wald abgeschlagene Äste sind das für seine Zwecke geeignete Material. Er wählt die vier

stärksten aus, die er senkrecht, im Quadrat angeordnet, aufstellt. Er verbindet sie mit vier anderen, die er quer über sie legt. Darüber breitet er von zwei Seiten Äste, die sich schräg ansteigend in einem Punkte berühren. Diese Art Dach wird mit Blättern so dicht bedeckt, dass weder Sonne noch Regen eindringen können, und so hat der Mensch jetzt eine Unterkunft. [...] Diese kleine, rustikale Hütte, die ich gerade beschrieben habe, war das Modell, von dem alle Herrlichkeit der Architektur ihren Ausgang nahm. Durch die Annäherung beim Bauen an die Einfachheit dieses ursprünglichen Modells werden grundlegende Fehler vermieden und wird echte Vollkommenheit erreicht. Die senkrecht aufgestellten Holzstangen ließen in uns die Idee von der Säule entstehen, die waagrecht auf ihnen ruhenden Teile die vom Gebälk, die schräg gestellten schließlich, die das Dach bilden, liegen der Entstehung des Giebels zugrunde. [...] Daraus ziehe ich folgenden Schluß: die wesentlichen Bestandteile, aus denen sich eine architektonische Ordnung zusammensetzt, sind einzig und allein Säule, Gebälk und Giebel. Wenn sich jeder dieser drei Teile am richtigen Platz findet und in der ihm gemäßen Form, gibt es nichts, was man noch zur Vollkommenheit des Werkes hinzufügen könnte.« Marc-Antoine Laugier, *Essai sur l'architecture*, Paris 1753, übersetzt und mit Anmerkungen versehen von Hanna Böck, Zürich und München 1989, S. 34 ff.

[337] August Rode, *Des Marcus Vitruvius Pollio Baukunst. Aus der römischen Urschrift übersetzt*, 2 Bde., Leipzig 1796.

[338] »Die zwischen Aloys Hirt und August Rode in der Sammlung geführten Diskussionen um einzelne und sehr spezielle Fragen der Auslegung von Vitruv zeigen ein hohes Reflexions- und Wissensniveau und trotz aller Meinungsverschiedenheiten ein gemeinsames Festhalten an einem Entwicklungsschema antiker Architektur [...] Gleichsam nach mechanischem Gesetz verfeinert und perfektioniert sich die Architektur als selbstreferentielles System aus sich selbst heraus, ohne dass Einflüsse von Außen hinzutreten müssten.« Klaus Jan Philipp, *Um 1800*, Stuttgart und London 1997, S. 57.

[339] »Ita quod non podest in veritate fieri, id non putaverunt in imaginibus factum posse certam rationem habere.« Vitruv, *Zehn Bücher über Architektur*, Buch IV, 2. Kapitel, Ziffer 5.

»So glaubten sie, dass das, was in Wirklichkeit (am Holzbau) nicht entstehen kann, auch nicht, wenn es an den Nachbildungen (am Steinbau) gemacht ist, seine Berechtigung haben kann.« Vitruv, *Zehn Bücher über Architektur*, übersetzt und mit Anmerkungen versehen von Dr. Curt Fensterbusch, Darmstadt 1996, S. 179.

[340] »Lodoli hat seine Gedanken selbst nicht veröffentlicht. Dies geschah erst um 1760 durch Algarotti und 1786 durch Memmo.« Ulrich Schütte, *Ordnung und Verzierung*, Heidelberg 1979, S. 61.

[341] Ebd., S. 69.

[342] Aloys Hirt, *Baukunst*, 6. Abschnitt, S. 26–38, Pl. I–IV.

[343] Ebd., S. 38, Ziffer 8.

[344] Genelli belustigt sich über die Interpreten Vitruvs »die mit dem possierlichsten Ernst ihr ganzes Leben damit beschäftigten und sich kindisch freuen konnten, so oft es ihnen glückte, aus ihrem hölzernen Vorbild irgend einen Grund heraus zu fingieren, warum in den Ordnungen dieses oder jenes Leistchen gerade so gestaltet, gerade an diesem Ort angebracht sein sollte«. Die Herleitung der griechischen Formen aus dem Holzbau war für Genelli die »Blindheit einer müßigen Nachäfferei.« Hans Christian Genelli, *Exegetische Briefe über des Marcus Vitruvius Pollio Baukunst. An August Rode*, 2 Hefte, Braunschweig 1801, S. 47.

[345] »Schwerlich fiel daher einem Griechen je ein, die einzelnen Glieder je einzelnen Glieder des prächtigen Tempels, der ihm ein ewiges Denkmal seyn sollte, auf die Theile des Zimmerbaues zu deuten, desto häufiger aber, bald den Giebel als einen aufliegenden Adler, oder als ein Herrscherdiadem, oder auch als eine gedankenvolle Stirn; bald die Metopen als offene Augen, oder die Jonischen Friese als mienenreiche Wangen, den Kranz als Augenbrauen, und die Architrave mit ihrer Inschrift als einen redenden Mund anzuschauen; ja allgemeiner betrachtet, ward ihm die Zelle zum Leib, das Gebälk zum Hals, der Giebel zum Antlitz«. »Und so wie – templum – überhaupt ein Obdach heißt und der Dichter daher den umwölbenden Himmel – templa coeli – nennt; so musste ihm wieder das Tempeldach immer ein Bild des Himmels seyn, und das Gebälk daher in mehr als einer Hinsicht als das vornehmste Theil an dem Gebäude erscheinen.« Ebd., S. 59.

[346] »Hingegen der Weisen, in welcher in jeglicher Architektur diese Symbolik hervorbricht, muß es nach der nothwendigen Anschauungsart des menschlichen Gemüths, das sie erzeugt, schlechterdings zwei geben und es können ihrer nicht mehr seyn: das heißt es muß durchaus zwei Ordnungen, eine Männliche und eine Weibliche, geben: grade wie jede Sprache die beiden Geschlechter haben muß, und zwar nicht blos in ihren Worten, sondern auch in den einzelnen Klängen, blos als solche betrachtet.« Ebd., S. 61.

[347] Über die Entstehung der Säulenordnungen im Allgemeinen und der dorischen und ionischen Architektur im Besonderen siehe bei Vitruv, Viertes Buch, 1. Kapitel.

Aloys Hirt hatte sich gegenüber der vitruvianischen Theorie zur Entstehung der Säulenordnungen kritisch geäußert: »Indessen lässt sich leicht wahrnehmen, dass Vitruv seine Erzählung von der allmähligen Entstehung der Bauordnungen nicht selbst erfunden hat. Wahrscheinlich schöpfte er sie aus den Schriften irgend eines witzigen architektonischen Sophisten aus dem alexandrinischen Zeitalter [...].« Aloys Hirt, *Baukunst*, Berlin 1809, S. 46.

[348] »In diesem Mißgriff liegt der Grund, warum den modernen Architecten die Dorische Ordnung so durchaus mißrathen ist, indem sie durch Reduction auf Jonische Verhältnisse sie gleichsam ihres Geschlechtes beraubt haben. Bei Wiederaufsuchung antiker Architektonik hat man nehmlich diesen geschlechtlichen Charakter, der die Basis aller ihrer Gebilde ist, gänzlich übersehen und den Unterschied in den Verhältnisen, wie etwas zufälliges, an der einen schlechtweg für fein, zierlich und also wohlgerathen, an der anderen für plump, schwerfällig und verfehlt angenommen [...].« Hans Christian Genelli, *Exegetische Briefe*, 2. Heft, Berlin 1804, S. 71.

[349] Heinrich Hübsch, *Über Griechische Architektur*, 1820

[350] Aloys Hirt, *Heinrich Hübsch, Über Griechische Architektur, dargestellt von Aloys Hirt*, Berlin 1823.

[351] Heinrich Hübsch, *Über Griechische Architektur, zweite mit einer Vertheidigung gegen Herrn A. Hirt vermehrte Ausgabe*, Heidelberg 1824.

[352] »Die altdorische Ordnung zeigt lauter geradlinige scharfkantige, gleichsam reinmathematische Figuren als Verzierungen, und eine Anordnung derselben; dass durchaus nicht zu verkennen ist, wie hier die Formen des Holzbaus als Vorbilder gedient haben. Bekanntlich baute man auch in den älteren Zeit alles zur Überdeckung Gehörige aus Holz (dies geht, auch ganz von den historischen Beweisen abgesehen, aus der Beschaffenheit Griechenlands – weil es hinreichendes Bauholz erzeugt – hervor): und daher erklären sich, als später dasselbe dem dauerhafteren Steine weichen musste, diese Reminiscenzen aus dem Holzbaue an denjenigen Nebentheilen, welche nicht ausschlüsslich durch die neue Steinconstruction bedingt wurden – nämlich an den Verzierungen.« Heinrich Hübsch, *Über Griechische Architektur*, 1824, S. 16.

[353] Die Hauptformen der Architektur werden nach Hübsch »einzig und allein durch den ökonomischen Zweck und durch die Anforderung der Festigkeit bestimmt: der öconomische Zweck ist bei jedem Gebäude die Grundursache seiner Existenz, und wird durch die richtige Construktion erlangt. Richtige Construction aber ist die Gestaltung und Zusammensetzung der Baumaterialien gemäss den Gesetzen der Statik und des Materials. Nach diesen unbestreitbaren Sätzen müsste dann – wenn wir die Holznachahmung als gegründet annehmen – entweder das Princip der Steinkonstruktion ganz in jenem der Holzkonstruction liegen; oder die Construction des griechischen Styles, also der griechische Styl selbst wäre zweckwidrig.« Heinrich Hübsch, *Über Griechische Architektur*, 1824, S. 17.

[354] Ebd., S. 22.

[355] Ebd., S. 24.

[356] »denn er nennt das Gebälke blos die Verzierung der Säulen [...]« Ebd., S. 37. Hübsch setzt sich im Detail mit der Beschreibung Vitruvs vom antiken Dachstuhl auseinander (S. 50–55) und kommt zur Schlussfolgerung »Übrigens verräth auch Vitruv im Verlaufe dieses Capitels solche verworrene Begriffe von der Holzconstruction, dass man ihm mit gutem Gewissen alle gründliche Sachkenntnis absprechen kann«. Ebd., S. 54.

[357] Ebd., S. 6.
Der ionischen Bauart wurde von Hübsch eine fremde asiatische Art unterstellt. Ebd., S. 5. Bötticher übernahm vermutlich diese Einschätzung von Hübsch.

[358] Karl Bötticher, *Tektonik*, 2. Exkurs, S. 27/28.

[359] Ebd., Dorika, S. 171.

[360] Ebd., S. 172.

[361] Bereits im 18. Jahrhundert gab es Modelle neben der Hütte, die Höhle und das Zelt als Ursprung der Architektur anzunehmen. Ulrich Schütte, »*Ordnung und Verzierung*«, S. 69.

[362] Karl Bötticher, *Tektonik*, 6. Exkurs, S. 101.

[363] »Diese von Vitruv, IV, 2, in gleicher Breite wie Unkunde baulicher Struktur und Statik vorgebrachte Ansicht von Nachahmung der hölzernen Korona im Steinbau, ist nach dem Vorgange von Piranesi, besonders aber von Hirt in seiner *Baukunst nach den Grundsätzen der Alten* nicht nur adoptirt, sondern

bis zur Gränze des Lächerlichen auf alle Theile des Baues ausgedehnt.« Ebd., Jonika, S. 80.
364 »Der Hellenische Bau, sowohl in seiner totalen Organisation als wie auch in allen seinen darstellenden einzelnen Theilen bis zu den kleinsten Extremitäten derselben, ist ursprünglich für einen Steinbau erbildet, und nicht die geringste Einzelheit an ihm zeigt sich für einen Holzbau angelegt; daher karakterisirt sich nach überall im Äußeren nur der Steinbau, und wenn auch einzelne Theile im Inneren aus Holz hergestellt wurden, so kommen doch diese in dekorativer Hinsicht niemals im Aeußeren des Baues zur karakterisirenden Erscheinung.« Ebd., Dorika, S. 102 ff.
365 »Schließlich ist noch zu bemerken dass wir den Gedanken, die Organisation der Strukturtheile so wie deren dekorative Schemata aus einem älteren Holzbaue abzuleiten, als einen durchaus unhaltbaren und falschen annehmen und ihn daher ganz beseitigt haben. [...] Wie könnte man auch den Baustyl der Hellenen als Ideal aufstellen [...] wenn in diesem kunstthätigen Geschlechte nicht die Potenz gelegen hätte, den Steinbau aus dessen innerem Wesen heraus materiell und künstlerisch als das was er ist äußerlich darzustellen, sondern wenn es in der Armuth eigener Gedanken seine Zuflucht zum Holzbaue hätte nehmen müssen um von diesem die karakteristische Hülle zu entlehnen?« Ebd., Dorika, S. 117/118.
366 »Nimmermehr wird sich ein menschliches Streben dadurch zur Kunst erheben, dass sie eine ihr fremde Bedürftigkeit nachahmt [...].« »Vor dem Zweifel, wie doch die Griechen darauf verfallen seyn möchten, den echten schönen Kunstweg, auf welchem sie schon die Ausbildung der Säulen selbst zu Stande gebracht hatten, bei dem Gebälk mit einemmal wieder zu verlassen, um einer mechanischen Nachschreiberei nachzuhangen; vor solchem Zweifel sind jene auf immer gesichert.« Genelli, *Exegetische Briefe,* Berlin 1804, 2. Heft, S. 59.
367 Heinrich Hübsch, *In welchem Style sollen wir bauen?,* S. 13.
368 Karl Bötticher, *Tektonik,* 2. Exkurs, S. 29.
369 »Typisch sind die Verhältnisse deswegen nicht, weil jedes andre Material andere Verhältnisse seiner Textur besitzt, und bei ein und derselben Gliederungsweise andere stereometrische Dimensionen für das Kernschema jedes Gliedes, mithin andere Proportionen für das Schema jedes Symboles bedingt.« Karl Bötticher, *Tektonik,* 2. Exkurs, S. 40.
370 Richard Streiter beschäftigte sich mit den Widersprüchen, die Böttichers Hypothesen aufweisen. Er legte dabei die Interpretation von Lotze zugrunde. »Aber« – fährt er fort – »warum dann bei solcher Auffassung die Abneigung gegen alle Erinnerungen des Holzbaues, wenn man zur Erklärung des architektonischen Planes bis zur Versteinerung von Schnuren und Teppichen zurückgeht? Man wird vielleicht einwenden, Bötticher habe von einer Versteinerung von Schnuren und Teppiche‹ nie gesprochen; er habe vielmehr wiederholt ausdrücklich hervorgehoben, dass die Flechtband- und Mäander-Ornamente, wie alle derartigen Symbole, von der ›steinernen Kernform‹ scharf zu trennen, und nur als ›angelegte begriffscharakterisirende Hüllen‹ zu betrachten seien, die nur ein Vergleichsbild – Analogon – für die statische Funktion des Steingliedes abgeben sollen. Zugestanden! Aber wären die Viä,
wenn sie an das Gespärre eines hölzernen Dachstuhls erinnern, nicht ebensolche ›der steinernen Kernform angelegte Vergleichsbilder‹, wie die Fascien und Mäander der Decke, die an ein Gurtgeflecht zum Tragen eines Teppichs erinnern sollen? Gewiß! Würde aber die Vollkommenheit des Steinbaues der Griechen dadurch Einbusse erleiden, dass einzelne ›dekorative Charakteristika‹ an eine andere Technik erinnern, so müssten doch die zahlreichen Symbole, die nach Bötticher der textilen Technik entlehnt sein sollen, vor allem den Ruhm der hellenischen Tektonen schmälern.« Hermann Lotze, *Geschichte der Aesthetik in Deutschland,* München 1868, S. 527.

Richard Streiter misst Bötticher in seiner Kritik an seinen eigenen Prinzipien. Die Argumentation Streiters ist jedoch nicht konsequent im Sinne Böttichers. Formen der »artes mechanicae«, wie sie der Holzbau hervorbrachte, waren nach Bötticher nicht geeignet, tektonische Ideen wie absolute, relative oder rückwirkende Festigkeit abzubilden. Richard Streiter, *Karl Böttichers Tektonik der Hellenen,* S. 67.
371 »τρίγλυφος. Wir übersetzen diesen Namen: dreifach (d. i. auf drei Seiten) glyphiert.« Karl Bötticher, *Tektonik,* Dorika, S. 167, Note 1.
372 Ebd., S. 167.
373 »Wenn die Zimmerleute alter Zeit also irgendwo bauten, legten sie so von den inneren Wänden zu den äußeren Teilen (des Gebäudes) Deckbalken, die hervorragten [...]. Dann sägten sie die Vorsprünge, soweit sie überragten, vorn lothrecht zur Mauer ab und, da ihnen dieser Anblick unschön erschien, hefteten sie vorn gegen die Schnittstellen Brettchen, die so geformt waren, wie jetzt die Triglyphen sind, und diese Brettchen strichen sie mit himmelblauer Wachsfarbe an, damit die Schnittstellen an den Balken verdeckt waren und das Auge nicht beleidigten.« Vitruv, IV, 2. Kapitel, Ziffer 2, übersetzt von Curt Fensterbusch.
374 »Hyperoon. ὑπερῷον ist bei den Hellenen ein Oberbau, ein oberes Geschoß (χώρα) und nicht bloß die Decke des Baues; das Geschoß zu ebener Erde ist κατάγειον. Daß die Decke (στέγη, ὀροφή) Hyperoon hieße, dafür habe ich kein Beispiel finden könne (vergl. Pollux I,8). Da nun die Triglyphenstellung in der Tat das Dachgeschoß bildet, so habe ich geglaubt ein Recht zur Annahme dieses Namens zu haben, um damit den Dachbau vom Pteron zu unterscheiden.« Karl Bötticher, *Tektonik,* Dorika, S. 169, Note 7.

Zu der Annahme eines vollständig ausgebildeten Obergeschosses siehe auch die Untersuchungen von Heinrich Richard. Richard geht von einem voll ausgebildeten Obergeschoss bei der »Königshalle« aus. Aus den Fensterpföstchen hat sich dann die Triglyphe, aus der Brüstung der Architrav entwickelt. Im Schnitt weist die Königshalle Ähnlichkeiten mit alpenländischer Architektur auf. Heinrich Richard, *Vom Ursprung des dorischen Tempels,* Bonn 1970.
375 Heinrich Hübsch, *Über griechische Architektur,* Heidelberg 1824, S. 70.
376 Ebd., S. 69.
377 »Wie aus den Balkenköpfen die Triglyphen, so sollen nach unserem Autor im steinernen Gebälk die Mutuli ihren Ursprung aus den Sparrenköpfen herleiten. Nun wollen wir nicht weiter fragen, warum denn die steinerne Decke innerhalb erst über den äußeren Triglyphen liegt, die doch ihre Construction äußerlich andeuten soll. Man möchte uns antworten, dass es eben nur ein äußeres Trugbild seyn soll, gleichsam eine übergeworfene Maske, die keine wirkliche Übereinstimmung mit der inneren Construction zu haben braucht [...].« Hans Christian Genelli, *Exegetische Briefe,* 2.Heft, Berlin 1804, S. 57
378 Ebd., S. 75.
379 Ebd., S. 68.
380 Hans Christian Genelli leitet den Begriff der Metope aus einem konstruktiven Detail der Triglyphe her. »[...] und weil man ihren Stand (gemeint sind die Triglyphen, deren Fuß im Architrav versenkt wurde) in den Architraven nicht besser als mit dem Ausdruck der Zimmerleute – ὀπή – (Ope: ein Loch oder hohles Lager) benennen konnte, so bekam nun die Weite zwischen zwei Triglyphen den Namen – Μετόπη – (Metope).« Ebd., S. 69.
381 Ebd., S. 75.
382 Böttichers Herleitung des Begriffs der Metope unterscheidet sich von Genellis »Wenn aber die Triglyphen besondere Glieder, Stützen, Pfosten sind welche erst eine Öffnung, ὀπή, erzeugen, so muß der Zwischenraum zwischen solchen μετόπη sein; eine Benennung die man nicht jeder Öffnung, jedem Loche geben kann, sondern nur einer welche zwischen zwei Gegenständen ist.« Karl Bötticher, *Tektonik,* Dorika, S. 169, Note 5.
383 »Diese von dem vorspringenden Geison geschützten Metopen bilden die Fenster des Naos und führen ihm ein ruhiges Hochlicht zu.«
384 »Fenster hatten die ins gevierte gebauten Tempel insgemein nicht, und kein ander Licht, als welches durch die Thüre hinein kam; und dieses zu Vermehrung der Ehrfurcht des Orts, welcher durch Lampen erleuchtet war.« J. J. Winckelmann, *Anmerkungen über die Baukunst der Alten,* Leipzig 1762, S. 39.

»[...] aber bei keinem fehlt die Cella, welche also das Wesentliche des griechischen Tempels war. Sie bildet gewöhnlich ein längliches Viereck, mit einem grossen Eingang vorn und ohne Fenster: die kleinen Tempel erhielten ihr Licht durch die Thüre, die grösseren von oben durch eine Oeffnung in der Decke.« Heinrich Hübsch, *Über griechische Architektur,* Heidelberg 1824, S. 1.
385 »So entsteht ein Impluvium oder Hypäthrum in Mitten der Cella, oder ein Ort sub divo, sine tecto, ἐν ὑπαίθρῳ, mit einem um dasselbe herumgeführten Peristylium wie beim Atrium, Hypäthrum, oder bei der Aule des Wohnhauses; und es empfängt von diesem die Baulichkeit charakterisirenden Hypäthrum der ganze Tempel den Gattungsnamen aedes hypaethros.« Karl Bötticher, *Tektonik,* Viertes Buch, S. 9.
386 Ebd., Dorika, S. 111.
387 Ebd., S. 156.
388 Ebd., S. 156. Bötticher verweist, um seine Argumentation zu stützen, auf S. 162 auf eine Vitruvstelle, in der dieser den Begriff monotriglyphon verwendet (Vitruv, 4. Buch, 3. Kapitel, Ziffer 7).
389 Ebd., S. 166
390 in: Hans Georg Gadamer, *Ästhetik und Poetik, I, Kunst als Aussage,* Tübingen 1993, S. 206 ff.
391 Gadamer benutzt zur Verdeutlichung den Begriff des Mythos. »Mythos soll hier nur heißen: das, was man erzählt, und so erzählt, dass keiner daran auch nur zweifeln mag, so sehr sagt es uns etwas.

Mythos ist das, wovon man erzählen kann, ohne dass jemand auf die Frage gerät, ob das auch wahr sei. Es ist die alle verbindende Wahrheit, in der sich alle verstehen. Genau das ist es, was damals zu Ende ging – die Selbstverständlichkeit der christlich-humanistischen Tradition.« Ebd., S. 209.

[392] Ebd.

[393] Ebd.

[394] E. Curtius spricht vom »Versuch einer philosophischen Formenlehre«. E. Curtius, *Kunstblatt*, Nr. 11, S. 42.
»Der Inhalt des Buches ist echt aus der Zeit geboren. Er ist durch und durch philosophisch; er strebt nach Erkenntniss der Thatsachen, nicht von außen nach innen, sondern von innen nach außen.« Cornelius Gurlitt, »Karl Bötticher«, *Deutsche Bauzeitung*, Nr. 64, 1890, S 385.

[395] Karl Bötticher, *Tektonik*, Vorwort, S. XVI.

[396] Ebd., Einleitung, S. 3.

[397] Das Verhältnis Kants zur Architektur deutet Heinz Quitsch folgendermaßen: »Aber die Abwertung der Architektur im System der Künste ist nur ein Aspekt. Die gesamte ästhetische Theorie Kants unterschätzte die Bedeutung von Zweck, Nutzen und Funktion für die Analyse der Kunst und proklamiert einen Antagonismus zwischen Zweckmäßigkeit und Schönheit. Damit wird aber auch den für Winckelmann wesentlichen Elementen der Baukunst, z. B. den Eigenschaften des Materials oder der konstruktiven Tätigkeit, eine künstlerische Qualität abgesprochen. Auf diese Weise wurden die sogenannten ästhetische Dimension verabsolutiert und die Polemik gegen die Bedeutung von Zweck und Bedürfnis bei der Gestaltung der Bauten gefördert [...]. Wenn die Architektur unter diesen Prämissen überhaupt noch künstlerische Ansprüche erfüllen konnte, dann musste die Orientierung auf die bestimmende Rolle der Konstruktion aufgegeben werden, und als reine Form blieben nur noch das Ornament und andere dekorative Gebilde übrig.« Heinz Quitsch, »Tektonik und Bekleidungstheorie. Zu einer architekturtheoretischen Fragestellung in der ersten Hälfte des 19. Jahrhunderts«, in: *Mythos Bauakademie*, Berlin 1997.

[398] Immanuel Kant, *Kritik der Urteilskraft*, Hamburg 2001, S. 218 (Seitenangaben nach der zweiten Originalausgabe (B), die Ende 1792 mit dem Druckjahr 1793 erschien).

Die Beurteilung des Schönen unterliegt bei Kant dem Geschmacksurteil. Das freie Spiel der Einbildungskraft und des Verstandes (S. 218) bewirken ein Geschmacksurteil. Ein Gegenstand wird subjektiv als schön empfunden und bewirkt Lust in seiner Betrachtung. Die Lust des ästhetischen Urteils ist kontemplativ und ohne ein Interesse am Objekt. (S. 209, S. 222.) Interesse an einem Gegenstand beeinflusst das freie Spiel der Einbildungskraft und dadurch das ästhetische Urteil. (S. 205.)

Das ästhetische Urteil Kants ist subjektiv, da das ästhetische Urteil ein Geschmacksurteil und kein Erkenntnisurteil ist. Die Erkenntniskräfte sind beim Geschmacksurteil in einem freien Spiele, weil kein bestimmter Begriff sie auf eine besondere Erkenntnis einschränkt. (S. 217.) Kant geht so weit, zu behaupten, dass intellektuelle Einsicht den Zugang zur Schönheit eines Gegenstands verstellt. »Wenn man Objekte bloß nach Begriffen beurteilt, so geht alle Vorstellung der Schönheit verloren.« (S. 215.)

Wenn sich Schönheit nicht begrifflich fassen lässt, so kann es auch kein begrifflich begründetes Ideal der Schönheit geben. Ein Ideal des Schönen ist immer ein Ideal der Einbildungskraft. (S. 232.)

Kant trennt den Schönheitsbegriff in zwei Arten auf, in die pulchritudo vaga, die freie Schönheit und die pulchritudo adhaerens, die anhängende Schönheit. (S. 229.) Die freie Schönheit wird durch ein reines Geschmacksurteil wahrgenommen. Das reine Geschmacksurteil ist frei von jedem Zweckgedanken. Die anhängende Schönheit dagegen »setzt einen Begriff vom Zwecke voraus, welcher bestimmt, was das Ding sein soll, mithin einen Begriff seiner Vollkommenheit; und ist also adhärierende Schönheit.« (S. 230.)

Wenn die Beurteilung von Schönheit ganz unabhängig von der Zweckmäßigkeit eines Objektes sein soll und zugleich subjektives Urteil ist, so stellt sich die Frage, wie Urteile zustande kommen können, die von anderen Menschen gleichfalls als richtig empfunden werden. Kant spricht von einem »gemeinschaftlichen Grunde der Einhelligkeit in Beurteilung der Formen.« (S. 232.) Von diesem Gemeinsinn (sensus communis) (S. 238) ist der Anspruch abgeleitet, ein subjektives Geschmacksurteil als notwendige Bestimmung für andere Menschen anzunehmen. Das Geschmacksurteil ist Wohlgefallen an der Form für jedermann, ohne dass es auf einen Begriff zurückgeführt werden könnte. Objektive ästhetische Urteile kann es nach Kant nicht geben. Auch die Gemeingültigkeit ästhetischer Urteile bezieht sich immer auf das Gefühl von Lust und Unlust eines Subjekts. (S. 214.)

Kant trennt zwischen dem Wohlgefallen an einem Gegenstand, das durch dessen Zweckmäßigkeit oder Teilhabe am sittlich Guten entsteht und dem, was nur durch die Form hervorgerufen wird. Nur die freie Schönheit, die unvermischt ist durch Ideen der Zweckmäßigkeit oder der praktischen Vernunft, kann ein reines Geschmacksurteil hervorbringen.

Ein Bauwerk kann deshalb kein Ideal der Schönheit besitzen. Architektur hat im Sinne Kants immer adhärierte Schönheit, da der Zweck und die Funktion in der Beurteilung architektonischer Formen immer schon im Urteil enthalten ist. Das Ideal eines Wohnhauses zu finden ist nicht möglich, da »die Zwecke durch ihren Begriff nicht genug bestimmt und fixiert sind, folglich die Zweckmäßigkeit beinahe so frei ist, als bei der vagen Schönheit«. (S. 232.) Eine ästhetische Idee kann keine Erkenntnis werden, weil sie eine Anschauung (der Einbildungskraft) ist, der niemals ein Begriff adäquat gefunden werden kann«. (S. 342.)

Durch die Ausgrenzung des begrifflichen Bereichs und der Beschränkung auf das reine Anschauungsurteil kann die Architektur nur in begrenztem Umfang Gegenstand des ästhetischen Urteils sein. Ein zweckorientiertes Denken, das sich in funktionalen oder konstruktiven Aspekten äußert, findet bei Kant keine Berücksichtigung im ästhetischen Urteil.

Kant kommt zu der paradox klingenden Formulierung, um den Gegenstand des reinen Anschauungsurteils, das zugleich allgemeingültig ist, zu beschreiben: »So wie die *Idealität* der Gegenstände der Sinne als Erscheinungen die einzige Art ist, die Möglichkeit zu erklären, dass die Formen a priori bestimmt werden können, so ist auch der *Idealism* der Zweckmäßigkeit in der Beurteilung des Schönen der Natur und der Kunst die einzige Voraussetzung, unter der allein die Kritik die Möglichkeit eines Geschmacksurteils, welches a priori Gültigkeit für jedermann fordert (ohne doch die Zweckmäßigkeit, die am Objekte vorgestellt wird, auf Begriffe zu gründen), erklären kann.« (S. 254.)

Das Ideal der Schönheit lässt sich nur beim Menschen vorstellen, da dieser den Zweck seiner Existenz in sich selbst hat. Kant differenziert das Ideal menschlicher Schönheit in die ästhetische Normalidee (die durchschnittliche Gestalt einer Gattung, eines Volkes etc.) und in die Vernunftidee (was unsere Vernunft mit dem sittlich Guten mit der Idee der höchsten Zweckmäßigkeit verknüpft). Als adhärierte Schönheit kann menschliche Schönheit nicht durch ein reines Geschmacksurteil bestimmt werden. (S. 235 ff.)

[399] Ebd., § 12.

[400] Ebd., § 17, S. 88.

[401] Ebd., § 17, S. 89.

[402] Ebd., § 17, S. 89.

[403] Ebd., § 17, S. 91. Kant nennt als Beispiel einer ästhetischen Normalidee den Doryphorus des Polyklet.

[404] Ebd., § 17, S. 92.

[405] Ebd., § 59, S. 253.

[406] Ebd., § 59, S. 255.

[407] Ebd., § 59, S. 257.

[408] Der Begriff »Ideal der Zweckmäßigkeit« kehrt später bei Schinkel wieder. Siehe hierzu das Kapitel Schinkel, Semper, Stier.

[409] Siehe hierzu Hans Georg Gadamer, »Jedoch kam Kants wesentliches Anliegen, eine autonome, vom Maßstab des Begriffs befreite Grundlegung der Ästhetik zu leisten und die Frage nach der Wahrheit im Bereich der Kunst überhaupt nicht zu stellen, sondern das ästhetische Urteil auf das subjektive Apriori des Lebensgefühls, die Harmonie unseres Vermögens zur ›Erkenntnis überhaupt‹ zu begründen, die das gemeinsame Wesen von Geschmack und Genie ausmacht, dem Irrationalismus und dem Geniekult des 19. Jahrhunderts entgegen.« Hans Georg Gadamer, *Wahrheit und Methode*, Tübingen 1986, Bd. 1, S. 65.

[410] »Wir nennen ein Gebäude vollkommen, wenn sich alle Teile desselben nach dem Begriff und dem Zwecke des Ganzen richten und seine Form durch seine Idee rein bestimmt worden ist. Schön aber nennen wir es, wenn wir diese Idee nicht zu Hülfe nehmen müssen, um die Form einzusehen, wenn sie freiwillig und absichtslos aus sich selbst hervorspringen uns alle Teile sich durch sich selbst zu beschränken scheinen. Ein Gebäude kann deswegen (beiläufig zu sagen) nie ein ganz freies Kunstwerk sein und nie ein Ideal der Schönheit erreichen, weil es schlechterdings unmöglich ist, an einem Gebäude, das Treppen, Türen, Kamine, Fenster und Öfen braucht, ohne Hülfe eines Begriffs auszurichten und also Heteronomie zu verbergen. Völlig rein kann also nur diejenige Kunstschönheit sein, deren Original in der Natur selbst sich findet.« In: *Briefwechsel zwischen Schiller und Körner*, herausgegeben und kommentiert von Klaus L. Berghahn, München 1973, Schiller an Körner, 23. Februar 1793, S. 185.

[411] »Ist an einer Bildsäule ein einziger Zug, der den Stein verrät, der also nicht in der Idee, sondern in

der Natur des Stoffes gegründet ist, so leidet die Schönheit; denn Heteronomie ist da. Die Marmornatur, welche hart und spröd ist, muß völlig untergegangen sein, und weder das Gefühl noch das Auge darf daran erinnert werden.« Friedrich Schiller, *Kallias*, 28. Februar 1793.
412 Karl Bötticher, *Tektonik*, 2. Exkurs, S. 29.
413 Ebd.
414 Ebd.
415 Heinz Paetzold, *Ästhetik des deutschen Idealismus*, Wiesbaden 1983, S. 202.
416 Hegel war von 1818 bis 1831 Professor in Berlin.
417 Hegels Ästhetik erschien als Vorlesungsnachschrift durch Hotho in der ersten Auflage 1835 und als zweite, durchgesehene Auflage 1841. Die Vorlesungen zur Ästhetik hielt Hegel in Berlin viermal und zwar im Winter 1820 wöchentlich fünfmal, im Sommer 1823 viermal, ebenso im Sommer 1826, und im Winter 1828/29 fünfmal wöchentlich. Jedesmal hat er seinem Kolleg den Titel gegeben: Ästhetik oder Philosophie der Kunst. In: Georg Wilhelm Friedrich Hegel, *Die Idee und das Ideal*, nach den erhaltenen Quellen neu herausgegeben von Georg Lasson, Leipzig 1931, Vorbemerkung des Herausgebers, S. IX.
418 Georg Wilhelm Friedrich Hegel, *Vorlesungen über die Ästhetik*, mit einer Einführung herausgegeben von Rüdiger Bubner, Stuttgart 2000, S. 173.
419 Ebd., S. 179.
420 »Denn dem Wesen des Schönen nach muß in dem schönen Objekte sowohl der Begriff, der Zweck und die Seele desselben wie seine äußere Bestimmtheit, Mannigfaltigkeit und Realität überhaupt als aus sich selbst und nicht durch andere bewirkt erscheinen, indem es […] nur als immanente Einheit und Übereinstimmung des bestimmten Daseins und echten Wesens und Begriffs Wahrheit hat«. Ebd., S. 183 ff.
421 Karl Bötticher, *Tektonik*, Einleitung, S. 6.
422 Ebd., S. 6 ff.
423 »Durch die Übertragung [der analogen Kunstform] aber verschwindet eben wieder so viel von der Realität des Analogon, dass nur sein begrifflich wahres, allgemein gültiges Wesen übrig bleibt.« Ebd., 2. Exkurs, S. 31.
424 Ebd., S. 31. »Wir bemerken dass alle Symbole der Antike jedes Mal dem Analogon entlehnt sind, welches das reinste Sein für seinen Begriff gewonnen hat […] es ist daher das Analogon als das Ideal seines Wesens vorhanden, es überträgt sich diese ursprüngliche Idealität mithin auch auf das tektonische Gebilde.« Ebd., S. 35.
425 Ebd., S. 37.
426 Georg Wilhelm Friedrich Hegel, *Ästhetik*, S. 172 ff.
427 »Die Baukunst, wenn sie ihre eigentümliche begriffsmäßige Stellung erhält, dient in ihrem Werke einem Zweck und einer Bedeutung, die sie nicht in sich selbst hat. Sie wird eine unorganische Umgebung, ein den Gesetzen der Schwere nach geordnetes und gebautes Ganzes, dessen Formen dem streng Regelmäßigen, Geraden, Rechtwinkligen, Kreisförmigen, den Verhältnissen bestimmter Zahl und Anzahl, dem in sich selbst begrenzten Maß und der festen Gesetzmäßigkeit anheimfallen. Ihre Schönheit besteht in der Zweckmäßigkeit selber, welche, von der unmittelbaren Vermischung mit dem Organischen, Geistigen, Symbolischen befreit, obschon sie dienend ist, dennoch eine in sich geschlossene Totalität zusammenfügt, die ihren einen Zweck klar durch ihre Formen hindurchscheinen lässt und in der Musik ihrer Verhältnisse das bloß Zweckmäßige zur Schönheit heraufgestaltet. Ihrem eigentlichen Begriff aber entspricht die Architektur auf dieser Stufe, weil sie an und für sich das Geistige zu seinem gemäßen Dasein zu bringen imstande ist und deshalb nur das Äußerliche und Geistlose zum Widerschein des Geistigen umbilden vermag.« Georg Wilhelm Friedrich Hegel, *Ästhetik*, Bd. II, Frankfurt am Main 1965, zweites Kapitel, S. 50.

Folgende Gedanken dieses Abschnitts kehren bei Bötticher wieder:
– Der Tempel der Griechen ist ein nach den Gesetzen der Schwere geordnetes und gebautes Ganzes. Er besitzt eine in sich geschlossene Totalität.
– Die Schönheit der Architektur besteht in ihrer Zweckmäßigkeit. Bei Bötticher ergaben sich die Proportionen der baulichen Glieder aus ihrer statischen Funktion. Hegel dagegen spricht von der Musik der Verhältnisse, ohne jedoch einen direkten Bezug zur pythagoreischen Zahlentheorie herzustellen.
– Das unmittelbar Organische ist nicht mehr anzutreffen (die »Kunstform« ist abstrakt. Sie ist keine direkte Nachbildung des Organischen).
Der Tempel dient einzig der Unterbringung des Kultbildes.
428 Georg Wilhelm Friedrich Hegel, *Ästhetik*, II. Bd., 3. Teil, Die Architektur, S. 27.
429 Ebd., S. 48.
430 Karl Bötticher, *Tektonik*, Dorika, S. 135.
431 Georg Wilhelm Friedrich Hegel, *Ästhetik*, II. Bd, 3. Teil, S. 48.
432 Den Übergang von der symbolischen Architektur Ägyptens zur klassischen Architektur Griechenlands interpretierte Hegel auf die Weise, »dass auf der einen Seite die bisher selbständige Baukunst die Formen des Organischen zur Regelmäßigkeit verständig modifzieren und zur Zweckmäßigkeit herüberschreiten müsse, während sich umgekehrt die bloße Zweckmäßigkeit der Formen dem Prinzip des Organischen entgegenzubewegen habe. Wo diese beiden Extreme zusammentreffen und sich wechselseitig ergreifen, entsteht sodann die eigentliche schöne, klassische Architektur.« Ebd., S. 47.
433 »[…] so ist das Geistige, sei es durch die Kunst, sei es in unmittelbar lebendiger Existenz, abgesondert von dem Bauwerk für sich selber da, und die Architektur begibt sich in den Dienst dieses Geistigen, das die eigentliche Bedeutung und den bestimmenden Zweck ausmacht. Dieser Zweck wird dadurch jetzt das Regierende, das die Gesamtheit des Werks beherrscht, die Grundgestalt desselben, das Knochengerüst gleichsam, bestimmt und weder dem materiellen Stoffe noch der Phantasie und der Willkür gestattet, sich für sich selbstständig zu ergehen […].« Ebd., S. 52.
434 »In dem Tempelhause ist nun außerdem die Umschließung nicht der Hauptpunkt, auf welchen es ankommt, sondern das Tragen und Getragenwerden. Für dies mechanische Verhalten erweist sich der Holzbau als das Nächste und Naturgemäßeste. Denn der Pfosten als das Tragende, das zugleich einer Verbindung bedarf und diese als den Querbalken auf sich lasten lässt, machen hier die Grundbestimmungen aus.« Georg Wilhelm Friedrich Hegel, *Ästhetik*, II. Bd., 3. Teil, S. 54.
435 Ebd.
436 Karl Bötticher, *Tektonik*, 6. Exkurs, S. 92.
437 Ebd.
438 Georg Wilhelm Friedrich Hegel, *Ästhetik*, II. Bd., 3. Teil, S. 47 ff.
439 Dass Schelling und Bötticher ähnlich dachten, belegt ein Abschnitt aus Böttichers Biographie: »Als ich ihm auseinandersetzte, es irre jeder, wenn er glaube, ich wolle die hellenische Kunst als die für unsere Zeit gültige einführen und sanktionieren; mein Bestreben sei allein, ein Feld vorzubereiten, auf dem eine neue, aber ebenso wahre Kunst dereinst bei uns erwachsen müsse, und wenn ich erst jene großen Wahrheiten ans Licht gebracht, auch Neues für uns zu versuchen. – Da drückte er mir mit innigem Blicke die Hand und sagte: «Da sind wir eins!» Clarissa Lohde Boetticher, *Aus dem Leben Karl Boettichers,* S. 42 ff.
440 Schelling las im Winter des Jahres 1802/03 über die Philosophie der Kunst und wiederholte diese Vorlesung im Winter des Jahres 1804/05 an der Universität Würzburg.
441 Das Zusammenfallen von Subjekt und Objekt im Selbstbewusstsein des Subjekts – das Subjekt wird sein eigenes Objekt – stellt Identität von Subjekt und Objekt her und ist damit das äußerste Maß an Versöhnung. Zu Schellings Philosophie der Kunst siehe: Lorenz Dittmann, »Schellings Philosophie der bildenden Kunst«, in: *Probleme der Kunstwissenschaft*, 1. Bd., *Kunstgeschichte und Kunsttheorie im 19. Jahrhundert*, Berlin 1963.
442 »Die Architektur z. B., sofern sie bloß das Bedürfniß und die ‚Nützlichkeit bezwecke, wäre nicht schöne Kunst.« Friedrich Wilhelm Joseph Schelling, *Philosophie der Kunst*, Darmstadt 1974, S. 219.
»Wenn Architektur unmittelbar durch Ausdruck eines Zweckbegriffs schöne Kunst werden könnte, so sieht man nicht ein, warum dieß nicht auch anderen Künsten freistünde, warum es nicht wie es Baukünstler gibt auch z. B. Kleiderkünstler geben sollt.« Ebd., S. 222.
443 Ebd., S. 221. »Im Organismus dagegen geht der Begriff ganz über in das Objekt, so dass Subjektives und Objektives, Unendliches und Endliches in ihm wahrhaft eins sind, und er dadurch in sich selbst und an sich selbst Bild der Vernunft wird«. Ebd., S. 222.
444 »§ 109. Lehnsatz. Objektive Zweckmäßigkeit oder objektive Identität des Subjektiven und Objektiven ist ursprünglich, d. h. unabhängig von der Kunst, nur im Organismus.« Ebd., S. 224.
»§ 110. Die Architektur als schöne Kunst hat den Organismus als das Wesen des Anorganischen, und demnach die organischen Formen als präformiert im Anorganischen darzustellen.« Ebd., S. 224.
445 Ebd., S. 225.
446 Ebd., S. 231.
447 Ebd., S. 235 ff.
448 Zu Schellings Potenzbegriff bzgl. der Architektur siehe: Hermann Bauer, »Architektur als Kunst. Von der Größe der idealistischen idealistischen Architekturästhetik und ihrem Verfall«, in: *Probleme der Kunstwissenschaft*, 1. Bd., *Kunstgeschichte und Kunsttheorie im 19. Jahrhundert*, Berlin 1963.
449 »§ 111. Die Architektur, um schöne Kunst zu seyn, muß von sich selbst als Kunst des Bedürf-

nisses die Potenz oder Nachahmung seyn. [...] Um also einerseits der Nothwendigkeit zu gehorchen, anderseits sich über sie zu erheben, und die subjektive Zweckmäßigkeit zu einer objektiven zu machen, muß sie sich selbst Objekt werden, sich selbst nachahmen.[...] Es versteht sich von selbst, dass diese Nachahmung nur so weit geht, als dadurch wirklich eine Zweckmäßigkeit im Objekte selbst gesetzt wird.«. Friedrich Wilhelm Joseph Schelling, *Philosophie der Kunst*, Darmstadt 1974, S. 225.
450 Anmerkung des Verfassers.
451 Ebd., S. 226.
452 Hermann Bauer, »Architektur als Kunst«.
453 Arthur Schopenhauer, *Die Welt als Wille und Vorstellung*, Leipzig 1819, Bd. I, § 43.
454 »Die ganze Masse des Gebäudes würde, ihrer ursprünglichen Neigung überlassen, einen Klumpen darstellen, so fest als möglich dem Erdkörper verbunden, zu welchem die Schwere, als welche der Wille erscheint, unablässig drängt, während die Starrheit, ebenfalls Objektivität des Willens, widersteht.« Ebd.
455 Ebd.
456 Arthur Schopenhauer, *Die Welt als Wille und Vorstellung*, Leipzig 1844, 2. Bd., § 35, Zürich 1977.
457 »Also alles an der Säule, ihre durchweg bestimmte Form, das Verhältnis ihrer Höhe zur Dicke, beider zu den Zwischenräumen der Säulen, und das der ganzen Reihe zum Gebälk und der darauf ruhenden Last, ist das genau berechnete Resultat aus dem Verhältnis der nothwendigen Stütze zur gegebenen Last.« Ebd., § 35.
458 Auch im Detail kommen Schopenhauer und Bötticher zu ähnlichen Schlussfolgerungen. Schopenhauer sieht den griechischen Tempel nicht als die Umsetzung einer Holzarchitektur in Stein. Holz ist für ihn kein Material der Baukunst, »da jene Naturkräfte am hölzernen Gebäude viel schwächer sich offenbaren«. Ebd., Bd. 1, § 43. Die architektonische Form ist *a priori* bestimmt aus den Gesetzen der Massenanziehungskräfte und ist keine Umsetzung einer ursprünglichen Holzkonstruktion in eine Steinarchitektur. Die These Vitruvs, die Säule als Analogie zur menschlichen Gestalt zu sehen, wird gleichfalls abgelehnt. Ebd., Bd. 2, § 35.
459 Ebd., Bd. 2, § 35
460 Karl Otfried Müller, *Handbuch der Archäologie der Kunst*, Breslau 1830.
461 Ebd., § 1, S. 1.
462 Ebd., § 6, S. 3.
463 Ebd., § 9, S. 4.
464 Ebd., § 12, S. 5.
Dieser Satz Müllers erinnert an Kants Definition des Kunsterlebens, dem freien Spiel der Einbildungskraft des Subjekts.
465 Ebd., § 7, S. 3.
466 Ebd., § 8, S. 3/4.
467 Ebd., § 22, S. 10.
468 Ebd., § 23, S. 10/11.
469 Ebd., S. 324–331.
470 Ebd., S. 331/332.
471 »Denn die Formschönheit des Aeusseren hat mit der Uebereinstimmung des Äusseren und Inneren gar nichts zu thun; sie ist durchaus von anderen Bedingungen abhängig; die Harmonie der Linien, die glückliche Wahl der Verhältnisse, die günstige perspektivische Verschiebung und der lebendige Wechsel von Licht und Schatten sind Werthe für sich und werden nicht erst – wie die idealistische Aesthetik haben will – dadurch wohlgefällig, dass sie uns Vorzüge des Inneren ahnen lassen.« Adolf Göller, »Zur Aesthetik der Architektur«, in: *Vorträge und Studien*, Stuttgart 1887, S. 99.
»Der ideale, akademische Vorzug des organischen Zusammenhangs von Grundriss und äusserer Gestalt wird fast immer durch Aufgeben realer Vorzüge der Zweckmässigkeit und Formschönheit erkauft werden müssen [...] Zu allen Zeiten aber wird das wohlgefällige Spiel der Linien und der Schattierung das zuerst in die Augen Fallende und zumeist Bestechende sein [...].« Ebd., S. 101/102.
472 Ebd., S. 102.
473 »Wir sollen die Konstruktion offen zeigen, nicht verhüllen, und dabei sollen die Schmuckformen der Architektur die Konstruktion idealisieren, d. h. die statische Leistung der Konstruktionstheile, die in den Massen wirkende Kraft, zum Ausdruck bringen.« Ebd., S. 102.
474 »Bötticher übersah, dass der noch so deutliche Ausdruck der Wesenheit, der Funktion an sich, d. h. objektiv genommen die Schönheit der Form nicht ausmacht, dass ein reflektierendes Erfassen der Übereinstimmung von »Vergleichsbild« und »inliegendem Begriff« den ästhetischen Genuss nicht ohne weiters bedingt [...]« Richard Streiter, *Karl Bötticher*, S. 38.
475 Ebd., S. 42.
476 Ebd., S. 42.
477 Ebd., S. 42.
478 Ebd., S. 38.
479 »Wäre sich Bötticher der hohen Bedeutung des Anthropomorphismus und der Ideenassoziation für die Ästhetik bewusst gewesen, hätte er klar erkannt, dass unser ästhetisches Interesse größtenteils darin beruht, dass wir die Welt um uns her beseelen mit unserer eigenen Seele, dass wir die Gegenstände unserer Umgebung von einem ähnlichen Empfinden, einem ähnlichen Streben, wie wirs in uns fühlen, erfüllt denken, dass wir allenthalben um uns her dieselben Zustände, dieselben Schicksale sich vollziehen sehen oder denken, wie wir sie an uns oder in uns selbst erleben, dass wir demnach in allen Formen, auch in die einfachsten, eine Bewegung, eine Kraftäußerung hineinfühlen und dass wir diese ›Lebendigkeit‹ jeder Form mitfühlen und zwar je nach der Art ihres Verhältnisses zu unserem eigenen Lebensgefühl mit Lust oder Unlust.« Ebd., S. 39
480 Karl Bötticher, *Tektonik*, Weihe, S. VII.
481 Schinkels Nachlass wurde unter dem Namen »Schinkelsches Museum« als Kunstsammlung gegründet, nachdem sie am 18. 1. 1842 vom Staat gekauft worden war. Die Sammlung war in der Bauakademie untergebracht.
482 Goerd Peschken, *Karl Friedrich Schinkel. Das Architektonische Lehrbuch*, München und Berlin 1979, S. 4.
483 Ebd., S. 4.
484 Ebd., Abb. 28, 35, 36, 37, 38, 39, 40.
485 Goerd Peschken bringt die elementaren Konstruktionsfiguren Schinkels mit Friedrich Gilly in Verbindung, welcher die Anregung zu einer fast schmucklosen Architektur von der französischen »Revolutionsarchitektur« erhielt. Er verwendet dafür den Begriff »nackte Tektonik«. Ebd., S. 51.
486 Ebd., S. 58.
487 Ebd.
488 Ebd.
489 Eine Notiz Schinkels beschreibt seine ambivalente Position dem Ornament gegenüber: »Die Resignation ist eine Haupttugend für den Künstler, besonders aber bei dem Architecten wenn er die Ornamente eines Bauwerks bearbeitet.« Ebd., S. 84.
490 Ebd., S. 84.
491 Ebd., S. 83.
492 Ebd.
493 Ebd., S. 58.
494 Ebd.
495 Zu Schinkels Architekturbegriff siehe auch: Hans Kauffmann, »Zweckbau und Monument: zu Friedrich Schinkels Museum am Berliner Lustgarten«, in: *Eine Freundesgabe der Wissenschaft für Ernst Hellmut Vits*, Frankfurt am Main 1963, S. 136 ff.
496 Karl Friedrich Schinkel, *Das Architektonische Lehrbuch*, herausgegeben von Goerd Peschken, München und Berlin 1979, Abb. 35–52. S. 84.
497 Ebd., S. 112.
498 Ebd., S. 115/116.
499 Alfred Freiherr von Wolzogen, *Aus Schinkels Nachlass*, 4 Bde., Berlin 1862, Bd. III, S. 365.
500 Die griechische Kunst ist auch deshalb »organisch«, weil »man nirgends sagen kann, dieser Theil ist absichtlich geschmückt, jener ungeschmückt geblieben, indem jeder mit Schmuck ausgestattete Theil ihn nicht anders besitzt wie die Pflanze ihre Blume.« »Für Ferdinand von Quast. Die Lebenskraft der Antike«, Rede zur Schinkelfeier im Architekten-Verein 1854, *Zeitschrift für Bauwesen* 4, 1854, S. 449. Nach: Eva Börsch-Supan, »Der Renaissancebegriff der Berliner Schule im Vergleich zu Semper«, in: *Gottfried Semper und die Mitte des 19. Jahrhunderts*, Symposion vom 2. bis 6. Dezember 1974, Basel 1976, S. 152–173; S. 161, Note 10.
501 »Das am Organismus vorgestellte Leitbild vermittelt Konstruktion und Form im Verhältnis des Allgemeinen und Besonderen, der Gattung und des Individuellen. Was in der Konstruktion der Notwendigkeit mechanischer Gesetze gehorcht, wird in deren formaler Darstellung und Überhöhung Ausdruck einer ideellen Freiheit.« Michael Brix und Monika Steinhauser, »Geschichte im Dienste der Baukunst. Zur historistischen Architektur-Diskussion in Deutschland«, in: *Geschichte allein ist zeitgemäß: Historismus in Deutschland*, Lahn und Giessen 1978, S. 278.
502 Karl Friedrich Schinkel, *Das Architektonische Lehrbuch*, herausgegeben von Goerd Peschken, München und Berlin 1979, Abb. 35–52, Abb. 168 bis 171.
503 Ebd., Abb. 170/171.
504 Ebd., Abb. 167.
505 »Stil in der Architectur wird gewonnen [...] 2) wenn die Construction aus mehreren Arten von Material, Stein, Holz, Eisen, Backsteine, jedes auf die ihm eigenthümliche Art sichtbar charakterisiert wird. Wobei noch die Schwierigkeit überwunden werden muß, im Ganzen Unruhe und bunte Wirkung zu vermeiden.« Ebd., S. 117.
506 Karl, Bötticher, »Das Prinzip der hellenischen und germanischen Bauweise«, S. 116.
507 »Nirgends darf Sclaverei gemerkt werden, auch nicht die Sclaverei der Regel. Freiheit steht obenan im ethischen Gefühl, mit Freiheit sich aus Vernunft-

Gründen oder aus poetischem Gefühl einem hohen Gesetz unterwerfen ist etwas Erhabenes und Schönes, aber kein Gesetz passt für alle Fälle oder bleibt im Fortgange der unendlichen Verhältnisse gleich gültig.« Karl Friedrich Schinkel, *Das Architektonische Lehrbuch*, herausgegeben von Goerd Peschken, München und Berlin 1979, Abb. 35–52, S. 119.

»In der Baukunst ist vor allem dem Künstler eine allgemeine Bildung vonnöthen, nicht dass er ein Übermaß müßigen Wissens in seinem Kopf herumtrage und auf dessen Grund Gelegenheit habe jeden Augenblick mit einer professorhaften Sprache zu lehren und mit positivem Wissen des Vorhandenen zu glänzen, oder sich über dies Vorhandene in philosophischen Begriffen, Abstractionen und Systhemen zu bewegen, sondern vielmehr dass er seinen Geist mit dem Wesen der classischen Zeiten so durchdrungen habe, um in seiner Thätigkeit, die auf neue Verhältnisse gerichtet unter neuen Bedingungen nur möglich sein kann, in dem Geiste jener classischen Zeiten frei fortzugehen und das Rechte Schöne und Characteristische nach einem freien Tacte unter neuen verwandelten Verhältnissen hervorzubringen.« Ebd., S. 115.

508 Siehe hierzu auch; Herman Sörgel, *Architektur-Ästhetik, Theorie der Baukunst*, Bd. 1, 3. Auflage, München 1921, S. 27–30.

509 Alfred Freiherr von Wolzogen, *Aus Schinkels Nachlass*, Bd. II, S. 208/209.

510 Vgl. hierzu: Kroll Frank-Lothar, *Das Ornament in der Kunsttheorie des 19. Jahrhunderts*, Hildesheim, Zürich und New York 1987 (*Studien zur Kunstgeschichte*, Bd. 42), S. 24–26.

511 »In der neuen Zeit giebt es ganze Völker, die auf der sogenannten höchsten Bildung stehen, in denen jedoch kein Kunstideal hervorleuchtet, bei denen die Thätigkeit auf die Vollendung der Lebensbequemlichkeiten bis in's unendlich Kleine fortgesetzt wird, die aber in Betreff der Kunst nur gemeine Täuschung, Natürlichkeit, wie sie der Zufall giebt, Sauberkeit der Technik verlangen. Hier dient die Kunst zum allgemeinen Zeitvertreibe, wird eine Aefferei und zuletzt ein Ingredienz zur Immoralität in einer Form, die kaum wieder zu verbannen ist.« Alfred Freiherr von Wolzogen, *Aus Schinkels Nachlass*, Bd. III, S. 358.

»Denn es fragt sich, worin sich der Mensch wahrhaft vom Thier unterscheidet? Heißt das schon ein wahrhaft menschliches Leben, wenn der Mensch danach strebt, Obdach, Kleidung, Nahrung zu haben? [...] Die Einsicht in die Natur der Dinge und die Ideale erheben erst wahrhaft und erzeugen einen höheren zustand, und solchen zu befördern, ist die wahrhafte Pflicht, weil dadurch höheres Glück zugleich erwächst.« Ebd., Bd. III, S. 360.

512 Ein Kunstwerk daher, wenn es nicht auf irgend eine Weise Monument ist und sein will, ist kein Kunstwerk; das ist: es soll in ihm ein andere menschliche Geschöpfe belebender Geist wohnen, der mit ihm fortlebt, so lange die Materie hält, welche die Form in sich trägt.« Ebd., S. 350.

513 Ebd., S. 361.
514 Ebd.
515 Ebd., S. 357.
516 Dass Schinkel dem kantischen Idealismus verpflichtet war, belegen folgende Äußerungen: »4. Hauptgrundsatz. Die bildende, die schöne Kunst hat die Aufgabe, den Abdruck des Zustandes einer Seele, das Bild des Zustandes einer schönen Seele darzustellen.« Ebd., S. 346.

»Das Schöne ist also erzeugt durch das Behagen an eigener Thätigkeit in harmonisch-sittlichem Gefühl der Weltanschauung und in dem Gefühl des Göttlichen in der Welt.« Ebd., S. 348.

517 »Die einfachste Thätigkeit des Menschen im goldenen Zeitalter, wie beim Kinde, ist die bewusstlose, wo die Sache nur um ihrer selbst willen gethan wird, keine Beziehungen, Verstandes-Combination gebraucht. Diese geben den Stoff für das Schöne.« Ebd., S. 364.

518 Hans Kauffmann, *Zweckbau und Monument*, S. 160.

519 »Die neue Zeit macht alles leicht; sie glaubt nicht mehr an ein Bestehendes und erkennt die Nichtigkeit der Natur und dass alles sich bald anders gestalten werde. Daher ist der Sinn fürs Monument verloren gegangen. Ebd., S. 371.

520 »[...] was mir aber in seinem primitiven Erscheinen an alten Werken unserer Tage eine höchst erfreuliche Wirkung erzeugte, bei seiner neuen Anwendung an Werken unserer Tage oft durchaus widerstand. Besonders ward mir klar, dass in dieser Willkürlichkeit des Gebrauchs der Grund großer Characterlosigkeit und Styllosigkeit zu finden sey, woran so viele neue Gebäude zu leiden scheinen.

Es ward mir aber eine Lebensaufgabe hierin Klarheit zu gewinnen. Aber je tiefer ich den Gegenstand durchdrang je größer sah ich die Schwierigkeiten die sich meinem Bestreben entgegenstellten. Sehr bald gerieth ich in den Fehler der rein radikalen Abstraction, wo die ganze Conception für ein bestimmtes Werk der Baukunst aus seinem nächsten trivialen Zweck allein und aus der Konstruction entwickelte, in diesem Falle entstand etwas Trockenes, Starres, das der Freiheit ermangelte und zwei wesentliche Elemente: das Historische und das Poetische ganz ausschloß.« Karl Friedrich Schinkel, *Das Architektonische Lehrbuch*, herausgegeben von Goerd Peschken, München und Berlin 1979, S. 150.

521 Der von Schinkel gewählte Stil drückte etwas über die Bedeutung und den Inhalt der Bauaufgabe aus. Werken der »höheren Baukunst« wurde durch die gotische oder griechische Formensprache eine entsprechende Würde verliehen. Über die Stilwahl Schinkels und die damit beabsichtigten Konnotationen siehe: Claus Zoege von Manteuffel, »Schinkel und Semper – Idee und Ratio als Grundlage der Stilbildung«, in: *Gottfried Semper und die Mitte des 19. Jahrhunderts*, Symposon vom 2. bis 6. Dezember 1974, S. 297.

522 Zu den »Werken der höheren Baukunst« Schinkels siehe: Klaus Jan Philipp, *Karl Friedrich Schinkel, Späte Projekte*, Stuttgart und London 2000.

523 Clarissa Lohde-Bötticher, *Aus dem Leben Karl Boettichers*, S. 16/17.
524 Ebd., S. 16.
525 »Die ganze Bauschule war bald in zwei Parteien geteilt, die in offener Fehde einander gegenüberstanden.« Ebd., S. 39.

Zum endgültigen Bruch zwischen Stier und Bötticher kam es, als Stier, schon angetrunken, bei der Tauffeier von Bötticher Sohn sich zu folgender Äußerung über Schinkel hinreißen ließ: »Der Kerl hat nie etwas anderes als verrücktes Zeug geschwatzt, und deshalb habe ich nie etwas mit ihm zu thun haben wollen.« Ebd., S. 37/38.

526 Wilhelm Stier, »Übersicht bemerkenswerther Bestrebungen und Fragen für die Auffassung der Baukunst« und dem anschließenden Artikel »Beiträge zur Feststellung des Princips der Baukunst für das vaterländische Bauwesen der Gegenwart«, *Allgemeine Bauzeitung* (Wien), 1843, S. 296–339.

527 Karl Bötticher, »Polemisch – Kritisches«, *Literatur- und Anzeigenblatt für das Baufach, Beilage zur Allgemeinen Bauzeitung* (Wien), 1845, Bd. II, Nr. 18, S. 281–320.

528 Eva Börsch-Supan, *Berliner Baukunst*, S. 65.
529 Ebd., S. 19.
530 Stiers anfängliche Verehrung der gotischen Architektur entfremdete ihn auch Schinkel. »Stiers absprechendes Urteil über Schinkels Werke – sie haben ›sich eben nur auf geschmackvolle einzelne Formen beschränkt ohne die Sache im innersten Kern aufgefasst und gewältigt zu haben‹, kommt aus der Enttäuschung eines Romantikers, für den – noch ausschließlicher als beim jungen Schinkel – die Gotik das absolute architektonische Ideal ist und den eine schwärmerische Religiosität mit Bunsen verbindet, über den Wandel Schinkels zum Klassizismus.« Ebd., S. 65.
531 Ebd., S. 19.
532 Clarissa Lohde-Bötticher, *Aus dem Leben Karl Bötticher*, S. 22. Eva Börsch-Supan, *Berliner Baukunst*, S. 684.
533 Karl Bötticher, »Polemisch – Kritisches«.
534 Wilhelm Stier, »Beiträge zur Feststellung des Princips der Baukunst«, S. 311/312.
535 Ebd., S. 311.
536 Karl Bötticher, »Polemisch – Kritisches«, S. 288.
537 Ebd.
538 Wilhelm Stier, »Beiträge zur Feststellung des Princips der Baukunst«, S. 313/314.
539 Ebd., S. 314.
540 Ebd., S. 314.
541 Ebd., S. 315.
542 Ebd., S. 316.
543 Ebd., S. 318.
544 Ebd., S. 318.
545 Ebd., S. 318.
546 Ebd., S. 319.
547 Ebd., S. 320.
548 Ebd., S. 321.
549 Ebd., S. 321.
550 Ebd.
551 Ebd., S. 321/322.
552 »[...] wir bedauern die Disharmonie am Thurm des Kyrrhestes zu Athen und im Pantheon zu Rom, wo alle Öffnungen und Exedren horizontal, der ganze Raum aber durch eine Kuppelform gedeckt ist«. Karl Bötticher, »Polemisch – Kritisches«, S. 291.
553 Ebd., S. 292.
554 Ebd., S. 284.
555 Ebd., S. 293.
556 »So also hätte denn Herr St. Glücklich zu Stande gebracht was er wollte, nämlich den ganzen Kram durch einander zu werfen und nach »Mitteln und Umständen, Lust und Neigung« die Formen zu mischen und wieder anzuwenden wie es eben gehen wollte oder es dem Geschmack zusagte«. Ebd., S. 297.
557 Ebd., S. 293.
558 Wilhelm Stier, »Beiträge zur Feststellung des Princips der Baukunst«, S. 325.
559 Ebd., S. 326.

560 Ebd.
561 Ebd., S. 327.
562 Ebd., S. 329.
563 Ebd., S. 329. Für Stier ist der Fries der griechischen Architektur, ohne jeden konstruktiven Zusammenhang, als reine Schmuckform erklärbar: »Bei fast allen den attischen Steindecken welche wir noch kennen konnte der Fries ganz entbehrt werden, wenn die Formen des Gebälks allein nach Gesetzen der Konstrukzion wären geordnet worden: Die Deckenbalken zusammt den Platten darüber stimmen bei diesen Überresten ohngefähr überein mit der Höhe des Kranzgesimses, und gleich über dem Architrav konnten sie gelagert werden zusammt dem Kranzgesims.« Ebd., S. 328.
564 »Meines Erachtens ist die dreitheilige gebälkartige Krönungsform der griechischen Baukunst in dem oben angedeuteten Sinn mit bestem Recht selbst zu gebrauchen als Krönungsform von Wandflächen im Innern der Räume, wie dies oft geschehen im römischen und italienischen Stil, und eben sowohl zu gebrauchen als äußeres Krönungsgesims von Gewölbebauten und als Kämpfergesims unter dem Tonnen- und Kuppelgewölbe, wenn anders seine dreitheilige Gliederung an den letzt bezogenen Orten schicklich erscheinen sollte aus ästhetischen Rücksichten.« Ebd., S. 329.
565 Ebd., S. 329.
566 Stier Vorliebe hatte sich von einer romantischen Verehrung der Gotik hin zur Antike und Renaissance gewandelt. Siehe hierzu: Eva Börsch-Supan, *Berliner Baukunst,* S. 65–67.
567 »[...] so fordere ich ein bewusstes Ergreifen des ursprünglichen Stoffes und ein Umbilden für den besonderen Fall der Anwendung in dem Sinne ohngefähr, in welchem die edelsten italienischen Meister dies vollbracht haben.« Ebd., S. 330.
568 Ebd., S. 331.
569 Ebd., S. 331.
570 Stier spricht von »theils leichtfertiges, zierlichelegantes, theils weichliches und doch unseren Sitten so ganz entsprechendes Möbelwerk.« Ebd., S. 333.
571 Karl Bötticher, »Polemisch – Kritisches«, S. 304. Böttichers Theorie ist in Nuance enthalten in dem Satz: »Durch die statische Körperform wird also der statischen Funktion materiell entsprochen; durch die Kunstform [...] wird die statisch wirkende Kraft [...] versinnlicht oder ästhetisch ausgewirkt.« Ebd., S. 305.
572 Wilhelm Stier, »Beiträge zur Feststellung des Princips der Baukunst«, S. 329.
573 Ebd., S. 328.
574 Karl Bötticher, »Polemisch – Kritisches«, S. 305 bis 313.
575 Eva Börsch-Supan, *Berliner Baukunst,* S. 684 bis 685.
576 Eva Börsch-Supan, *Berliner Baukunst,* S. 188.
577 Nicht nur Bötticher, sondern auch der Kasseler Architekturprofessor J. H. Wolff setzte sich kritisch mit Stiers architekturtheoretischen Vorstellungen auseinander. In der Beilage zur *Allgemeinen Bauzeitung* erschien 1845 eine kritische Rezension von ihm zu Stiers Bamberger Vortrag (1). Stier schien mit seiner, einem malerischen Eklektizismus verpflichteten, Methodik den Widerspruch von Wolff heraufzubeschwören, war dieser doch der Vertreter eines reinen Klassizismus. Wolff griff Stier aber nicht direkt wie Bötticher auf polemische Weise an, sondern stellte seine Thesen entgegen.

Für Wolff bildeten »die ewigen von den Alten entdeckten Gesetze und Formen« eine sichere Grundlage auch für eine zukünftige Architektur und er hielt seine Zeit »weder berufen noch fähig neue Bauformen zu schaffen« (S. 270). Im griechischen Architravbau erkannte Wolff wie Schopenhauer ein nicht zu überbietendes Ideal (S. 269, 270). Bogenarchitekturen waren Wolff »zwar eine Erweiterung des früheren Formensystems«, brachten »aber in ästhetischer Hinsicht keinen eigentlichen Gewinn« (S. 264). Die Bogenarchitektur hatte für Wolff den »Charakter von unruhiger Beweglichkeit [...] im Gegensatze zu der klassischen Ruhe geradliniger Strukturen«(S. 264).

Die Kritik an Stier war fundamental, ohne dass Wolff es direkt aussprach. Das als unumstößlich aufgestellte griechische Ideal des Architravbaus ließ ihm jede Art von Eklektizismus und malerischen Formenensemble als »unglückliche Idee« (S. 269) erscheinen.

Johann Heinrich Wolff, »Einige Worte über die von Herrn Professor Stier bei der Architektenversammlung zu Bamberg zur Sprache gebrachten architektonischen Fragen«, *Allgemeine Bauzeitung (Wien), Literatur und Anzeigenblatt für das Baufach*, Bd. II, Nr. 17, 1845, S. 255–270.
578 Eva Börsch-Supan, »Der Renaissancebegriff der Berliner Schule im Vergleich zu Semper«, *Gottfried Semper und die Mitte des 19. Jahrhunderts*, Symposion vom 2. bis 6. Dezember 1974, Basel 1976, S. 160 ff.
579 Ebd.
580 Gottfried Semper, *Der Stil in den technischen und tektonischen Künsten oder praktische Ästhetik,* 2. Auflage, München 1878; 1. Auflage: 2 Bde., Frankfurt 1860.
581 Baukunst ist »nicht einfach durchgebildete Konstruktion, gleichsam illustrierte und illuminierte Statik und Mechanik, reine Stoffkundgebung«. Gottfried Semper, *Der Stil in den technischen und tektonischen Künsten oder praktische Ästhetik,* 2. Auflage, Bd. I, S. 6/7.
582 Hermann Bauer, »Architektur als Kunst«, S. 163.
583 Hinweis aus: Heidrun Laudel, *Gottfried Semper, Architektur und Stil*, Dresden 1991, S. 118.
584 Rudolf Redtenbacher, »Die moderne Baukunst vor dem Forum der Kunstgeschichte«, *Deutsche Bauzeitung* 1885, Nr. 47, S. 283.
585 In seinem Brief an Johann Karl Bähr vom 25.12.1852 nannte Semper Bötticher einen »kleinen bissigen Berliner Mystagogen, den Begründer einer neuen Ära in der Baukunst, den Pythagoras des 19ten Jahrhunderts, den Enthüller der Geheimnisse der ›Tektonik‹, den Wiederauffinder der ›Analoga‹, vor dem und seinem Trismegistos Schinkel seit den Griechen die Welt im Finstern tappte und vor dem, was Griechische Baukunst überhaupt sei, nichts ahnte«. SA der ETH Zürich, MS. 101, fol. 16. Wolfgang Herrmann, »Bötticher und Semper«, in: Wolfgang Herrmann, *Gottfried Sempers Theoretischer Nachlass an der ETH Zürich*, Katalog und Kommentar, Basel 1981, S. 28.
586 Clarissa, Lohde-Bötticher, *Aus dem Leben Karl Böttichers,* S. 93–96.
587 Ebd., S. 94.
588 Ebd., S. 94.
589 Ebd., S. 95.

590 Wolfgang Herrmann: »Semper und Bötticher«, in: Wolfgang Herrmann, *Gottfried Sempers Theoretischer Nachlass an der ETH Zürich*, Katalog und Kommentar, Basel 1981, S. 26–40.
Hans Prinzhorn, *Gottfried Sempers ästhetische Grundanschauungen*, Stuttgart 1909;
Ernst Stockmeyer, *Gottfried Sempers Kunsttheorie*, Zürich 1939;
Heinz Quitsch, *Gottfried Semper – Praktische Ästhetik und politischer Kampf*, Braunschweig 1851;
Hermann Bauer, »Architektur als Kunst«, in: *Kunstgeschichte und Kunsttheorie im 19. Jahrhundert*, Berlin 1963, S. 147–152, 160–165;
Eva Börsch-Supan, »Der Renaissancebegriff der Berliner Schule im Vergleich zu Semper«, in: *Gottfried Semper und die Mitte des 19. Jahrhunderts*, Symposion vom 2. bis 6. Dezember 1974, Basel 1976, S. 152–173;
Kurt Milde, *Neorenaissance in der deutschen Architektur des 19. Jahrhunderts, Grundlagen, Wesen und Gültigkeit*, Dresden 1981, S. 175–204;
Heidrun Laudel, *Gottfried Semper, Architektur und Stil*, Dresden 1991;
Harry Francis Mallgrave, *Gottfried Semper. Ein Architekt des 19. Jahrhunderts*, Zürich 2001.
591 Wolfgang Herrmann, »Semper und Bötticher«, S. 26–40.
592 Ebd., S. 27
593 Gottfried Semper, *Die vier Elemente der Baukunst*, Braunschweig 1851.
594 Ebd., S. 55.
595 Ebd., S. 55.
596 Darstellung der Urtechniken im Stil, § 3.
597 Ebd., Bd. 1, § 61, S. 204.
598 Gottfried Semper, *Der Stil*, Bd. 1, S. VIII.
599 »[...] wobei sich zeigte, dass die Grundgesetze des Stiles in den technischen Künsten identisch sind mit denjenigen, die in der Architektur walten [...].« Ebd., § 2, S. 7.
600 Ebd., Bd. 1, § 2, S. 7.
601 Karl Bötticher, *Andeutungen über das Heilige und Profane in der Baukunst der Hellenen. Gedächtnisschrift zur Geburtstagsfeier Schinkels am 13. März*, Berlin 1846.
602 Gottfried Semper, *Der Stil*, Bd. 1, S. 416.
603 Ebd., Bd. 1, S. 214, 215, 219.
604 Ebd., Bd. 1, S. 215.
605 Ebd., Bd. 1, S. 6.
606 Ebd., Bd. 1, S. 6.
607 Ebd., Bd. 2, S. 389.
608 Ebd., Bd. 2, S. 389.
609 Hans Prinzhorn, *Gottfried Sempers ästhetische Grundanschauungen*, Stuttgart 1909, S. 26.
610 Gottfried Semper, *Der Stil*, Bd. 1, S. 395.
611 Ebd., Bd. 1, S. 395.
612 Ebd.
613 Ebd., Bd. 1, S. 395.
614 Ebd., S. 414.
615 Ebd.
616 Ebd.
617 Ebd.
618 »Der hellenische Tempel nun ist gebaut nach ägyptischem Prinzipe, nur in mehr durchgebildeter Weise, im vollendeten Isodomgemäuer, und ausgestattet (ἄσκητὸν) nach dem, in höherem struktursymbolischem Sinne aufgefassten, asiatischen Prinzipe der Inkrustation, die eben durch diese Kombination von ihrem materiellen Dienste befreit

wird, und nur als Trägerin des formalen Gedankens auftritt, während sie diesen zugleich durch das Verstecken der Steinfugen, des Baustoffs überhaupt, von letzterem gleichsam emancipirt, so dass die Form sich allein aus sich erklärt und der in ihr liegenden organischen Idee erklärt, wie die belebten Geschöpfe, bei denen man auch nicht fragt, aus welchem Stoffen sie bestehen, obschon Qualität und Quantität des Stofflichen wichtigste Bedingungen ihrer Existenz sind, und diese sich nach jenen modificirt.« Ebd., Bd. 1, S. 415.
619 Ebd.
620 Wolfgang Herrmann, »Semper und Bötticher«, S. 32/33.
621 Ebd., S. 31–33.
622 Gottfried Semper, *Über die formelle Gesetzmäßigkeit des Schmuckes und dessen Bedeutung als Kunstsymbol*, 1856, zitiert nach: Hein Stünke, *Schriften zur Kunsttheorie*, Berlin.
623 Ebd., S. 26.
624 Im Original bei Bötticher lautet dies folgendermaßen: »Das Princip der Hellenischen Tektonik ist nachweisbar ganz identisch mit dem Principe der schaffenden Natur: den Begriff jedes Gebildes in seiner Form auszusprechen. [...] Indem man dem betreffenden Baumateriale eine Form verleiht, und zwar die Form des baulichen Gliedes, indem man alle diese Glieder zu einem in sich vollendeten Mechanismus zusammenreiht, wird in dem Materiale das inliegende aber in formlosen Zustande ruhende und latente Leben zu einer dynamischen Äußerung gelöst, zu einer statischen Funktion genöthigt; es wird demselben damit eine höhere Existenz, ein ideales Sein verliehen, weil es jetzt als Glied eines idealen Organismus fungirt.« Karl Bötticher, *Tektonik*, Vorwort, S. XIV/XV.
625 Gottfried Semper, *Anwendung der Farben in der Architectur und Plastik*, Tafel V, Gebälk des Parthenon in Athen, Dresden 1836.
626 Julius Kohlte, »Nekrolog für Karl Bötticher«, *Biographisches Jahrbuch für Altertumskunde*, Berlin 1890, S. 74.
627 »Es ist daher zwar gestattet, sich das dorische Prinzip, wie es im peripterischen Tempeldache enthalten ist, als eine momentane Eingebung, ein sofort Fertiges zu denken, das als solches keine Entwicklungsgeschichte hat, sondern wie Pallas Athene vollständig gerüstet geboren ward, aber niemals räumen wir ein, dass dasselbe anders als durch Übergänge vollständig klaren, in allen seinen Theilen harmonischen Kunstausdruck habe gewinnen können. Vielmehr wurde es koncipirt inmitten der Verwirrung aller formalen Elemente [...]« Gottfried Semper, *Der Stil*, Bd. 2, S. 391.
628 Zum Organismusbegriff der Schinkelschule siehe: Eva Börsch-Supan, »Der Renaissancebegriff der Berliner Schule im Vergleich zu Semper«, S. 160–173.
629 Semper, *Der Stil*, Bd. 1, S. 6/7.
630 Ebd., S. 6
631 Siehe hierzu: Eva Börsch-Supan, »Der Renaissancebegriff der Berliner Schule im Vergleich zu Semper«, S. 161.
632 Ebd.
633 Gottfried Semper, *Der Stil*, Bd. 1, S.XXIII.
634 Im *Stil* bezeichnet Semper die vier Elemente als 1) textile Kunst, 2) keramische Kunst, 3) Tektonik (Zimmerei), 4) Stereotomie (Maurerei etc.). In der keramischen Kunst steckt die in den vier Elementen der Baukunst mit dem Herd umschriebene Technik des Feuers, in der Stereotomie die Technik des Erdaufwurfs.
635 Gottfried Semper, *Der Stil*, Bd. 1, S. 7.
636 Semper differenzierte in seiner 1853 erschienen Schrift *Entwurf eines Systems der vergleichenden Stillehre* in konstante und variable Faktoren der Stilbildung. Als konstante Faktoren bezeichnete er die in seinem Aufsatz »Die vier Elemente der Baukunst« beschriebenen elementaren Urtechniken. Die variablen Faktoren dagegen verliehen der Architektur einen genetischen Charakter und sind für die Stilbildung verantwortlich. Es sind dies das Baumaterial, lokale, ethnologische, klimatische, religiöse und politische Bestimmungen. Diese variablen Faktoren veränderten in ihrem Zusammenwirken die vier Urelemente und brachten die Baustile hervor.
637 Schelling, *Philosophie der Kunst*, § 111.
638 Gottfried Semper, *Der Stil*, Bd. 1, S. 216, Note 3.
639 Ebd., S. 217.
640 »Denn der Stoff dient nur der Idee, er eignet sich entweder besser oder schlechter zu diesen oder jenen Aufgaben der Kunst als ein anderer und wird danach gewählt, ohne letztere in ihren Grundprinzipien zu afficiren [...] Wenn also hier eine gewisse Unterordnung der stofflichen Frage nicht minder den wahren Prinzipien der praktischen Aesthetik wie der allgemeinen Tendenz dieses Buches entspricht (dessen Autor dem modernen Materialismus in der Kunst grundsätzlich entgegentritt), so bleibt dennoch ein höchst wichtiges Moment in der Behandlung der allgemeineren Frage über das Entstehen der Kunstformen [...]« Gottfried Semper, *Der Stil*, Bd. 2, S. 237.
641 Ebd., Bd. 1, S. 416.
642 Ebd., Bd. 1, S. XIX.
643 »Der Renaissance gebührte in den Augen Sempers der Vorzug vor anderen Stilen deshalb, weil ihr Formenschatz den geringsten Realitätswert besaß. Sie war eine Sprache, deren Vokabeln in jeder neuen Zusammenstellung dank ihrer Anpassungsfähigkeit ihren Sinn nach dem jeweiligen ›Ganzen‹ modifizieren konnten.« Ernst Stockmeyer, *Gottfried Sempers Kunsttheorie*, S. 56.
644 »Die Form löst sich in Form*beziehung* auf. [...] Die Relativität jeder Form und ihre Begriffslosigkeit unterbindet auch allen *Wahrheitsbegriff* in der Kunst.« Ebd., S. 56/57.
645 »Die Form, die zur Erscheinung gewordene Idee, darf dem Stoffe, aus dem sie gemacht ist, nicht widersprechen, allein es ist nicht absolut nothwendig, dass der Stoff als solcher zu der Kunsterscheinung als Faktor hinzutrete.« Gottfried Semper, *Der Stil*, Bd. 1, S. XVI.
646 Ebd., S. 215.
647 Gottfried Semper, *Die vier Elemente der Baukunst*, S. 103.
648 Gottfried Semper, *Der Stil*, Bd. 1, S.XV.
649 Semper kritisiert hier die Ingenieursbauwerke der Eisenbahn, deren »grossartige Bauunternehmungen« [er meinte hier sicher die großen Hallenbauten aus Eisen und Glas], welche »die Idee zu sehr an den Stoff geschmiedet« haben. »Die Form, die zur Erscheinung gewordene Idee, darf dem Stoffe, aus dem sie gemacht ist, nicht widersprechen, allein es ist nicht absolut nothwendig, dass der Stoff als solcher zu der Kunsterscheinung als Faktor hinzutrete.« Ebd., Bd. 1, S. XV/XVI.
650 Clarissa Lohde-Bötticher berichtete in ihrer Bötticher-Biographie, dass sich Semper und Bötticher während ihres Zusammentreffens in Venedig zwar über die Architektur der Antike verständigen konnten, dass beide aber eine völlig andere Meinung in Bezug auf die mittelalterliche Architektur hatten. Für Bötticher war die mittelalterliche Architektur, wie oben berichtet, Ausdruck eines konsequenten Architektursystems, welches vor allem im Verstehen der Kräfte und der Materialeigenschaften begründet lag. Darin war für Semper ein materialistischer Standpunkt definiert, gegen den er sich abgrenzte. Im Stil bezeichnete er die Gotik als »geharnischten Seekrebs«. Ebd., Bd. 1, S. 299.
651 Bötticher nannte sein System »Philosophie der tektonischen Form«
652 Gottfried Semper, *Der Stil*, Bd. 1, S.XIX.
653 Ebd., S. XIX.
654 Ebd., S. XX.
655 »[...] zaubert er sich [der Mensch] die fehlende Vollkommenheit im Spiel hervor, bildet er sich eine Welt im Kleinen, worin das kosmische Gesetz in engster Beschränktheit, aber in sich selbst abgeschlossen, und in dieser Beziehung vollkommen hervortritt; in diesem Spiel befriedigt er seinen kosmogenischen Instinkt.« Ebd., S.XXI.
656 Siehe hierzu: Heidrun Laudel, *Gottfried Semper. Architektur und Stil*, S. 125–138.
657 Erich Konter, »Königliche Bau-Akademie zu Berlin – die Institution«, in: *Mythos Bauakademie. Die Schinkelsche Bauakademie und ihre Bedeutung für die Mitte Berlins*, Berlin 1997, S. 130.
658 Ebd., S. 126.
659 Ebd., S. 125–142.
660 Zu den Lehrplänen der Bauakademie siehe: E. Dobbert und A. G. Meyer, *Chronik der Königlichen Technischen Hochschule zu Berlin 1799–1899*, Berlin 1899.
661 Alfred Woltmann, »Die Baukunst seit dem Tode Schinkels«, *Romberg's Zeitschrift für Praktische Baukunst*, 1871, S. 95.
662 Friedrich August Stüler (1800–1865) galt als Erbe Schinkels. Er erhielt Planungsaufgaben wie das Neue Museum und die Nationalgalerie, war ein ergebener Vertrauter des Königs und bestimmte nach dem Tod von Persius 1845 das gesamte Hofbauwesen sowie durch seine Stellung in der Ober-Bau-Deputation das Baugeschen in ganz Preußen. Stülers Aufgabe bestand vor allem auch darin, die Skizzen von Friedrich Wilhelm IV in eine baubare Architektur zu überführen. Als Schinkelschüler operierte er nicht nur mit den Formen der hellenischen Renaissance. Siehe: Eva Börsch-Supan, *Berliner Baukunst nach Schinkel 1840–1870*, S. 696 ff.
663 Alfred Woltmann, *Die Baukunst seit dem Tode Schinkels*, S. 90/91.
664 Siehe hierzu: Werner Lorenz, »Stülers Neues Museum – Inkunabel preußischer Konstruktionskunst im Zeichen der Industrialisierung«, in: *Berlins Museen Geschichte und Zukunft*, München und Berlin 1994, S. 99–128.
665 Julius Kohte, »Zum Gedächtnis Heinrich Stracks und Karl Böttichers. Vortrag gehalten im Architektenverein zu Berlin von Julius Kohte, Privatdozent der Technischen Hochschule, am Vorabend des 100. Geburtstages Karl Böttichers am 28. Mai

666 Die begrenzte Wirkung von Bötticher's theoretischem Werk über die Bauakademie hinaus beschrieb Rudolf Redtenbacher: »Semper's und Bötticher's Werke waren damals [1862] als unbedeutend von keinem der damaligen Architektur-Professoren in Pacht genommen [...]« Rudolf Redtenbacher, »Die moderne Baukunst vor dem Forum der Kunstgeschichte«, *Deutsche Bauzeitung*, 1885, S. 283.
667 Ludwig Lohde (1806–1875) war ein enger Freund von Bötticher. Wie Bötticher war er ausschließlich als Wissenschaftler tätig. Siehe Eva Börsch-Supan, *Berliner Baukunst nach Schinkel 1840–1870*, S. 617 ff.
668 Johann Matthäus Mauch (1792–1856) war der beste Berliner Ornamentzeichner der zwanziger und dreißiger Jahre. Seine Vorlageblätter antiker Architekturen waren von einer hohen technischen Perfektion und durch Schinkels Auffassung des antiken Ornaments bestimmt. Nach seinem Weggang aus Berlin nahm Bötticher seine Stelle ein. Ebd., S. 634.
669 Johann Matthäus Mauch, *Die architektonischen Ordnungen der Griechen und Römer und der neueren Meister*, 5. Auflage, im Text verbessert und vermehrt durch L. Lohde, Berlin 1862. Die erste Auflage erschien 1832 unter dem Titel *Vergleichende Darstellung griechischer Bauordnungen*. Zur Bibliographie siehe: *Eva Börsch-Supan, Berliner Baukunst nach Schinkel 1840–1870*, S. 634.
670 Johann Matthäus Mauch, *Die architektonischen Ordnungen der Griechen und Römer und der neueren Meister*, S. 7.
671 Ebd., S. 8.
672 August Hermann Spielberg (1827–1886). Eva Börsch-Supan, *Berliner Baukunst nach Schinkel 1840–1870*, S. 617 ff.
673 Johann Eduard Jacobsthal (1839–1902) war seit 1873 Professor an der Bauakademie und hatte besonderen Einfluss durch seine Mitgliedschaft in Prüfungsämtern. 1889/90 war er Rektor, der aus der Bauakademie hervorgegangenen TH. Im Unterschied zu Ludwig Lohde war Jacobsthal weniger Theoretiker als bauender Architekt. Ebd., S. 598.
674 Johann Eduard Jacobsthal, *Die Grammatik der Ornamente. Nach den Grundsätzen von K. Boettichers Tektonik der Hellenen bearbeitet und mit Unterstützung des kgl. Preuß. Ministers für Handel herausgegeben*, Berlin 1874.
675 Eduard Jacobsthal, *Rückblicke auf die baukünstlerischen Prinzipien Schinkels und Böttichers. Rede zum Geburtsfeste Seiner Majestät des Kaisers und Königs Wilhelm II in der Aula der Königlichen Technischen Hochschule zu Berlin am 26. Januar 1890, gehalten von dem derzeitigen Rector E. Jacobsthal*, Berlin 1890.
676 Ebd., S. 7.
677 Ebd., S. 7.
678 Ebd., S. 10.
679 Ebd., S. 13.
680 Eduard Jacobsthal, *Grammatik der Ornamente*.
681 Martin Philipp Gropius (1824–1880) war nach absolviertem Studium ab 1856 Assistent bei Bötticher an der Bauakademie und bis 1866 Lehrer für Ornamentzeichnen sowie zeitweise für Baukonstruktionslehre. 1866 gründete Gropius gemeinsam mit Heino Schmieden eine Baufirma. Die Architektur von Gropius kann mit dem Begriff tektonische Polychromie klassifiziert werden.

Zu Martin Gropius siehe: Eva Börsch-Supan, *Berliner Baukunst nach Schinkel 1840–1870*, S. 577 ff.; Manfred Klinkott, *Martin Gropius und die Berliner Schule*, Dissertation TU Berlin, 1971; Manfred Klinkott, *Die Backsteinbaukunst der Berliner Schule von K. F. Schinkel bis zum Ausgang des Jahrhunderts*, Berlin 1988, S. 241–302.
682 Manfred Klinkott, *Die Backsteinbaukunst der Berliner Schule*, S. 258. Bei Klinkott bezeichnet als Wohnhaus für den Landrat Dr. Friedenthal.
683 Gustav Ebe, »Karl Bötticher als Ornamentiker«, *Deutsche Bauzeitung*, 1890, S. 554.
684 Johann Heinrich Strack (1805–1880) war mit Stüler befreundet und vollendete dessen Nationalgalerie. Er gehörte in die Tradition der Schinkelschule, stand jedoch auch der jüngeren Generation der Bötticher-Schüler stilistisch nahe. Eva Börsch-Supan, *Berliner Baukunst nach Schinkel 1840–1870*, S. 689 ff.
685 Gustav Ebe, »Karl Bötticher als Ornamentiker«, S. 555.
686 Rudolf Redtenbacher, *Tektonik. Principien der künstlerischen Gestaltung der Gebilde und Gefüge von Menschenhand welche den Gebieten der Architektur, der Ingenieurfächer und der Kunst-Industrie angehören*, Wien 1881.
687 Rudolf Redtenbacher, *Tektonik*, S. 39.
688 Ebd.
689 Ebd., S. 46/47.
690 »In der Tektonik tritt an Stelle der Naturwahrheit die Uebereinstimmung der äusseren Erscheinung mit dem Zweck, und stylisiren heisst dann, das Charakteristische hervorheben, das Nebensächliche aber in den Hintergrund stellen, also im Allgemeinen die Form so wählen, dass Zweck und Construction in grossen Zügen klar zur Anschauung kommen, ferner aber über die Form, wie sie der materielle Zweck absolut fordert, aus Gründen der sachlichen Angemessenheit hinausgehen, die auf der Erfüllung idealer Zwecke beruht.« Rudolf Redtenbacher, *Tektonik*, S. 43.
691 »Nach meiner Tektonik stelle ich die Construction bei aller künstlerischen Gestaltung der Werke des Bau- und Ingenieurswesens obenan.« Rudolf Redtenbacher, *Die Architektonik der modernen Baukunst*, Berlin 1883, S.V.
692 Karl Bötticher, *Tektonik*, Einleitung, § 3.
693 Bötticher Karl, *Das Prinzip der hellenischen und germanischen Bauweise*, S. 120.
694 Karl Bötticher, *Tektonik*, 4. Exkurs, S. 58.
695 Winfried Nerdinger (Hrsg.), *Konstruktion und Raum in der Architektur des 20. Jahrhunderts. Exemplarisch, Beispiele aus der Sammlung des Architekturmuseums der Technischen Universität München*. München, Berlin, London und New York 2002.

Literaturverzeichnis

Alberti, Leon Battista, *Zehn Bücher über die Baukunst*, übersetzt von Max Theuer, Darmstadt 1975.

Bauer, Hermann, »Architektur als Kunst. Von der Größe der idealistischen Architekturästhetik und ihrem Verfall«, in: *Probleme der Kunstwissenschaft*, 1. Bd., *Kunstgeschichte und Kunsttheorie im 19. Jahrhundert*, Berlin 1963.

Berlin Baut, 5. Der Martin-Gropius-Bau, Berlin 1988.

Blankenstein, Hermann, »Karl Bötticher, sein Leben und Wirken«, *Centralblatt der Bauverwaltung* 1889, S. 315–317, 326–329.

Borbein, Adolf, »Klassische Archäologie in Berlin«, in: Willmuth Arenhövel und Christa Schreiber (Hrsg.), *Berlin und die Antike*, Berlin 1979.

Borbein, Adolf, »Tektonik. Zur Geschichte eines Begriffs der Archäologie«, in: *Archiv für Begriffsgeschichte*, Bd. XXVI, Heft 1, 1982.

Börsch-Supan, Eva, *Berliner Baukunst nach Schinkel 1840–1870*, München 1977 (*Studien zur Kunst des neunzehnten Jahrhunderts*, Bd. 25).

Börsch-Supan, Eva, »Der Renaissancebegriff der Berliner Schule im Vergleich zu Semper«, in: *Gottfried Semper und die Mitte des 19. Jahrhunderts*, Symposion vom 2. bis 6. Dezember 1974, Basel 1976.

Bötticher, Karl, *Andeutungen über das Heilige und Profane in der Baukunst der Hellenen*, Gedächtnisschrift zur Geburtstagsfeier Schinkels am 13. März, Berlin 1846.

Bötticher, Karl, »Das Prinzip der hellenischen und germanischen Bauweise«, *Allgemeine Bauzeitung* (Wien), 1846, S. 111–125.

Bötticher, Karl, *Der Baumkultus der Hellenen. Nach den gottesdienstlichen Gebräuchen und den überlieferten Bildwerken dargestellt*, Berlin 1856.

Bötticher, Karl, »Der Hypaethraltempel auf Grund des Vitruvischen Zeugnisses gegen Prof. Dr. L. Roß erwiesen«, *Literatur- und Anzeigenblatt für das Baufach*, Beilage zur Allgemeinen Bauzeitung (Wien), 1847, Nr. 7, S. 137–145.

Bötticher, Karl, *Die Tektonik der Hellen*, 2 Bde., Potsdam 1844–52, Atlas, erw. Atlas 1862; 2. Auflage 2 Bde. und Atlas, Berlin 1869–81.

Bötticher, Karl, »Entwicklung der Formen der Hellenischen Tektonik«, *Allgemeine Bauzeitung* (Wien), 1840, S. 316–330.

Bötticher, Karl, »Ergänzungen zu den letzten Untersuchungen auf der Akropolis in Athen«, *Philologus*, 1864, Nr. 2, S. 41–72, 1865, Nr. 22, S. 69–98, 221–284, 385–436, 576–577, 755–757, 1867, Nr. 24, S. 227–242, 1868, Nr. 25, S. 13–42, 193–221, 1878, Supplement Nr. 3, S. 285–448.

Bötticher, Karl, *Eros und Erkenntnis bei Plato in ihrer gegenseitigen Förderung und Ergänzung*, Berlin 1894.

Bötticher, Karl, »Meine Untersuchungen auf der Akropolis von Athen im Frühjahr 1862«, *Zeitschrift für Bauwesen*, 1863/1864, S. 195–224, S. 405 bis 470, S. 557–608.

Bötticher, Karl, *Ornament-Schule. Ein Studien-Cursus für die Zeichnung und Erfindung des Ornamentes nach dem von der antiken Kunst gegebenen Karakterisirungsprinzipe architectonischer Formen. Als Lehrbuch für Kunst- und Gewerbe-Schulen wie auch für das Selbststudium bearbeitet und dem Herrn Königl. Ober-Bau-Director Herrn Schinkel zugeeignet, Berlin 1838.

Bötticher, Karl, »Polemisch – Kritisches«, *Literatur- und Anzeigenblatt für das Baufach, Beilage zur Allgemeinen Bauzeitung* (Wien), 1845, Bd. II, Nr. 18, S. 281–320.

Bötticher, Karl, »Rede am Schinkelfest zu Berlin am 13. März 1848«, *Allgemeine Bauzeitung* (Wien), 1848, S. 143–148.

Bötticher, Karl, »Tektonische Untersuchungen auf der Akropolis von Athen im Frühjahr 1878, betreffend die Thymele des Niketempels und die Südhalle der Propyläen«, *Zeitschrift für Bauwesen*, 1880, S. 71–88, 209–228.

Bötticher, Karl, »Ueber den Parthenon zu Athen und den Zeus-Tempel zu Olympia, je nach Zweck und Benutzung«, *Zeitschrift für Bauwesen,* 1852, S. 195–210, S. 498–520, 1853, S. 36–44, S. 127 bis 142, S. 269–292.

Brix Michael, und Monika Steinhauer, »Die Geschichte im Dienste der Baukunst. Zur historistischen Architektur-Diskussion in Deutschland«, in: *Geschichte allein ist zeitgemäß: Historismus in Deutschland*, Gießen 1978.

Burstian Conrad, *Geschichte der classischen Philologie in Deutschland von den Anfängen bis zur Gegenwart*, München und Leipzig 1883.

Curtius Ernst, »Die Tektonik der Hellenen von Karl Bötticher«, *Kunstblatt*, 1845, Nr. 11, S. 41–43, Nr. 12, S. 45–46, Nr. 13, S. 49–51, Nr. 14, S. 56–57.

Dittmann Lorenz, »Schellings Philosophie der bildenden Kunst«, in: *Probleme der Kunstwissenschaft*, 1. Bd., *Kunstgeschichte und Kunsttheorie im 19. Jahrhundert*, Berlin 1963.

Dobbert E. und Meyer A.G., *Chronik der Königlichen Technischen Hochschule zu Berlin 1799–1899*, Berlin 1899.

Döhmer Klaus, »*In welchem Style sollen wir bauen?*«, Passau 1976 (*Studien zur Kunst des neunzehnten Jahrhunderts*, Bd. 36).

Ebe Gustav, »Karl Bötticher als Ornamentiker«, *Deutsche Bauzeitung*, 1890, Nr. 92, S. 553–556.

Frampton Kenneth, *Grundlagen der Architektur, Studien zur Kultur des Tektonischen*, München und Stuttgart 1993.

Fritsch, K. E. O., »Stil-Betrachtungen«, *Deutsche Bauzeitung*, 1890, Nr. 70, S. 417–424, Nr. 71, S. 425–431, Nr. 72, S. 434–440.

Gadamer, Hans Georg, *Ästhetik und Poetik, I, Kunst als Aussage*, Tübingen 1993.

Gadamer, Hans Georg, *Wahrheit und Methode*, 2 Bde., Tübingen 1986.

Gärtner, J., »Bemerkungen zu dem Aufsatze von C. Bötticher: ›Entwicklung der hellenischen Tektonik‹«, *Allgemeine Bauzeitung* (Wien), *Literatur und Anzeigenblatt für das Baufach*, 10, 1844, S. 169–172.

Genelli, Hans Christian, *Exegetische Briefe über des Marcus Vitruvius Pollio Baukunst. An August Rode*, 1. Heft, Braunschweig 1801, 2. Heft, Berlin 1804.

Georgiadis, Sokratis, »Verpöntes Ornament«, *Der Architekt*, Nr. 5, 2002, S. 38–42.

Germann, Georg, *Einführung in die Geschichte der Architekturtheorie*, Darmstadt 1980.

Guhl, Ernst, »Versuch über das Ionische Kapital«, *Journal für die Baukunst*, 21. Bd., 1845.

Gurlitt Cornelius, »Karl Bötticher«, *Deutsche Bauzeitung*, 64, 1890, S. 384–387, Nr. 66, S. 393 bis 395.

Goethert, Friedrich, »Karl Bötticher«, in: *Neuere deutsche Biographie*, S. 412–413.

Göller, Adolf, »Was ist Wahrheit in der Architektur«, in: *Zur Aesthetik der Architektur*, Stuttgart 1887.

Hegel, Georg Wilhelm Friedrich, *Die Idee und das Ideal*, nach den erhaltenen Quellen neu herausgegeben von Georg Lasson, Leipzig 1931.

Hegel, Georg Wilhelm Friedrich, *Vorlesungen über die Ästhetik*, mit einer Einführung herausgegeben von Rüdiger Bubner, Stuttgart 2001.

Hegel, Georg Wilhelm Friedrich, *Ästhetik*. Mit einer Einführung von Georg Lukács, Bd. II, Frankfurt am Main 1965.

Herrmann, Wolfgang, »Semper und Bötticher«, in: *Gottfried Semper, Theoretischer Nachlass an der ETH Zürich*, Katalog und Kommentar, Basel, Boston und Stuttgart 1981, S. 26–40.

Herrmann, Wolfgang, *Deutsche Baukunst des 19. und 20. Jahrhunderts*, Basel 1977.

Herrmann, Wolfgang, *In what style should we build?*, Santa Monica 1992.

Heuser, G., »Der Gefachstil, eine werdende Bauart«, *Deutsche Bauzeitung*, 1890, Nr. 94, S. 565–572, Nr. 94, S. 573–576.

Heuser, G., »Ein Nachwort zu den ›Stilbetrachtungen‹«, *Deutsche Bauzeitung*, 1890, Nr. 103 u. 104, S. 626–631.

Hirt, Aloys, *Die Baukunst nach den Grundsätzen der Alten*, Berlin 1809.

Hirt, Aloys, *Heinrich Hübsch, Über Griechische Baukunst,* Berlin 1823.

Hitchcock, Henry-Russell, *Die Architektur des 19. und 20. Jahrhunderts*, mit einer Einführung von Heinrich Klotz, München 1994.

Hittorff, Jakob Ignaz, »De l'architecture polychrome chez les Grecs, ou restitution complète du Temple d'Empédocle, dans l'acropôle de Sélinonte«, in: *Annales de l'Institut de Correspondance archéologique*, 2, 1830.

Hittorff, Jakob Ignaz, *Ein Architekt aus Köln im Paris des 19. Jahrhunderts*, Ausstellungskatalog, Köln 1987.

Hübsch, Heinrich, *In welchem Style sollen wir bauen?*, Karlsruhe 1828.

Hübsch, Heinrich, *Über Griechische Architektur*, zweite mit einer Vertheidigung gegen Herrn A. Hirt vermehrte Ausgabe, Heidelberg 1824.

Jacobsthal, Johann Eduard, *Die Grammatik der Ornamente, nach den Grundsätzen von K. Boettichers Tektonik der Hellenen bearbeitet und mit Unterstützung des kgl. Preuß. Ministers für Handel herausgegeben*, Berlin 1874.

Jacobsthal, Johann Eduard, *Rückblicke auf die baukünstlerischen Prinzipien Schinkels und Böttichers*, *Rede zum Geburtsfeste Seiner Majestät des Kaisers und Königs Wilhelm II. in der Aula der Königlichen Technischen Hochschule zu Berlin am 26. Januar 1890, gehalten von dem zeitigen Rector E. Jacobsthal*, Berlin 1890.

Kant, Immanuel, *Kritik der Urteilskraft*, Hamburg 2001.

»Karl Bötticher«, in: *Wasmuths Lexikon der Baukunst*, Berlin 1929, S. 492–594.

Kauffmann, Hans, »Zweckbau und Monument: zu Friedrich Schinkels Museum am Berliner Lustgarten«, in: *Eine Freundesgabe der Wissenschaft für Ernst Hellmut Vits*, Frankfurt am Main 1963.

Klinkott, Manfred, »Die Tektonik der Hellenen als Sprachlehre und Fessel der klassizistischen Baukunst«, in: Hans Kollhoff (Hrsg.), *Über Tektonik in der Baukunst*, Braunschweig und Wiesbaden 1993, S. 38–54.

Klinkott, Manfred, *Martin Gropius und die Berliner Schule*, Dissertation, TU Berlin 1971.

Klinkott, Manfred, *Die Backsteinbaukunst der Berliner Schule von K. F. Schinkel bis zum Ausgang des Jahrhunderts,* Berlin 1988 (*Die Bauwerke und Kunstdenkmäler von Berlin*, Beiheft 15).

Kohte, Julius, »Nekrolog für Karl Bötticher«, *Biographisches Jahrbuch für Altertumskunde*, Berlin 1890, S. 71–81.

Kohte, Julius, »Zum Gedächtnis Heinrich Stracks und Karl Böttichers, (Vortrag gehalten im Architektenverein zu Berlin von Julius Kohte, Privatdozent der Technischen Hochschule, am Vorabend des 100. Geburtstages Karl Böttichers am 28. Mai 1906)«, *Wochenschrift des Architektenvereins zu Berlin*, Nr. 1, 5. Januar 1907, S. 1–4, Nr. 3, 19. Januar 1907, S. 9–12, Nr. 4, 26. Januar 1907, S. 13–14.

Konter, Erich, »Königliche Bau-Akademie zu Berlin – die Institution«, in: *Mythos Bauakademie. Die Schinkelsche Bauakademie und ihre Bedeutung für die Mitte Berlins*, Berlin 1997.

Kroll, Frank-Lothar, *Das Ornament in der Kunsttheorie des 19. Jahrhunderts*, Hildesheim, Zürich und New York 1987 (*Studien zur Kunstgeschichte*, Bd. 42).

Kruft, Hanno-Walther, *Geschichte der Architekturtheorie*, München 1985.

Kugler, Franz, *Über die Polychromie der griechischen Architektur und Sculptur und ihre Grenzen*, Berlin 1835.

Laudel Heidrun, *Gottfried Semper, Architektur und Stil*, Dresden 1991.

Lohde Ludwig, »Die Tektonik der Hellenen von Karl Bötticher«, zweite, neu bearbeitete Auflage; erste Lieferung (mit Tafel I–XIV), Berlin 1869, *Zeitschrift für Bauwesen*, 1870, S. 279–286.

Lohde-Bötticher, Clarissa, *Aus dem Leben Karl Boettichers*, Gotha 1890.

Lotze, Hermann, *Geschichte der Aesthetik in Deutschland*, München 1868.

Laugier, Marc-Antoine, *Essai sur l'architecture*, Paris 1753, übersetzt und mit Anmerkungen versehen von Hanna Böck, Zürich und München 1989.

Lorenz, Werner, »Stülers Neues Museum – Inkunabel preußischer Konstruktionskunst im Zeichen der Industrialisierung«, in: *Berlins Museen. Geschichte und Zukunft*, München Berlin 1994, S. 99–128.

Mallgrave, Harry Francis, *Gottfried Semper, Ein Architekt des 19. Jahrhunderts*, Zürich 2001.

Manteuffel, Claus Zoege von, »Schinkel und Semper – Idee und Ratio als Grundlage der Stilbildung«, in: *Gottfried Semper und die Mitte des 19. Jahrhunderts*, Symposion vom 2. bis 6. Dezember 1974.

Mauch, Johann Matthäus, *Die architektonischen Ordnungen der Griechen und Römer und der neueren Meister*, 5. Auflage, im Text verbessert und vermehrt durch L. Lohde, Berlin 1862. Die erste Auflage erschien 1832 unter dem Titel *Vergleichende Darstellung griechischer Bauordnungen*.

Metzger, Eduard, »Beitrag zur Zeitfrage: In welchem Stil man bauen soll!«, *Allgemeine Bauzeitung* (Wien), 1845, S. 169–179.

Metzger, Eduard, »Über die Einwirkung natürlicher und struktiver Gesetze auf Formgestaltung des Bauwerkes«, *Allgemeine Bauzeitung* (Wien), 1837, Nr. 21, S. 169–172, Nr. 22, S. 177–180, Nr. 23, S. 185–190, Nr. 24, S. 193–197, Nr. 25, S. 201–208, Nr. 26, S. 209–215.

Michaelis, A., »Karl Bötticher«, in: *Allgemeine Deutsche Biographie*, S. 144–158.

Milde, Kurt, *Neorenaissance in der deutschen Architektur des 19. Jahrhunderts. Grundlagen, Wesen und Gültigkeit*, Dresden 1981.

Müller, Karl Otfried, *Handbuch der Archäologie der Kunst*, Leipzig, 1830.

Mundt, Barbara, »Ein Institut für den technischen Fortschritt fördert den klassizistischen Stil im Kunstgewerbe«, in: Willmuth Arenhövel und Christa Schreiber (Hrsg.), *Berlin und die Antike*, Berlin 1979.

Nerdinger, Winfried (Hrg.), *Konstruktion und Raum in der Architektur des 20. Jahrhunderts. Exemplarisch, Beispiele aus der Sammlung des Architekturmuseums der Technischen Universität München*, München, Berlin, London und New York 2002.

Niemeyer, Hans Georg, »Der Bauforscher und Archäologe Hittorff«, in: *Jakob Ignaz Hittorff, ein Architekt aus Köln im Paris des 19. Jahrhundert,* Ausstellungskatalog, Köln 1987.

Oechslin, Werner, *Stilhülse und Kern*, Zürich 1994.

Paetzold, Heinz, *Ästhetik des deutschen Idealismus*, Wiesbaden 1983.

Philipp, Klaus Jan, *Um 1800. Architekturtheorie und Architekturkritik in Deutschland zwischen 1790 und 1810*, Stuttgart und London 1997.

Philipp, Klaus Jan, *Karl Friedrich Schinkel. Späte Projekte*, Stuttgart und London 2000.

Platz-Horster, Gertrud, »Zur Geschichte der Berliner Gipssammlung«, in: Willmuth Arenhövel und Christa Schreiber (Hrsg.), *Berlin und die Antike*, Berlin 1979.

Prinzhorn, Hans, *Gottfried Sempers ästhetische Grundanschauungen*, Stuttgart 1909.

Quitsch, Heinz, *Gottfried Semper- Praktische Ästhetik und politischer Kampf*, Braunschweig 1851.

Quitsch, Heinz, »Tektonik und Bekleidungstheorie. Zu einer architekturtheoretischen Fragestellung in der ersten Hälfte des 19. Jahrhunderts«, in: *Mythos Bauakademie*, Berlin 1997.

Quitsch, Heinz, »Semper und Bötticher. Zur Beziehung von Architekturtheorie und Ästhetik in der Mitte des 19. Jahrhunderts«, in: *Stilstreit und Einheitskunstwerk*, Internationales Historismus-Symposium, Bad Muskau, 20. bis 22. Juni 1997, Dresden 1998.

Redtenbacher, Rudolf, »Randbemerkungen zu Bötticher's Tektonik«, *Deutsche Bauzeitung*, 1881, Nr. 67, S. 374–379, Nr. 69, S. 384–388, Nr. 73, S. 407–410, Nr. 77, S. 428–431.

Redtenbacher, Rudolf, *Die Architektonik der modernen Baukunst*, Berlin 1883.

Redtenbacher, Rudolf, »Die moderne Baukunst vor dem Forum der Kunstgeschichte«, *Deutsche Bauzeitung*, 1885, Nr. 43, S. 257–260, Nr. 45, S. 270–275, Nr. 47, S. 283–286.

Reichel, Hans, *Die Kunstphilosophie Karl Friedrich Schinkels und Franz von Baaders. Zwei Beiträge zur Geschichte der Ästhetik*, Stuttgart 1911.

Richard, Heinrich, *Vom Ursprung des dorischen Tempels*, Bonn 1970.

Schelling, Friedrich Wilhelm Joseph, *Philosophie der Kunst*, Darmstadt 1974.

Schiller, Friedrich*, Briefwechsel zwischen Schiller und Körner*, herausgegeben und kommentiert von Klaus L. Berghahn, München 1973.

Schinkel Karl Friedrich, *Das Architektonische Lehrbuch*, herausgegeben von Goerd Peschken, München und Berlin 1979, S. 4.

Schwarzer, Mitchell, *German Architectural Theory and the Search for Modern Identity*, Cambridge, New York und Melbourne 1995.

Schwarzer, Mitchell, »Ontology and Representation in Karl Bötticher's Theory of Tectonics«, *Journal of the Society of Architectural Historians*, 1993, Nr. 52, S. 267–280.

Schütte, Ulrich, »Ordnung« und »Verzierung«. Untersuchung zur deutschsprachigen Architekturtheorie des 18. Jahrhunderts«, Inaugural-Dissertation an der Ruprecht-Karl-Universität, Heidelberg, 1979.

Schopenhauer, Arthur, *Die Welt als Wille und Vorstellung*, Leipzig 1819, 2 Bde.

Semper, Gottfried, *Anwendung der Farben in der Architectur und Plastik*, Dresden 1836.

Semper, Gottfried, *Der Stil in den technischen und tektonischen Künsten oder praktische Ästhetik*, Frankfurt 1860.

Semper, Gottfried, *Die vier Elemente der Baukunst*, Braunschweig 1851.

Semper, Gottfried, *Über die formelle Gesetzmäßigkeit des Schmuckes und dessen Bedeutung als Kunstsymbol*, 1856.

Semper Gottfried, *Vorläufige Bemerkungen über bemalte Architektur und Plastik bei den Alten*, Altona 1834.

Sörgel, Herman, *Architektur-Ästhetik, Theorie der Baukunst*, Bd. 1, 3. Auflage, München 1921.

Stark Carl Bernhard, *Systematik und Geschichte der Archäologie der Kunst*, Leipzig 1880.

Stuart, James und Nicholas Revett, *The Antiquities of Athen*, Bd. I, London 1762, Bd. II, London 1787, Bd. III, London 1794, Bd. IV, London 1816. dt. Ausg.: Darmstadt und Leipzig 1829 bis 1833.

Stier, Wilhelm, »Übersicht bemerkenswerther Bestrebungen und Fragen für die Auffassung der Baukunst« und »Beiträge zur Feststellung des Princips der Baukunst für das vaterländische Bauwesen der Gegenwart«, *Allgemeine Bauzeitung* (Wien), 1843, S. 296–339.

Stockmeyer, Ernst, *Gottfried Sempers Kunsttheorie*, Zürich 1939.

Streiter, Richard, *Karl Böttichers Tektonik der Hellenen als ästhetische und kunstgeschichtliche Theorie. Eine Kritik*, Leipzig und Hamburg 1896.

Tuckermann, »Noch einmal Bötticher«, *Deutsche Bauzeitung*, 1890, Nr. 82, S. 494–499.

Vitruv, *Zehn Bücher über Architektur*, übersetzt und mit Anmerkungen versehen von Curt Fensterbusch, Darmstadt 1996.

Weise, Rolf D., *Mies van der Rohe, Vision und Realität. Von der Concert Hall zur Neuen Nationalgalerie*, Potsdam 2001.

Wesenberg, Burkhardt, *Kapitelle und Basen. Beobachtungen zur Entstehung der griechischen Säulenformen*, Düsseldorf 1971.

Wiegmann, Rudolf, »Gedanken über die Entwicklung eines zeitgemäßen nazionalen Baustyls«, *Allgemeine Bauzeitung* (Wien), 1841, S. 207–214.

Wiegmann, Rudolf, »Polemisches«, *Allgemeine Bauzeitung* (Wien), *Literaturblatt*, 1842, S. 498 bis 500.

Wiegmann, Rudolf, »Ueber den Ursprung des Spitzbogenstils«, *Allgemeine Bauzeitung* (Wien), 1842, S. 37–61.

Winckelmann, Johann Joachim, *Anmerkungen über die Baukunst der Alten*, Dresden 1762.

Wittgenstein Ludwig, *Tagebücher 1914–1916*, 07. 10. 1916, in: *Ludwig Wittgenstein. Werkausgabe*, Bd. 1, Frankfurt am Main 1984.

Wittkower, Rudolf, *Grundlagen der Architektur im Zeitalter des Humanismus*, München 1969. Originalausgabe: *Architectural Principles in the Age of Humanism*, London 1949.

Wolff, Johann Heinrich, *Beiträge zur Ästhetik der Baukunst oder die Grundgesetze der plastischen Form*, nachgewiesen an den Hauptheilen der Griechischen Architektur, Leipzig und Darmstadt 1834.

Wolff, Johann Heinrich, »Einige Worte über die von Herrn Professor Stier bei der Architektenversammlung zu Bamberg zur Sprache gebrachten architektonischen Fragen«, *Allgemeine Bauzeitung* (Wien), *Literatur und Anzeigenblatt für das Baufach*, Bd. II , Nr. 17, 1845, S. 255–270.

Woltmann, Alfred, »Die Baukunst seit dem Tode Schinkels«, *Romberg's Zeitschrift für Praktische Baukunst,* 1871, S. 80–118.

Wood, Robert, *The Ruins of Balbec otherwise Heliopolis in Coelosyria*, London 1757.

Wolzogen, Alfred Freiherr von, *Aus Schinkels Nachlass*, 4 Bde., Berlin 1862.

Index

Alberti, Leon Battista 35
Bauer, Hermann 83
Behnisch und Partner 106
Beuth, Peter Christian Wilhelm 12, 87, 90
Berg, Max 106
Blondel, François 8, 70, 82
Böckh, A. 15
Börsch-Supan, Eva 11
Candela, Felix 106
Curtius, Ernst 13
Ebe, Gustav 103
Friedrich Wilhelm IV. 99
Gadamer, Hans Georg 78
Genelli, Hans Christian 70, 74, 75, 76, 77
Gerhard, Eduard 13
Gilly, David 86
Gilly Friedrich 96
Göller, Adolf 34, 85
Grau, Franz Christian 26
Gropius, Martin Philipp 101, 102, 103
Guhl, Ernst 32
Hegel, Georg Friedrich Wilhelm 78, 80, 81, 82, 84, 89, 104
Herrmann, Wolfgang 11, 93, 95
Hirt, Aloys 10, 15, 26, 70, 71, 72, 73, 74, 75, 76, 77, 81, 86, 87, 89
Hittorff, Jakob Ignaz, 25
Hübsch, Heinrich 10, 19, 35, 36, 70, 74, 75, 76, 77, 90
Jacobsthal, Johann Eduard 100
Kant Immanuel 9, 78, 79, 80, 83, 84, 85, 89, 105, 107
Klenze, Leo von 70
Klinkott, Werner 11
Kohte, Julius 99
Laugier, Marc-Antoine 8, 70, 74, 76, 104
Lodoli, Carlo 74
Lohde, Ludwig 14, 100
Lohde-Bötticher, Clarissa 12, 92
Ludwig XIV. 8
Metzger, Eduard 35, 36
Mies van der Rohe Ludwig, 20, 104, 107
Müller, Karl Otfried 15, 30, 84
Oechslin, Werner 11
Paetzold, Heinz 80
Palladio, Andrea 35
Perrault, Claude 70
Peschken Goerd 86, 87
Piranesi, Giovanni Battista 71
Platon 83
Plinius 71
Prinzhorn, Hans 94
Quitsch, Heinz 11, 34
Redtenbacher Rudolf 92, 103
Revett, Nicolas 70
Rode August 70, 74
Schelling, Friedrich Wilhelm Joseph 9, 82, 83, 85
Schiller, Friedrich 80
Schinkel, Karl Friedrich 8, 9, 10, 12, 15, 21, 27, 35, 70, 78, 84, 86, 87, 88, 89, 90, 92, 97, 99, 100, 101, 104
Schmieden, Hanno 101
Schopenhauer, Arthur 9, 14, 72, 79, 81, 83, 84, 104
Schwarzer, Mitchell 11
Semper, Gottfried 8, 10, 11, 13, 25, 78, 86, 93, 94, 95, 96, 97, 98
Spielberg, Hermann 100
Stier, Wilhelm 8, 9, 10, 86, 89, 90, 91, 92, 98, 99
Strack, Johann Heinrich 13, 103
Streiter, Richard 11, 72, 85
Stuart, James 70
Stüler, Friedrich August 13, 99, 104, 107
Sullivan, Louis 17
Viollet-le-Duc, Eugène
Vitruv, Marcus Pollio 8, 15, 30, 34, 70, 71, 72, 74, 76, 77, 87, 105
Wagner, Otto 106
Wilhelm II. 100
Winckelmann, Johann Joachim 19, 35
Wittkower, Rudolf 35
Wolff, Johann Heinrich 10, 70, 72, 73, 77
Woltmann, Alfred 99